ULTRASOCIETY
Peter Turchin

초협력사회

전쟁은 어떻게 협력과 평등을 가능하게 했는가

피터 터친 지음 | 이경남 옮김 | 최정규 추천

생각의힘

전쟁을 키워드로
협력하는 인간의 진화를 밝히다

유구한 역사를 거치면서 인류는 거대한 협력체계를 만들어냈다. 인류가 성취한 위대한 기술적, 경제적, 사회적, 문화적 진보는 수많은 사람들의 크고 작은 기여가 쌓이고 쌓인 축적물이고, 오늘날 우리는 우리가 전혀 만난 적도 없고 알지도 못하는, 현재뿐 아니라 과거의 누군가가 만들어낸 성과물에 기대어 살아가고 있다.

협력의 진화가 수수께끼로 여겨져온 것은 협력하는 것보다 타인의 협력에 무임승차하는 것이 더 유리하기 때문이다. 그럼에도 불구하고 인류는 소규모 집단 내에서의 협력뿐 아니라 지구상의 어느 종도 도달하지 못한 정도로 대규모 협력체계를 이루어 내는 데까지 이르렀다. 인간사회에서 협력은 가까운 혈연관계를 넘어설 뿐 아니라, 한 번도 만난 적 없고 앞으로도 그럴 일 없는 사람들 사이에서조차 발견된다. 대규모로 이루어지는 협력, 그리고 생면부지의 사람들 사이에서 이루어지는 협력, 이것이 인간사회에서 나타나는 협력의 특수성이다. 이 때문에 많은 사람들이 인간을 '초협력자'라고 부르기도 한다.

인류의 역사를 하나의 키워드로 엮어 설명하려는 시도들이 있었다. 재레드 다이아몬드는 '지리적 환경'이라는 키워드를 가지고 『총, 균, 쇠』를 썼고, 대런 아제모글루와 제임스 A. 로빈슨은 '제도'라는 키워드를 가지고 『국가는 왜 실패하는가』를 썼다. 『초협력사회』에서 터친은 '전쟁'이라는 키워드로 인류의 역사를 바라본다. 터친에 따르면, 인류가 거대한 협력체계를 만들어낼 수 있었던 것도, 그리고 인류가 오랜 평등의 시기를 마친 후 극도의 불평등 시기를 거치고 또다시 평등한 시대를 열게 된 것도 전쟁 없이는 설명할 수 없다. 그는 슘페터의 '창조적 파괴'라는 개념에 빗대어 전쟁을 '파괴적 창조'의 과정이라고 말한다. 그는 전쟁을 파괴적 창조 과정으로 묘사하는 것은 "전쟁을 찬양하기 위한 것도 아니고 전쟁이 어떤 의미에서 좋을 수도 있다고 주장하기 위한 것도 아니"라고 하면서, 전쟁이 창조적이라는 뜻은 "전쟁이 대규모의 협력적인 사회를 만들기 위한 선택압 중 하나"였음을 밝히기 위한 것이었다고 말하고 있다. 그는 흔히 집단선택론이라고 알려진 다수준 선택론과 문화진화론에 의거하여 전쟁이 협력의 진화에 어떤 결과를 가져오게 되었는지를 설명하고 있다.

다수준 선택론이란 진화의 압력이 개체 단위로 작동할 뿐 아니라, 집단 단위로도 작동한다는 주장이다. 협력을 예로 들자면 다음과 같은 설명이 가능하다. 우선 개체를 단위로 생각할 때는 협력을 하는 것이 개체에게 분명히 불리하고 그래서 오랜 시간이 지나면 협력하는 개체는 점점 사라질 수밖에 없다. 즉, 모든 상호작용이 혈연관계나 오래도록 지속되는 관계에 있는 사람들 사이에서만 일어나지 않는 이상, 집단 '내' 선택 과정에서 협력은 소멸할 수밖에 없다. 하지만 집단을 단위로 생각할 때는 협력을 잘 이루어낸 집단이 그렇지 못한 집단에 비해 우위에 설 수 있다. 집단의 생존이 좌지우지 될 만큼 혹독한 환경적 조건에서라면 협력을 잘 이루어낸 집단이 살아남을 가능성이 크고, 협력을 잘 이루어낸 집단일수록 더 큰 규모로 성장할 수 있을 것이다. 특히 집단 사이의 전쟁에서는 규모가 큰 집단이 유리할 것이므로 협력을 잘 이루어낸 집단이 승리할 가능성이 크다. 그래서 집단 '간' 선택 과정에서는 협력하는 집단이 살아남을 가능성이 더 높아지고, 따라서 협력은 진화하게 된다. 그렇다면 문제는 집단 내 선택이 더 빠르게 일어나는지, 집단 간 선택이 더 빠르게 일어나는지에 달렸을 것이다. 전자의 힘이 더 강하다면 협력은 결국 사라지게 되겠지만 후자의 힘이 더 강하다면 협력은 진화할 수 있다는 것이 다수준 선택론의 내용이다.

그렇다면 후자의 힘이 전자의 힘을 압도할 만큼 클 수 있을까. 집단 간 선택이 강하려면 집단 간의 경쟁이 그만큼 높은 빈도로 일어났어야 하고, 또 집단 간 경쟁의 결과가 그만큼 더 파괴적이었어야 하는데, 이 두 가지 모두에 대해서 대부분의 진화생물학자들은 회의적인 입장을 취해왔던 것 같다. 다수준 선택은 논리적으로는 가능할지 몰라도 현실적으로는 불가능하다는 것이다. 말하자면, 지구상의 생물체가 처해온 환경적 조건을 고려해볼 때 집단 '간' 선택이 집단 '내'

선택을 압도할 만큼 강할 수는 없다는 것이다. 그래서 다수준 선택으로 협력의 진화를 설명하기 위해서는 현실에서는 도저히 나타날 수 없을 정도로 높은 빈도와 강도의 경쟁을 가정해야만 한다는 것이 다수준 선택론에 회의적이었던 진화생물학자들 대부분의 생각이었던 것 같다.

이와 관련하여 터친은 이 책에서 집단 간의 선택이 집단 내의 선택을 압도할 가능성이 적어도 인간사회에서는 충분히 발견된다는 주장을 펼친다. 그래서 터친은 인간사회에서 나타났던 수많은 전쟁들에 주목한다. 지구상의 다른 생명체에서는 도저히 찾아볼 수 없을 정도로 높은 전쟁 빈도와 파괴성이 어쩌면 인간사회에서의 협력의 진화를 가능케 했을 수도 있다는 것이다. 그것이 그가 전쟁에 주목하는 이유이고, 그는 책의 상당 부분을 그 역사적 증거들을 제시하는 데 할애한다.

다수준 선택론이 설명해야 할 또 하나의 난관은 위의 이야기가 집단의 규모가 큰 경우에는 작용하기 힘들다는 점이다. 전쟁이 충분히 빈번하고 또 파괴적이어서 다수준 선택을 통해 협력이 진화할 수 있는 조건이 갖춰져 있다고 해보자. 그래서 집단 '내'에서는 끊임없이 협력이 소멸해가지만, 협력을 잘 이루어낸 집단은 집단의 규모도 커지고 이에 따라 전쟁에서 우위를 점할 수 있게 된다고 해보자. 집단 간의 경쟁을 통해서는 좀더 협력적인 집단이 그렇지 못한 집단을 소멸시켜 나가고, 집단 간 선택의 힘이 집단 내 선택의 힘을 압도하면서 협력이 퍼져나갈 수 있게 되었다고 해보자. 그렇더라도 과연 이 과정이 오래도록 지속될 수 있을까라는 의구심이 생긴다. 규모가 커진 만큼 서로 모르는 사람들 사이에서 상호작용이 일어날 가능성이 커지는데, 사람들 사이의 거리가 멀어지는 만큼 협력은 유지되기 힘들 것이기 때문이다.

협력은 집단의 규모를 크게 만들고, 전쟁은 규모가 큰 집단에 경쟁적 우위를 부여한다는 게 위 논의의 핵심이었다. 그런데 집단의 규모가 커짐에 따라 집단 구성원들 사이의 거리가 멀어지게 되고 결속력이 약해진다면, 집단 간의 경쟁에서 협력적 집단이 점하게 되는 경쟁적 우위는 상당 부분 훼손될 수밖에 없을 것이다. 터친은 여기서 로버트 보이드와 피터 리처슨이 『문화와 진화 과정』이라는 책을 통해, 그리고 루카 카발리-스포르차와 마커스 펠드먼이 『문화의 전승과 진화』라는 책에서 주장했던 문화적 진화론에서 답을 찾는다. 다시 말해 '전쟁'과 아울러 '문화'라는 또다른 키워드를 꺼낸다. 다수준 선택 과정을 통해 협력이 진화한다면 그 과정에서 집단의 규모는 점점 커져갈 수밖에 없는데, 이때 거대해진 집단이 분열되지 않고 결속력 있게 묶어주는 힘이 바로 문화라는 것이다. 바꿔 말하면 대규모 집단에서도 구성원들 간의 결속력을 잃지 않도록 해주는 문화를 갖춘 집단만이 집단 간의 경쟁에서 승리할 수 있다는 것, 그래서 집단의 결속력을 강화시켜주는 문화가 다수준 선택 과정에서 함께 진화하게 된다는 것이 터친의 주장이다.

터친은 어떤 집단이 등장해서 융성, 쇠락, 소멸하는 과정이 개체들 간의 경쟁만으로는 설명되지 못하는 부분이 있으며, 그 간극을 집단 간의 경쟁에 대한 분석이 메울 수 있다고 주장한다. 그리고 그러한 점에서 전쟁이라는 파괴적 창조의 과정에 대한 이해가 반드시 수반

추천의 글

되어야 한다고 주장한다. 다른 한편 인간은 주어진 환경적 조건에서 경쟁도 하고 협력도 하면서 살아가는 존재다. 그 과정에서 끊임없이 풀어야 하는 과제가 등장하기 마련이고 우연히 그에 대한 적절한 해법을 발견한 개인이나 집단은 융성했고 다른 집단으로 전파되어갔으며, 그러한 해법을 받아들이지 못한 개인이나 집단은 쇠락해 역사의 무대에서 사라져갔다. 그러다가 환경적 조건이 바뀌어 기존 해법이 더이상 새로운 문제의 해결책이 되지 못하면 또다른 해법이 등장하고 그 해법을 찾아낸 개체와 집단이 새로운 역사의 바통을 이어받았다. 그래서 어찌 보면 집단 간의 경쟁은 가까운 이들을 넘어서 낯선 이들을 상대로까지 협력과 신뢰를 증진시켜낼 수 있는 적절한 문화적 해법을 찾아낸 집단에 경쟁적 우위를 부여하는 과정이었을 수도 있다. 어떤 시기에는 억압의 종교가 신격화한 지배자의 존재를 통해 거대 제국을 지탱할 수 있었고, 또 어떤 시기에는 보편적 종교하에서 모두가 평등하다는 믿음, 그리고 낯선 이들에 대한 신뢰 등이 확산되면서 그 역할을 수행했다는 것이 터친의 설명이다.

터친의 『초협력사회』는 문화와 전쟁이라는 키워드를 가지고 인류의 역사를 흥미롭게 펼쳐놓고 있다. 인간을 협력하는 존재로 만들어 놓은 것도, 엄청난 규모의 거대 국가를 만들면서 극도의 불평등의 시대를 연 것도, 그리고 또다시 모든 이들로 평등한 권리가 확대되기 시작한 것도 전쟁이라는 키워드를 통해 설명된다. 늘 그렇지만 한두 가지 키워드로 역사를 엮다 보면 곳곳에 빈 곳이 눈에 띄기 마련이다. 예를 들어 문화를 설명할 때 종교에 초점이 맞춰지면서 제도가 수행해온 크고 작은 역할은 잘 보이지 않아 아쉽다. 그래서 앞에서 잠깐 언급한 재레드 다이아몬드의 『총, 균, 쇠』나 아제모글루, 로빈슨의 『국가는 왜 실패하는가』 같은 책들과 비교해보는 것도 흥미로울 것이다. 이 책은 작정하고 대중적으로 쓴 글이기에 읽어나가기 어렵지 않다. 수치로 역사를 보는 것이 저자의 전공인 만큼 매우 다양하고 구체적인 역사적 사례들로 가득 차 있다. 전쟁이라는 키워드로 재구성된 역사 속에서 어떻게 협력과 평등의 등장이 가능했는지 궁금하다면 터친의 책을 읽어보자. 두고두고 생각하고 이야기할 거리를 여기저기서 찾아낼 수 있을 것이다.

2018년 9월 30일
최정규 경북대학교 교수

　　　　　　　　　　　　　　　　　　　추천의 글

1장 초사회성의 퍼즐

괴베클리 테페부터 국제우주정거장까지

코네티컷에 있는 우리 집 근처에는 아주 넓은 초원이 있다. 하늘이 맑았던 어느 여름날 저녁에 나는 그곳으로 갔다. 초원 한복판에 다다른 나는 북서쪽을 바라보며 기다렸다. 10분 뒤 밝은 점 하나가 제시간에 어김없이 지평선 위로 올라와 하늘을 가로질러 질주하기 시작했다. 고성능 쌍안경의 도움으로 나는 인류가 이룩한 가장 인상적인 업적 중 하나인 그 물체의 형태를 아주 또렷하게 확인할 수 있었다. 국제우주정거장International Space Station(이하 ISS)이었다. 전혀 비행물체 같아 보이지 않았다. 성당이 우주공간에 떠 있는 것 같았다. 그렇게 거대한 물체가 저 높은 곳까지 올라갔다는 사실이 놀랍기만 했다. 그 모든 체험은 2분 뒤에 끝났지만 인간의 협력이 이루어낸 놀라운 위업의 산물을 바라보며 느꼈던 전율은 뉴잉글랜드의 후텁지근한 여름밤에 모기에 뜯기는 것 따위는 아랑곳하지 않게 할 만큼 대단했다.

ISS는 인류가 아주 최근에야 터득한 기술의 놀라운 결실이다. 물론 거기에는 불과 한 세기 전의 내로라하는 과학자들조차 놀라게 했을 법한 수많은 기술이 집약되어 있다. 그러나 그것이 입증해보인 것 중 가장 의아한 것은 사람들이 정말 대단한 규모로 함께 일할 수 있다는 사실이다.

넓은 의미에서 ISS는 여러분과 나를 포함하여 수많은 사람들이 힘을 보탠 결과물이다. 우리가 내는 세금 중 극히 일부분으로 ISS는 여러 가지 기능을 수행하면서 계속 개량되고 있다. 그러면 ISS를 만드는 데 얼마나 많은 사람들이 참여했을까? 확실히는 알 수 없지만, 대충은 계산할 수 있다. 우주정거장에 들어가는 비용을 대략 1,500억 달러라고 하자. 1,500억 달러를 미국 노동자 연봉의 중간값인 5만 달러로 나누면 우주정거장을 건조하고 운영하는 데 300만 인년people-years이 필요하다는 계산이 나온다. (가령 러시아의 임금은 미국에 비해 크게 낮기 때문에 실제로 수치는 이보다 높을 것이다.) 미항공우주국NASA이나 러시아연방우주청Roscosmos에 근무하는 몇몇 인원들 중에는 이 프로젝트에 몇 해씩 매달린 사람도 있다. 하지만 소유즈 모듈을 조립한 러시아의 용접공이나 ISS에 전원을 공급하는 태양전지판을 만든 미국의 엔지니어들처럼 대부분은 몇 주 또는 몇 달만 일했다. 그러니 실제로 ISS를 만든 사람들은 300만이 아니라 400만, 500만 명을 훨씬 넘어갈 것이다.

300만 명이면 아르메니아나 우루과이의 인구와 비슷한 인원이다.

그러나 정거장을 만든 사람들과 그 안에서 일하는 우주인들은 단일 국가 출신이 아니다. ISS는 15개국이 지원하는 합작 프로젝트다. 이 정거장을 건설한 사람들은 전 세계 곳곳에서 왔다. 하지만 실제로 이 프로젝트를 주도한 것은 최근까지도 냉전으로 적대관계에 있던 두 나라다.

"50년 전에 인간이 우주비행을 시작한 이후로, 우주인들은 우주에서 바라본 지구가 무척이나 평화롭고 아름다우면서도 얼마나 취약해 보이는지 절감했다." ISS 우주인 론 가란Ron Garan은 그의 블로그 '취약한 오아시스Fragile Oasis'에 그렇게 썼다. "지구를 내려다보고 있자면 문득 깨닫게 된다. 우리는 지구라는 이 우주선에 함께 탄 채 우주를 달리고 있다고. 우리는 모두 하나라고. 우리는 이 지구에 함께 있다고. 우리는 모두 가족이라고." 물론 너무 낙관적이다. 여기 아래쪽 현실은 훨씬 냉혹하다. 시리아 사태에서 보듯 아직도 수천 명의 인명을 앗아가는 전쟁이 엄연히 존재한다.

가란이 카메라 성능을 시험하기 위해 셔터를 누르다 깨달은 것처럼 사실 우주에서도 식별 가능한 국경들이 **있다.**[1] 인도와 파키스탄의 국경은 지형을 가로지르는 뱀 같은 밝은 선으로 나타난다. 그것은 테러리스트와 무기밀매자 들의 침투를 막기 위해 인도에서 켜놓은 투광기 때문에 유달리 밝게 빛난다. 이 국경선을 보고 있자면 카슈미르를 두고 두 핵보유국이 벌이는 분쟁을 떠올리지 않을 수 없다. 카슈미르 분쟁으로 큰 전쟁만 네 차례 벌어졌고 지금도 해마다 수십 명의 인명이 희생되고 있지만 아직도 해결의 기미는 보이지 않는다.

어떻게 하면 전쟁을 멈추고 빈곤과 고통을 퇴치할 수 있을까? "해

답은 아주 간단하다. 뭔가 조치를 취하면 된다." 가란은 블로그에서 이렇게 제안한다. "지금 이 세계가 직면하고 있는 도전은 사실 우리 각자가 그 도전에 어떻게 대응하는가 하는 문제다. 다시 말해 인류가 인격 대 인격의 기반 위에서 크든 작든 어느 정도까지 긍정적인 결과를 만들어낼 수 있는가 하는 문제다."

가란의 심정은 충분히 이해한다. 하지만 애석하게도 그의 제안은 효력이 없을 것이다. 아무리 의도가 좋아도 개인의 힘만으로는 평화롭고 풍요로운 사회를 만들기 어렵다. 폭력과 빈곤을 퇴치하는 유일한 방법은 **함께** 그 일을 하는 것이다. 한마디로 말해 해답은 협력이다.

물론 듣기 좋으라고 하는 말로 들릴지도 모르겠다. 사실 협력에 관해 생각하면 중요한 문제에 직면하게 된다. 우리는 사람들이 함께 힘을 모아 일을 더 잘할 수 있기를 바라지만 사람들은 협력하는 데 이미 놀라울 정도의 소질을 갖고 있다. 우리는 지구상의 다른 어떤 생명체보다 협력을 잘한다. ISS를 보면 우리의 수준이 어느 정도까지 왔는지 알 수 있다. 그리고 여기에 아주 심오한 수수께끼가 놓여 있다. 일반적인 진화론대로라면 우리는 협력에 그다지 소질이 없어야 하기 때문이다. 우리는 그런 능력이 없어야 한다. 그리고 그런 능력을 그렇게 빨리 습득하지 못했어야 한다. 그러나 우리는 협력하는 법을 터득했고 지금도 터득하고 있다.

내가 관심 있는 것은 고귀한 의도를 증진시키는 것이라기보다는 인류가 어떻게 수백만 명 또는 그 이상의 집단으로 함께 일하는 이 기묘한 능력을 발전시켜왔는지를 이해하는 것이다. 이 놀라운 인간 본성의 중요한 면을 이해하고 나면, 아마 우리는 협력을 좀더 잘하는 법을 알게 될 것이다. 그러나 그렇게 하려면 우주와는 다른 차원의 높은 곳에서 바라보는 관점이 필요할 것이다.

•••

이 책의 주제는 **초사회성**ultrasociality이다. 초사회성은 작은 마을에서부터 도시나 국가에 이르기까지, 아니 그 이상 큰 무리를 지어 낯선 사람들과 협력할 줄 아는 인간의 능력을 말한다. ISS는 그런 협력 능력을 가장 멋지고 가장 시각적으로 뚜렷하게 보여주는 거대한 규모의 국제적 협력 사례다. 그러나 다른 사례도 많다. 유럽입자물리연구소 European Organization for Nuclear Research(이하 CERN)도 그중 하나다. CERN은 제네바 근처에 설치된 대형강입자가속기를 운영한다. UN도 있다. UN은 여러 가지 사업을 하지만 그중에도 빈곤문제를 다루고 식량안보를 강화하고 난민을 지원하고 아이들을 보호하고 여성의 권리를 높이고 HIV나 에이즈 같은 질병과 싸우는 일은 결코 과소평가할 수 없는 중요한 사업이다.[2] 그러나 1995년 보스니아의 스레브레니차 대학살에서 보듯 UN이 주도하는 평화유지 작전도 실패할 때가 있다. 한 나라의 내란을 해결한다는 것이 그리 쉬운 일은 아니지만 엘살바도르나 과테말라처럼 UN이 성과를 올린 곳도 있다는 사실을 잊어서는 안 된다.

　전쟁을 끝내려면 대규모 협력이 필요하다. 인류 전체가 동원되어야 할지도 모른다. 평화는 단순히 전쟁의 부재가 아니다. 평화는 적극적인 관리를 요구하는 일이다. 불가피하게 국가 간에 갈등이 발생하더라도 인명을 희생시키지 않는 방식으로 해결하는 것이 평화다. 폭력을 동원하여 목표를 이루려는 불량국가의 도발을 억제해야 하며 그래도 도발을 멈추지 않으면 힘으로 눌러야 하겠지만, 전쟁을 피하려면 나라가 다르고 교리가 다르고 정치 신념이 다른 사람들과 협력하는 수밖에 없다.

그러나 협력은 사실 말처럼 쉬운 일도 아니고 어쩌다 성사되었다 해도 유지하기가 어렵다. 우리는 협력관계가 얼마나 허약한 것인지 잘 알지 못한다. ISS만 해도 그렇다. 사실 ISS가 지상을 떠났다는 것 자체가 하나의 기적이었다. 1993년에 ISS 프로그램을 무산시키기 위한 법안이 미 의회에서 거의 통과될 뻔했다. 한 표 차이로 간신히 부결되었으니까. 하원의원 한 사람만 마음을 바꿨어도 ISS는 실현되지 못했을 것이다.

20세기 말에 러시아는 대규모 협력에서 실패를 경험했다. 1991년에 소련은 열다섯 개의 신생 독립국가로 나뉘었다. 러시아연방은 그중 하나였다. 국가의 해체는 그것으로 끝나지 않았다. 러시아 경제는 절반 수준으로 위축되었다. 민족 분리로 인한 유혈사태가 캅카스 지역을 혼란에 빠뜨렸다. 의회 지지자들과 대통령 지지자들은 모스크바 시가에서 전투를 벌였고 탱크들이 러시아 의사당에 포격을 가했다. 분열이 계속되었다면 러시아는 실패한 국가가 되었을 것이다. 그랬다면 ISS 계획도 중단되어 ISS의 전신인 우주정거장 미르를 만들 때 요긴하게 쓰인 러시아의 중요한 노하우도 사라졌을 것이다. 어떤 대단한 일을 놓고 서로 협력할 때는 이런 문제가 생기기도 한다. 완전히 실패할 위험은 언제나 존재한다.

진화의 역사에서 인간은 작은 사회를 이루어 수렵과 채집을 하며 살 았다. 농업이 도래하기 전에 그들은 몇 십 명 정도의 무리를 이루어 서로 친밀하게 교유했다. 그러다 이들 무리는 '부족'에 흡수되었다. 부족은 언어와 문화를 공유하고 같은 정체성으로 단합된 집단이었 다. 부족은 보통 수백 명, 많아야 수천 명 정도였다. 규모가 작은 사회 에서는 서로가 서로를 잘 알았다. 직접 상대해보지 않아도 소문과 평 판으로 알았다.

오늘날 우리는 수백만 명으로 구성된 거대한 사회에 산다. 대부분 의 사람들은 완전히 남남이다. 우리는 낯선 사람을 두려워하지 않는 다. 어둠이 내린 뒤의 우범지역이 아니라면 말이다. 아니, 우리는 오 히려 그들을 필요로 한다. 잊고 있어서 그렇지 우리는 다른 사람들의 친절에 상당히 의존하고 있다. 우리는 동네 슈퍼마켓에 가면 식품을 살 수 있다고 믿지만 그 식품이 슈퍼에 도착하기까지는 그것을 생산 하고 수송하고 그것을 우리에게 팔기 위해 서로 협력한, 우리가 모르 는 수많은 사람들의 수고가 있었다.[3] 미국의 보통사람들이 입는 옷은 베트남과 방글라데시 같은 먼 곳에서 온다. 낯선 도시를 여행하다 아 프게 되면, 우리는 그곳 병원 응급실에 있는 낯선 사람이 최선을 다 해 우리의 목숨을 구해주기를 기대야 한다. 굶주리거나 목숨을 위협 받을 일이 없다고 우리를 안심시키고 그래서 우리가 볼일을 끝내고 남 은 여행을 즐길 수 있도록 해주는 이도 낯선 사람들이다.

이처럼 큰 집단으로 협력하는 놀라운 능력을 갖게 된 것은 사실 매우 최근의 일이다. 세계적인 차원에서 협력을 하게 된 사건은 겨우 1945년으로 거슬러간다. 당시 세계는 또다른 세계대전을 막기 위해 UN을 창설했다. 타임머신이 있어 먼 과거로 여행할 수 있다면, 우리는 시간을 거슬러올라갈수록 인간의 협력 규모가 자꾸 작아져 작은 수렵채집 무리에 이른다는 사실을 알게 될 것이다.

자연과학자들이 하는 말이 있다. 뭔가를 알고 싶다면 그것을 측정하는 법부터 배워라. 타임머신은 없지만 나와 내 동료들은 완벽하지는 않아도 과거를 엿볼 수 있는 역사적 거시경을 만들고 있다.[4] 우리는 그것을 **세샤트—지구사 데이터뱅크**Seshat: Global History Databank라 부른다. 이에 대해서는 이 책의 마지막 장에서 자세히 설명할 것이다. 지금은 수치와 날짜 같은 기초 자료만으로 인간 협력의 역사를 추적해보자.

〈스타워즈〉의 '포스'처럼 협력에는 어두운 면이 있다. 그러나 이 문제는 나중에 다룰 기회가 많을 것이다. 지금은 협력의 창조적 능력에만 초점을 맞추고 싶다. 초사회성이 남겨놓은 기념비적인 유산 몇 가지를 살펴보는 것으로 초사회성이 나타나게 된 과정을 추적해보자. 거대한 건축물은 버려지거나 파괴되어도 분명한 흔적을 남기기 때문에 이를 통해 고고학자들은 과거 사회가 어느 정도 복잡한 사회였는지 짐작할 수 있다.

내가 샤르트르 노트르담 대성당에 처음 발을 들여놓은 것은 스물한 살 때였다. 바로 한 해 전에 소련을 빠져나온 터였다. 그때의 기분을 나는 잊을 수 없다. 쭉 뻗은 기둥과 아치는 저절로 시선을 위로 향하게 했다. 거대한 스테인드글라스를 통해 오색 빛이 흘러들었다. 성인과 천사의 석상은 그들이 서 있는 곳을 벗어나 공중으로 떠오를 것만 같았다. 갑자기 오르간 소리가 흘러나왔다. 아마도 저녁에 있을 연주회를 위해 연습하는 모양이었다. 장엄한 음악이 내 몸을 가득 채웠다 싶은 순간, 나를 지상에 묶어두었던 끈이 스르르 풀리며 성인, 천사와 함께 내 몸이 솟아오르는 것 같았다. 원래 종교가 없었지만 이 프랑스 성당에서 나는 '다시 태어나' 새사람이 된 느낌이었다.

나는 미국으로 돌아가 뉴욕대학교에서 인문학사 학위를 받은 뒤, 고딕 건축과 예술 과목을 수강했다. 무엇보다도 나는 이 중세 성당을 지은 사람들의 예술혼을 자극한 것이 무엇이었는지 알고 싶었다. 어떻게 그리고 왜 그들은 힘을 합쳐 자신의 신앙심을 돌에 새겨넣었을까? 몇 해 뒤에 대학원의 마지막 한 해를 힘겹게 끝냈을 때 나는 문득 휴가 한 번 제대로 가본 적이 없다는 생각이 들었다. 그래서 나는 프랑스 북부에 있는 다른 유명한 중세 성당들을 모두 섭렵해보기로 했다. 다음은 이 여행에서 내가 배운 것들이다.

크기로만 따지면 가장 인상적인 고딕 성당은 프랑스 북부 피카르디주의 행정수도에 서 있는 아미앵 노트르담 대성당이다. 무게로 따져 엠파이어스테이트빌딩과 비슷한 아미앵 대성당은 가장 높은 고딕 성당으로, 이에 견줄 만한 것은 보베에 있는 미완의 성당뿐이다. 보베 성당은 너무 높이 지으려 욕심을 낸 나머지 건설 도중에 붕괴되어 끝내 완공되지 못했다.

사람들은 왜 아미앵 대성당을 지었을까? 왕이 명령한 것도 아니었다. 아미앵 대성당은 아미앵과 피카르디 사람들의 집단적 노력의 결과였다. 실제로 엔지니어와 석공과 조각가와 유리공 등 전문가 집단이 건설에 참여했다. 가톨릭 교단이 인부들을 감독했지만 건축 규모가 워낙 커서 성직자들만으로는 그 일을 제대로 할 수 없었다. 도시의 유지들, 즉 돈 많은 상인과 제조업자 들이 기금을 보탰다. 또다른 재원은 그 지역 귀족들이었다. 그들은 현금을 바쳤고 성당을 자신들의 유언장으로 만들었다. 마지막으로 보통사람들, 즉 서민들les menus gens이 성직자들이 주기적으로 조성한 모금운동에 헌금했다. 성상聖像을 앞세워 아미앵의 거리를 지나 시골까지 간 행렬은 가능하면 많은 사람들이 가능하면 많은 돈을 내도록 부추겼을 것이다. 중세미술사가인 스티븐 머리Stephen Murray의 지적대로 아미앵 성당에는 마을사람들의 지원이 적지 않게 들어갔을 것이다. 현재 남아 있는 것은 많지 않지만 아미앵 성당의 스테인드글라스는 대부분 마을사람들이 기증한 것이다.

샤르트르 성당처럼 성당의 창이 대부분 그대로 남아 있다면 중세 프랑스 사회를 가장 높은 지위부터 가장 낮은 지위까지 제대로 둘러볼 수 있다. 어떤 창은 생 루이, 즉 프랑스 왕 루이 9세가 기증한 것이다. 피에르 드 쿠르트네, 라울 드 쿠르트네, 쥘리앙 드 카스틸리옹과 아모리 드 몽포르 등 기사들도 창을 여러 개 기증했다. 길드가 돈을 낸 창도 많았다. 길드는 모피상처럼 귀족에게 물건을 조달하는 조합부터 식료품상, 바구니 제작자, 통 제조업자, 제화공, 짐꾼 등 하층민에 이르기까지 다양했다. 길드가 기증한 창은 길드의 수호성인에게 봉헌되었는데 제작 도중에 기증자에게 먼저 보여주는 경우가 많았다. 모피코트를 팔던 모피상도, 주화를 검사하던 환전상도, 황소를 죽이던 도살업자도 스테인드글라스를 기증했다. 일반 노동자들조차 얼마 안 되는 돈이지만 십시일반으로 창을 기증했는데 그런 창은 아담, 즉 "이마에 땀을 흘려 처음으로 땅을 판 자"에게 헌정되었다.[5]

고딕 성당을 짓는 일은 대사업이었다. 이 거대한 프로젝트를 시작한 사람들은 대부분 성당이 완공되는 것을 보지 못하고 죽었다. 경우에 따라서는 200~300년씩 공사가 지연되는 때도 있었다. 아미앵이나 샤르트르의 성당처럼 비교적 빠른 시일에 세워진 성당조차도 보통 50년 정도의 세월이 걸렸다. 그런 다음에도 몇 세대에 걸쳐 장식물들이 추가되었다. 고딕 성당은 성직자와 귀족과 평민 등 중세 프랑스의 여러 계층에 속한 사람들 외에 부모와 자식과 손자 등 여러 세대가 합심하여 정성을 기울인 결과물이었다.

뭔가를 알고 싶다면, 그것을 측정하는 법부터 배워라. 고딕 성당을 건설하는 데 필요한 협력의 규모를 수치로 나타내면 어떻게 될까? 건축사가인 존 제임스John James는 특정 시점에 건설에 참여한 사람들의 수를 약 300명으로 추산했다. 여기에 50년을 곱하면 1만 5,000인년이 나온다. 물론 대충 짐작한 수치다. 실제는 그 절반일 수도 있고 그 두 배일 수도 있다. 그러나 정확할 필요는 없다. ISS에 투입된 300만 인년과 비교해보라. 무려 200배 많은 수치다! 차이가 100배를 넘으면 두 배의 오차 정도는 큰 의미가 없다.

협력의 사회적 규모를 바라보는 또다른 방법은 성당 건축에 얼마나 많은 사람들이 헌금했는지 따져보는 것이다. 머리에 따르면 아미앵시의 주민은 약 2만 명이었다. 피카르디는 중세 프랑스에서도 인구밀도가 가장 높은 지역으로 200만 명 이상이 거주했다(요즘은 더 많다). 피카르디 사람들은 성당 짓는 일을 매우 좋아했다. 〈스타트

렉—넥스트 제너레이션〉의 엔터프라이즈호 선장 피카드Picard의 선조는 틀림없이 북부 프랑스 출신이었을 것이다. 피카르디에서는 세계적으로 유명한 고딕 성당들을 쉽게 찾을 수 있다. 상리스 성당, 종탑 위의 귀여운 암소 조각상이 유명한 라옹 성당, 툭하면 무너졌던 보베 성당 등이 그런 성당이다. 이런 성당을 세우는 책임을 맡았던 협력 서클에는 수십만 명이 가담했을 것이다. 이에 비해 ISS를 지원하기 위해 미국, 러시아, 유럽연합, 일본, 캐나다 등지에서 세금을 보탠 사람들은 10억 명이 넘는다. 고딕 성당의 인구 기반에 비해 적어도 1,000배가 넘는다. 대단한 전환 아닌가?

다시 거시경을 꺼내들고 과거를 좀더 자세히 들여다보자. 로마제국에서 가장 인상적인 건축물은 콜로세움으로, 건설하는 데 3,000만 세스테르티우스(고대 로마의 화폐 단위-옮긴이)의 비용이 들었다. 로마 군단병 2만 5,000명의 1년 치 봉급에 해당하는 이런 막대한 금액은 베스파시아누스 황제가 서기 70년에 유대인 폭동을 진압하는 과정에서 그의 군대가 예루살렘을 약탈하여 갈취한 것이었다. 그리고 1만 2,000명의 노예가 8년 동안 노역에 종사했으니 그 비용은 10만 인년으로 추산할 수 있다.

좀더 거슬러 올라가면 어슴푸레 모습을 드러내는 이집트 피라미드를 만날 수 있다. 고고학자 마크 레너Mark Lehner는 기원전 26세기에 지어진 기자의 피라미드에 약 40만 인년이 투입된 것으로 추정했다. 고대 이집트인들은 로마제국을 간단히 제압했다!

그리고 마침내 우리는 기념비적인 건축물 중 가장 오래된 사례에 다다른다. 괴베클리 테페Göbekli Tepe는 터키 동남부에 있는 언덕으로 시리아 국경에서 멀지 않다. 1만 1,000년 전에 이 지역에 사는 사람들은 거대한 T자 모양의 기둥들을 파냈다. 무게는 20~50톤 정도로 영국의 스톤헨지에 서 있는 훨씬 유명한 돌기둥과 비슷하다. 이 돌기둥은 상형문자로 장식되어 있고 동물 부조가 새겨졌으며 원형 돌담 안에 배치되어 있어 세계에서 가장 오래된 사원을 조성하고 있다. 이런 구조물이 20개 정도 있는데 무엇보다 놀라운 점은 이 제의용 건축물들을 세운 장본인이 수렵채집밖에 모르던 사람들이었다는 사실이다.

괴베클리 테페 사원을 짓는 데는 얼마나 큰 규모의 협력이 필요했을까? 이런 질문을 하기 전에 좀더 근본적인 질문을 해보자. 괴베클리 테페는 무엇을 위한 것이었을까?

거석 유적은 매우 신비스럽다. 노르웨이의 코미디 듀오 윌비스Ylvis가 최근에 낸 싱글 앨범에서 베가르 윌비소케르Vegard Ylvisåker는 이렇게 노래한다.

스톤헨지는 무슨 뜻이지?
아는 사람이 없어 미치겠어
5,000년 전에 왜 이런 걸 세웠지…
이건 알아야 해
스톤헨지에 대해
무엇이든 알 수만 있다면
좋아, 줄 수 있는 것은 다 주겠어
코러스: 차도 줄 수 있어?

(음)물론 농담이겠지?

차를 줄 수도 있지

코러스: 네 차가 뭔데?

난 시빅을 타, 시빅을 타, 시빅을 타!

코러스: 믿을 만한 차!

집어 쳐! 스톤헨지 얘기나 하자…

괴베클리 테페를 좀더 둘러보자. 스톤헨지를 만든 사람들처럼, 괴베클리 테페를 세운 사람들은 그 동기에 대해 아무런 설명도 남기지 않았다. 그러나 옥스퍼드의 인류학자 하비 화이트하우스Harvey Whitehouse는 〈이온매거진Aeon Magazine〉에 이렇게 썼다. "고고학자들은 이것이 대단히 중요한 의례 장소라는 데 동의한다. 계속 거주하는 집이 아니라 특정 시점에만 모이는 신성한 장소 말이다." '괴베클리안'은 그 언덕이나 근처에 살지 않고 수많은 반半영구적 거주지에서 그곳까지 걸어왔다. 거주지는 광활한 지역에 흩어져 있었는데 그중에는 100~200킬로미터나 떨어진 곳도 있었다. 그런 사실을 알 수 있는 근거는 고고학자들이 넓게 흩어져 있는 지역에서 T자 모양의 기둥부터 특이한 모양의 홀笏까지 괴베클리 테페 사원에만 있는 같은 종류의 상징물을 찾아냈기 때문이다.[6]

괴베클리안들은 언덕 옆면에서 T자 모양으로 기둥을 쪼아 떼어냈고(그중 몇 개는 미완인 채로 지금도 언덕 사면에 남아 있다), 그것들을 둥글게 담장을 두른 곳으로 옮긴 다음, 직사각형으로 구덩이를 파내고 그곳에 세웠다. 가장 흔한 형태의 사원은 T자형 기둥이 열두 개 있는 셋인데, 중앙에 가장 큰 기둥 두 개를 두고 나머지를 둘러싸게 하여 두 명의 지도자 주변에 한 무리의 사람들이 서 있는 모양새다. 기둥은 T자 부분이 머리처럼 생긴 것으로 보아 사람(또는 신)을 상징하는 것이 분명하다. 대부분의 기둥은 양쪽에 팔을 새겨놓았고 앞에는 샅바 모양이 새겨져 있다.

건설 작업이 끝나면 주연을 벌였다. 괴베클리안들은 가젤과 들소를 구워먹었고 맥주를 엄청나게 많이 마셨다. 고고학자 올리퍼 디트리히와 옌스 노트로프Jens Notroff 팀은 유적지를 발굴하던 중에 불에 탄 동물 뼈를 수도 없이 찾아냈다. 또한 석회석을 깎아 만든 원통이나 여물통 모양의 그릇도 많이 나왔는데 잔해의 겉면은 암회색으로 코팅되어 있었다. 화학 분석을 한 결과 옥살산염이 검출되었는데 이것은 찧은 보리가 발효될 때 나오는 성분이다(분명히 말하지만 재배한 곡식은 아니었다). 어떤 그릇은 맥주 160리터를 담을 수 있는 크기로, 작은 맥주통 세 개에 가까운 용량이었다. 대단한 파티였음이 틀림없다! 괴베클리 테페에서 멀지 않은 네발리초리 근처에서 발견된 돌잔에는 두 사람이 양팔을 들어올리고 춤추는 모습이 새겨져 있다. 둘 사이에는 거북 모양의 환상적인 동물이 껑충거리고 있다. 디트리히 팀은 "춤추는 사람의 의식 상태가 바뀌었다는 것을 암시하는 장식일 것"으로 본다.

고고학자들은 각각의 사원들이 얼마나 오랫동안 사용되었는지 확실히 단정하지 못한다. 그러나 괴베클리안들은 어느 시점에 사원을 파괴하고 돌기둥들을 돌무더기 속에 파묻어버렸다. 물론 영원히 남길 기념물을 만드는 것은 그들의 목적이 아니었다. 모든 것은 제례를 위한 것이었다.

　아마도 모든 거석문화가 비슷했을 것이다. 최근에 은퇴한 목수 겸 건설노동자 고든 파이프스Gordon Pipes는 스톤헨지 거석을 옮기는 데 최소한 얼마의 인원이 필요한지 알아보기 위해 자원자를 모집했다.[7] 파이프스는 석기시대 기술로 40톤짜리 돌을 세우는 데 스물다섯 명이면 된다고 추산한다. 꼭대기에 상인방돌을 올리는 작업은 열두 명이면 된다. 그러나 이런 식으로 계산하면 가장 중요한 부분을 놓치게 된다. 괴베클리 테페 사원에서 중요한 것은 최소의 인원을 동원하여 가장 효율적인 방법으로 기념물을 세우는 문제가 아니었다. 그것은 21세기 엔지니어의 합리적 생각일 뿐이다. 괴베클리 테페의 건립 목적은 사람들을 모으는 것이었다.

　이것은 옌스 노트로프 팀이 〈기념비를 세우는 것, 공동체를 만드는 것Building Monuments, Creating Communities〉이라는 제목의 논문에서 제시한 주장이다.[8] 이들 고고학자들은 인도네시아 니아스섬에 있는 거석무덤 같은 기념물 건설 과정을 파헤친 최근의 민족지학적 연구 성과에 주목한다. 이 설명에 따르면 500~600명 정도의 무리가 함께 힘을 합쳐 석기시대의 기술로 거석을 운반한다. 나무 썰매, 굴림대, 나무덩굴로 만든 밧줄 등을 사용하여 괴베클리 테페 기둥보다 조금 작은 거석들을 끄는 방법이다. 3킬로미터 떨어진 목적지까지 옮기는 데 사흘 걸린다. 그런데 이 작업에는 실제 필요한 인원보다 훨씬 많은 사람들이 참여한다. 이것은 효율성의 문제가 아니다. 재미있자고 하는 행위다. 거석들을 제자리에 설치하고 나면 모두 모여 잔치를 벌인다. 물론 맥주도 있다. 기념물이라는 가시적인 결과는 중요하지 않다.

공동체와 협력, 즉 실체는 없어도 그들 사이에 지속되는 정서가 진짜 목적이다.

규모가 크고 노동집약적인 구조물을 만드는 방법은 두 가지다. 소규모 팀을 장기간 운용하든가 아니면 대규모 집단을 동원하여 모든 일을 빠른 시간에 마무리하는 방법이다. 최근에 나온 민족지학의 사례는 거석을 세운 방식이 후자였다는 사실을 암시하지만, 그렇게 까마득한 과거에도 그런 방식이 있었다고 확신할 만한 근거가 있을까? 사실 적어도 한 가지 사례만큼은 그런 확신을 뒷받침한다. 루이지애나 북동부의 파버티포인트 유적지가 그것이다.

기원전 1800년과 1350년 사이에 파버티포인트에 거대한 둔덕을 쌓은 사람들도 역시 수렵채집인들이었다. 가장 인상적인 둔덕은 마운드 A인데 인근 여러 곳에서 24만 입방미터의 흙을 날라와 바닥 면적 5만 평방미터에 22미터(7층 건물 정도)의 높이로 쌓아올린 구조다. 24만 입방미터라면 바구니 하나에 25킬로그램의 흙을 담아 나를 때 바구니 800만 개가 필요한 분량이다. 최근에 파버티포인트 둔덕을 지형학적으로 연구한 대표적인 학자인 트리스트럼 키더Tristram Kidder는 〈사이언스데일리Science Daily〉에 기고한 논문에서 마운드 A를 조성하는 데 27만 인일people-days이 필요했을 것으로 추산한다. 휴식 시간까지 고려하면 대략 1,000인년이라는 계산이 나온다.

고고학자들이 파버티포인트와 미시시피강 유역의 다른 수많은 유적에서 발견한 것 같은 이런 대규모 토공사를 수행한 사람들이 수렵채집인이라는 것을 처음 알아냈을 때만 해도, 그들은 당연히 소규모 집단이 장기간, 그러니까 몇 십 년이나 몇 백 년씩 꾸준한 노동력을 투입하여 이룩했을 것이라고 단정했다. 이 정도 거대한 사업이면 보통 50명 정도로 구성되는 수렵채집 무리들로서는 감당하기 힘든 일이다. 그러니 마운드 A를 만든 사람들이 같은 언어를 사용하는 500~2,000명 정도의 한 '부족'이었다고 가정해보자. 그리고 성인 300명이 1년에 열흘만 둔덕 쌓는 일에 동원된다고 가정하자. 그러면 마운드 A를 쌓는 데 90년, 즉 거의 100년이라는 시간이 걸렸다는 계산이 나온다.

그러나 파버티포인트 구릉은 그런 식으로 만들어지지 않았다. 키더는 앤서니 오트만Anthony Ortmann 등 다른 고고학자들과 함께 마운드 A를 발굴하던 중 놀라운 것을 발견했다. 둔덕을 수직으로 절단하고 보니, 붉은 흙과 회색 흙이 번갈아 층을 지어 나타난 것이다. 틀림없이 서로 떨어진 두 지역에서 흙을 바구니로 날라 와 교대로 번갈아가며 조심스레 뿌려가며 쌓았을 것이다. 둔덕의 횡단면은 호랑이 가죽처럼 줄모양이 뚜렷했다.

이는 중요한 사실을 암시한다. 둔덕을 쌓는 도중에 비라도 오면 맨 상층부터 비가 스며들어 무늬가 뒤섞일 테고 그러면 횡단면에서 보이는 것과 같은 깔끔한 줄무늬가 엉망이 되었을 것이다. 실제로 맨 위 1미터 정도는 이런 침식작용 때문에 호랑이 무늬가 희미하다. 그러나 1.5미터 아래로는 그런 물내림의 흔적이 없다. 그래서 놀라운 결론에 이르게 된다. 마운드 A는 몇 해에 걸쳐서가 아니라 비가 오지 않는 아주 짧은 건기에 조성되었다는 사실이다.

키더는 둔덕을 만드는 데 90일이 넘게 걸렸다면 일꾼 3,000명이 필요했을 것이라고 추산한다. 그렇다면 이 집단의 전체 인구는 여자와 아이를 포함하여 적어도 1만 명 정도는 되었을 것이다.

루이지애나에서 7년을 살았던 나로서는 이 지역에 건기가 석 달을 지속하는 경우를 상상하기 어렵다. 그리고 둔덕을 쌓는 기간에 큰 가뭄이 있었다는 증거도 없다. 30일 동안 비가 내리지 않는 경우도 있을 법하지 않지만 90일보다는 좀더 현실적이니까 30일이라고 하자. 그렇다면 둔덕을 쌓는 데 9,000명의 인원이 있어야 하고 따라서 전체 인구는 수만 명을 헤아렸을 것이다. 어느 둔덕을 고르든 파버티포인트 둔덕을 쌓는 데는 언어가 서로 다른 많은 부족들의 협력이 선행되었을 것이다.

괴베클리 사원은 그 정도로 비용이 많이 들지는 않았다. 독일의 고고학자 클라우디아 부어거Claudia Buerger가 최근에 실험한 결과에 따르면 기둥 하나를 만드는 데 20인년이 필요하다.[9] 여기에 신전 하나에 들어가는 기둥의 평균수 12를 곱하면 240인년이 나오지만 기둥을 들어서 옮기고 둥근 담장 안에 세우는 인원까지 고려해야 한다. 그리고 담장을 만드는 데도 인력이 필요하다. 그러니 모두 합해 300인년이라고 해두자. 물론 100인년이 될 수도 있고 500인년이 될 수도 있지만.

시야를 좀더 넓히면 이 정도 불확실성은 대수롭지 않은 문제다. 괴베클리 테페와 국제우주정거장을 가르는 1만 1,000여 년의 시간에서 가장 인상적인 건축 프로젝트의 노동비용으로 측정할 때 협력의 규모는 1만 배까지 올라간다. 즉, 300이 300만이 된다. 실로 천문학적인 증가다. 그리고 물론 인간사회의 규모도 마찬가지로 엄청나게 불어났다.

해부학적으로 볼 때 현생인류는 약 20만 년 전에 나타난 것으로 보인다. 인류 진화 역사의 첫 95퍼센트에 해당하는 아주 장구한 세월 동안 우리는 소규모의 수렵채집인으로 살았다. 상황이 달라지기 시작한 것은 지난 1만~1만 2,000년 사이의 일이었다. 괴베클리 테페의 제례 단지는 수렵채집인들이 만들었지만, 중동지방의 '비옥한 초승달 지대'에는 저절로 자라는 전분밀과 일립소맥과 보리 같은 야생 곡류가 많아 이들은 반영구적인 정착 마을을 형성할 수 있었다.

거시경을 괴베클리 테페 이전으로 옮기면 기념비적인 건축물의 흔적은 전혀 나타나지 않는다. 괴베클리 테페가 나타나기 불과 몇 백 년 전에 끝난 플라이스토세(홍적세) 후기에는 수렵채집인들이 사용한 작은 임시 주거지를 찾을 수 있다. 이들도 창의력은 뒤지지 않았다. 개중에는 대단한 조각가나 화가도 있었다. 내 소박한 견해로 말하자면 알타미라나 라스코의 장엄한 동굴벽화는 뉴욕현대미술관에 걸린 웬만한 작품보다 훨씬 뛰어난 예술적 감각을 보여준다. 그러나 이런 예술작품들은 개인이 그린 것이다. 과거를 거슬러 초사회성의 뿌리를 추적하는 우리의 여정에서는 괴베클리 테페가 종착지인 것 같다.

인류에게 종착지라는 뜻이지 다른 생명체도 그렇다는 말은 아니다. 아프리카 초원에 최초 인류가 출현하기까지 1억 년 동안 대규모 협력 종목의 압도적인 챔피언은 장수말벌, 꿀벌, 개미, 흰개미 등 사회적 곤충이었다.

저명한 진화생물학자이자 개미 전문가인 에드워드 O. 윌슨Edward O. Wilson은 그의 저서 『지구의 정복자The Social Conquest of Earth』에서 인류와 사회적 곤충은 서로 다른 경로를 통해 지구를 정복했다고 지적한다. 일부 예외가 있기는 해도 사람의 경우 유전적으로 관계가 없는 개체들이 큰 무리를 이루어 협력하지만, 이들 중 어느 누구도 생식능력을 잃지는 않는다. 반면에 사회적 곤충은 가까운 친척끼리의 집단으로 살아간다. 예를 들어 하나의 벌집에 있는 꿀벌들은 모두가 자매다. 그리고 그들은 모두 생식능력이 없다. 벌집 안에서 알을 낳을 수 있는 것은 오직 여왕벌 한 마리뿐이다. 두 경로가 너무도 다르기 때문에 생물학자들은 대부분 사회적 곤충에 대해서는 진사회성eusociality이라는 용어를 사용하고 인간에게는 초사회성이라는 말을 사용한다.[10]

수백만을 헤아리는 개체로 구성된 군체群體에 사는 흰개미나 개미의 사회생활은 그 복잡성에서 주목할 만하다. 에드워드 윌슨은 사회성과 관련하여 우리와 가장 가까운 경쟁자를 이렇게 설명한다.

인간을 제외하고 가장 복잡한 사회적 생물인 잎꾼개미는 루이지애나에서 아르헨티나까지 거대한 군체를 형성하여 도시를 건설하고 농사를 짓는다. 일개미는 잎과 꽃과 가지를 조각내어 은신처로 옮기고 그것들을 썹어 덮개를 만든다. 그들은 덮개에 자신들의 배설물을 비료로 준다. 이런 비옥한 토양을 바탕으로 개미는 주식인 버섯을 기른다. 이 버섯은 자연의 다른 어느 곳에서도 발견되지 않는 종이다. 개미들의 원예기술은 조립라인 같은 짜임새를 가지고 있어, 원료 식물을 베어내는 일부터 버섯을 수확하고 분배하는 일에 이르기까지 전 과정에서 하나의 전문화된 계급이 다음 계급으로 재료를 전달한다.[11]

수백만 년 동안 사회적 곤충은 사회진화의 선두주자로서 최고로 높은 위치에 군림했다. 플라이스토세 동안 인간의 협력은 사회적 곤충보다 규모가 훨씬 작았고 침팬지나 비비 같은 사회적 영장류와 크게 다르지 않았다.

이제 인간이 언제 동물의 왕국에서 최고 협력자로 올라섰는지 알아보기 위해 플라이스토세에서 돌아와 현재를 보자. 하지만 이번에는 기념물이 아니라 협력하는 사회의 전반적인 규모에 거시경의 초

사회 규모 (사람들)	정체의 유형	시간 (kya)
10s	수렵 무리	200
100s	농경 마을	10
1,000s	단순 군장사회	7.5
10,000s	복합 군장사회	7
100,000s	고대국가	5
1,000,000s	거대국가	4.5
10,000,000s	대제국	2.5
100,000,000s	대형 국민국가	0.2

표 1. 정체政體(정치적으로 독립적인 단위)를 구성하는 사람들의 수로 측정한 인간사회 규모의 증가. 인구수는 근사치이고 10배수로 표시했다(예를 들어 '100s'는 100과 1,000 사이를 뜻한다). 시간(kya)은 정체 유형이 처음 출현한 이래의 시간을 천 년 단위로 표기한 것이다. 복합 군장사회는 3단 행정계급을 가지고 있다는 점에서 단순 군장사회와 다르다. 복합 군장사회는 하위 군장을 여럿 거느린 대군장이 통치하며 군장들은 여러 마을을 거느린다.

점을 맞추겠다. 그 궤적은 이렇게 보일 것이다.

최초의 중앙집권사회는 7,500년 전에 메소포타미아 지방에서 나타났다. 이들 사회는 보통 여러 농경마을에 사는 수천 명의 사람들로 구성되어 있다. 이들을 다스리는 사람은 세습 군장이었고 그래서 인류학자들은 이들을 '군장사회chiefdoms'라고 부른다. 복합 군장사회의 인구는 보통 수만 명 정도로, 가장 높은 대군장과 그다음 계급인 하위 군장들이 통치했다. 이는 2만 마리 정도의 일벌들이 모인 꿀벌의 사회와 비슷한 규모다.

최초의 도시와 국가는 5,000년 전에 세워졌다. 고대국가 중 기자의 대피라미드를 세운 이집트 고왕국(기원전 2650~기원전 2150년)의 인구는 100~200만 명 정도였는데 이는 가장 복잡한 사회적 곤충인 개미와 흰개미 집단의 수치에 처음으로 가까워지기 시작한 규모다.

사회의 규모는 계속 커져 기원전 마지막 1,000년 동안에는 처음으로 대제국이 나타난다. 페르시아제국, 로마제국, 한나라 시대의 중국이 그런 사례다. 대제국은 수천만 명의 인구를 통치했다. 예를 들어 로마제국과 한나라의 인구는 많을 때 5,000~6,000만 명까지 늘어났다. 이 시기에 인간은 사회적 곤충을 뛰어넘는다. 지난 2,000년 동안 규모나 복잡성에서 인간사회와 견줄 만한 동물은 어디에도 없었고 지금도 없다.

•••

진화의 관점에서 보자면 1만 년은 찰나에 지나지 않는다. 그러나 인간사회는 이 시기에 완전히 형태가 바뀌어 얼굴을 직접 맞대고 교유하던 응집력 강한 소규모 평등 집단에서 거대한 익명의 국민국가로 나아갔다. 국민국가는 중앙에서 의사결정을 하고 세분화된 분업체제를 갖췄으며 덜 긍정적인 측면에서 보자면 부와 권력의 격차가 심하다. 이런 놀라운 발전에는 설명이 필요하다. 그리고 이런 종류의 설명은 이례적이고 심지어 역사 연구 분야에서 환영받지 못하는 것일 수 있다. 우리는 사회발전의 과학법칙이라는 일반론에 호소해야 한다. 인간사회의 놀라운 변천 속도는 정치적 잣대로 보면 아주 느리겠지만(알다시피 정치 분야에서 일주일은 아주 긴 시간이다), 그렇다고 전적으로 인간게놈의 진화 탓으로 돌리기에는 그 속도가 너무 빠르다. 따라서 우리는 이런 이행 과정을 문화적 성취로 이해하고 문화 진화의 과정으로 전반적인 스토리를 이해할 필요가 있다.

그렇게 하려면 분석에 어떤 원칙이 있어야 한다. 그리고 그것은 인문학의 역사에서 흔하지 않은 원칙이다. 나는 생물학자로 경력을 시작했지만 수학을 모르고는 진화를 이해할 수 없다는 것을 누구보다 절감한다. 다윈의 사상은 위대하지만 사실 들여다보면 사람을 현혹시킬 정도로 단순한 이론이다. 특히 '현혹시킬 정도로'라는 부분을 강조해야겠다. 너무 쉬워서 다 이해했다고 생각할지 모르지만 사실 그에 대한 실용적 모형을 하나 만들어보면 그동안 깜빡 속았다고 생각할 수도 있기 때문이다. 그리고 뭔가 제대로 작동하는 수학적 모형을 개발했다면 데이터를 가지고 그것을 검증해봐야 한다.

나와 내 동료들이 하고 있는 것이 바로 그런 작업이다. 지금 우리는 사회학자들과 일반 대중이 눈치채지 못하는 사이에 사회과학과 역사학의 방법론을 바꾸는 조용한 혁명을 일으키고 있다. 그 혁명의 큰 부분은 문화진화라는 분과의 탄생이었다. 문화진화에 관한 이론은 세 가지 점에서 기존의 설명과 다르다. 즉, 그것은 일반적이고, 수학적 모형에 기반을 두고 있으며, 실증적으로 검증할 수 있다. 이 세 가지 특징은 중요하면서도 서로가 서로를 보강한다.

역사적 설명은 대부분 어떤 전문가가 특정 사회를 연구하다가 어떤 특이한 사항에 주목하여 그 부분에 대한 관찰을 토대로 제기한 이론적 결과물이다. 예를 들어 지구화학자 제롬 은리아구Jerome Nriagu는 로마인들이 납으로 만든 파이프로 도시에 물을 공급하고 납으로 만든 냄비로 음식을 조리했다는 사실에 주목했다. 이런 관찰을 토대로 그는 납으로 만든 용기를 썼을 가능성이 매우 높은 로마제국의 엘리트들이 납에 중독되었고, 그것이 로마제국의 멸망을 초래했을 것이라고 결론 내렸다.[12]

학자들이 늘 놓치는 부분이지만 이런 가설이 맞고 틀리고는 중요하지 않다. 중요한 것은 그것이 제국들이 멸망하는 이유에 대한 일반적인 설명일 수가 없다는 사실이다.

로마제국의 쇠퇴와 멸망에 대한 설명은 에드워드 기번Edward Gibbon의 『로마제국 쇠망사Decline and Fall of the Roman Empire』이래로 가내수공업 수준을 벗어나지 못했다. 30년 전에 독일의 한 역사가는 로마제국의 멸망 원인에 대한 설명을 목록으로 작성한 결과 모두 210가지나 된다는 것을 밝혀냈다.[13] 그리고 그때 이후로 나온 학설도 내가 알고 있는 것만 적어도 열두 개는 된다. 이런 지적인 게임에는 아무런 문제가 없지만, 그것은 과학이 아니다. 과학은 일반적인 설명을 찾는 작업이다. 어떤 특정한 제국이 무엇 때문에 멸망했는가가 아니라 일반적으로 제국들이 무엇 때문에 쇠퇴하고 멸망하는가 하는 문제다. 그보다 더 중요한 것은 제국들이 어떻게 가능했을까 하는 점이다. 거대한 인간사회를 결합하는 사회적 힘은 무엇인가? 그리고 그들은 왜 때로 비틀거리고 분열하고 붕괴하는가? 로마에 관한 이론은 필요 없다. 필요한 것은 일반적인 제국들에 관한 하나의 이론이다.

과학은 설명을 매우 정확하게 형식화하여 논증하는 과정에서 논리적 오류를 범하거나 어떤 단계를 빠뜨리는 일이 없도록 살피는 절차다. 인간사회 같은 복잡계의 작용을 설명하려 할 때는 웬만하면 수학에 의지해야 한다. 수학적인 역사이론을 세우는 것(그리고 차차 설명하겠지만 그것을 자료를 통해 입증하는 것)은 역사동역학 Cliodynamics이라는 새로운 학문의 영역이었다.[14] 역사의 여신 클리오Clio 와 변화의 학문인 동역학dynamics에서 나온 역사동역학은 역사거시사회학과 경제사와 문화진화론 같은 다양한 분야의 성과를 종합하여 역사적 동역학의 모형을 만들고 실험한다.

마지막으로 과학은 일반 현상을 설명하는 이론을 조심스레 세우는 것으로 그치지 않는다. 과학은 일차적으로 좋은 설명과 나쁜 설명을 구분할 수 있어야 한다. 기존의 역사학이 못하는 것이 바로 이 부분이다. 역사가들은 새로운 설명을 만들어왔고 또 지금도 계속 만들고 있지만 데이터를 가지고 자신의 설명을 검증하는 일은 하지 않는다.

그렇다면 이런 의문이 생길 것이다. 역사를 과학으로 볼 수 있는가? 물론이다. 역사는 과학이다. 나 자신의 작업을 통해 그 실례를 보이겠다.

고고학자와 사회학자와 정치학자는 대규모 복잡사회의 진화를 설명하기 위해 많은 이론을 내놓았다. 그러나 인류학자와 고고학자 대부분은 그 주요 추진력이 농업의 발명이었다고 생각한다. 재레드 다이아몬드Jared Diamond는 그의 저서 『총, 균, 쇠Guns, Germs and Steel』에서 최초로 농사를 지을 지역을 결정한 것은 지형이었고 그것이 이후의 인간 역사를 엮어갔다는 주장을 강력하게 개진한다. 농업은 매우 높은 인구밀집 현상을 초래했을 뿐 아니라 새로운 지배 엘리트들이 착취할 수 있는 잉여생산물을 만들었다. 이런 전제하에서 그는 농업의 시작과 함께 문명의 전全 역사가 그 뒤를 따랐다고 주장한다.

이에 동의하지 않는 관점도 있었다. 그것은 새로운 문화진화론Cultural Evolution에 뿌리를 두었다. 그렇다. 농업은 복잡사회 진화의 필요조건이다. 그러나 충분조건은 아니다. 문제는 관료제도나 조직화된 종교 같은 중요한 제도와 지배 엘리트에게 공익을 만들어내도록 강요하려면 비용이 많이 든다는 사실이다. 그런 비용에도 불구하고 어떻게 이런 제도들이 생겨날 수 있었을까? 다수준 문화선택론theory of cultural multilevel selection에 따르면 이런 진화는 여러 사회가 서로 경쟁할 때만 가능하기 때문에 올바른 제도를 제대로 갖추지 못한 사회는 실패한다. 비용이 많이 드는 제도를 갖춘 복잡사회는 그런 제도를 갖추지 못한 사회를 파괴하기 때문에 어떻게든 확산되고 전파된다.

막연한 말 같지만 이런 일반이론을 취한 다음 구체적이고 세부적인 모형을 만들면 복잡하면서도 규모가 큰 사회가 언제 어디서 일어났으며 그것이 인간사의 고대와 중세 동안 어떻게 성장했는지를 예측할 수 있다. 〈미국국립과학원회보Proceedings of the National Academy of

Science〉에 2013년에 발표된 한 논문은 나와 내 동료들이 어떻게 이런 일을 해냈는지 설명해준다.

비결은 집단 간의 경쟁을 부추기는 요소에 초점을 맞추는 것이다. 최근까지 그것은 군사적 대립, 즉 전쟁을 의미했다. 그리고 기원전 1500년부터 서기 1500년까지 3,000년 동안 구세계에서 벌어진 군사적 경쟁의 치열한 정도는 전투용 말을 기반으로 한 군사기술이 확산되는 과정을 통해 상당히 구체적으로 짚어볼 수 있었다. 따라서 우리는 이 부분과 관련된 모형을 만들었다. 그리고 그 모형은 유라시아와 아프리카를 무대로 거대한 제국이 언제 어디서 발흥했는지 예측하는 과제를 믿기지 않을 정도로 훌륭하게 해냈다.

우리의 모형은 이 3,000년 동안 아프로-유라시아 대륙이 겪었던 사실적 조건들을 그대로 재현해냈다. 그 모형은 이런 거대한 지역에서 농업이 출현한 시기와 장소를 고려했다. 그 기간에 전차나 기병 등 말과 관련된 군비 혁신은 구세계의 전쟁을 지배했다. 지형 또한 중요했다. 유라시아 초원에 사는 유목민들은 근처의 농경사회에 영향을 주었고 그로 인해 그들은 매우 공격적인 형태의 전쟁을 스텝 벨트steppe belt 밖의 지역으로 전파했다. 반대로 굴곡이 심한 험난한 지형은 공격적인 전쟁을 벌이기 힘들게 만들었다.

우리의 모형은 최초의 국가와 제국이 메소포타미아와 이집트와 중국 북부에서 출현했다고 예측한다. 그곳에서부터 큰 국가들은 점차 지중해와 나머지 유럽으로 확산되었고, 인도에 전파될 때는 북부에서 시작하여 남쪽으로 흘러들어갔고, 중국도 북부에서 남쪽으로, 더 내려가 동남아시아로 확산되었다. 이 모형은 실제 역사적으로 관찰된 구세계 국가들의 발흥 및 확산과 관련하여 대수롭지 않은 세부 내용은 일부 놓쳤지만 역사의 전반적인 패턴을 포착하는 데는 무서울 정도로 정확했다.

오해하지 마시라. 이 모형은 역사에 등장한 국가들의 실제 궤적에 관해서는 아무것도 '알지' 못했다. 이 모형의 출력물은 첫 번째 원리로부터 나온 진짜 예측이었다. 첫 번째 원리란 유라시아 대초원에서 시작된 군사기술이 대륙과 산맥과 강과 바다와 경작 지역과 건조한 사막지대 등 지형을 가리지 않고 확산되었다는 것이었다. 우리가 이 모형에서 실험삼아 전쟁 스위치를 '껐을' 때, 그것은 역사 기록과 조금이라도 닮은 예측을 더이상 만들어내지 않았다. 물론 지형과 농업도 중요하다. 하지만 농경지가 언제 어디서 큰 국가로 발전했는지 예측하려면, 무엇보다 전쟁의 패턴을 잘 살펴봐야 한다.

•••

국제우주정거장이 밤에 미국 동부 해안 위를 날아갈 때, 그것의 카메라는 워싱턴과 뉴욕과 보스턴 등 인구 밀집 지역을 환한 고속도로로 연결된 거대한 불빛의 군집으로 본다. 내가 사는 코네티컷의 한 구석도 이런 불빛 그물의 일부다. 이 그물은 내가 사는 작은 마을을 보스턴과 워싱턴 그리고 그 너머 시카고와 애틀랜타와 나머지 국토로 연결한다. 우주에서 보면 완벽하지는 않아도 3억 명의 인구를 가진 거대한 사회, 말하자면 초협력사회ultrasociety가 큰 규모로 협력할 줄 아는 우리의 능력에 의해 융합된 모습을 볼 수 있다.

이 책은 선사시대의 수렵채집인과 초기 농부들이 어떻게 오늘날의 거대한 초협력사회로 진화했는지 그리고 지난 1만 년 동안 수백 명 정도에 그쳤던 인간의 협력 규모가 어떻게 수억 명까지 확대되어 우리의 가장 강력한 경쟁자인 개미나 흰개미를 간단히 제압했는지를 설명하는 놀라운 이야기다.

그러나 고대 부락과 부족에서 근대의 국민국가로 나아가는 길은 일직선이었던 적이 한 번도 없었다. 진화 여정의 초기에 우리는 알파 메일alpha males을 제거했다. 알파 메일은 우리의 위대한 영장류 조상을 지배했고 계속해서 침팬지와 고릴라 사회도 재배했던 우두머리 수컷이었다. 우리는 놀라울 정도로 협력적이고 평등한 사회를 발전시켰다. 우리의 지도자들은 추종자들에게 명령할 수 없고 대신 설득과 솔선수범으로 이끌었다. 10만 년이 넘는 긴 시간 동안 우리는 나이와 성별과 명성 말고는 서로 간에 차이가 거의 없는 사회에서 살아왔다.

그러다 일이 생겼다. 약 1만 년 전부터 평등했던 분위기가 역전된 것이다. 알파 메일은 신을 자처하며 우리를 노예로 만들고 우리를 피에 굶주린 신들의 제단에 제물로 바쳤다. 그들은 궁전에 보석을 쌓았고 아름다운 여인들을 골라 후궁으로 삼았다. 그들은 자신이 살아 있는 신이라고 주장하며 경배를 강요했다.

다행히 신왕神王(신을 자처한 왕들-옮긴이)의 시대는 오래가지 않았다. 그리고 또 한번의 대전환, 대역전이 뒤를 이었다. 인간사회는 최악이었던 탄압에서 서서히 빠져나오기 시작했다. 인신공양과 신격화된 통치자는 구시대의 유물이 되었다. 노예제도는 불법화되고 귀족들은 특권을 박탈당했다. 인간사회는 잃어버린 입지를 대부분 되찾았다.

그래도 우리는 여전히 수렵채집인들만큼 평등하지 못하다. 지금 이 사회에는 가난한 사람과 억만장자가 공존한다. 하지만 신왕 시절보다는 한결 살기가 좋아졌다.

인간사회의 진화는 급선회를 반복하며 놀랍고 심지어 기괴한 궤적을 이어갔다. 왜 그랬을까? 철학자들이나 사회학자들은 많은 설명을 제시하지만 아직 수긍이 가는 답은 나오지 않았다. 그러나 이제 문화진화론이라는 새로운 학문 덕택에 우리는 그 답의 윤곽을 더듬기 시작했다.

그 답은 놀랍다. 작은 수렵채집 무리에서 거대한 국민국가로 바뀌게 만든 동력은 집단과 집단 사이에서 일어나는 경쟁과 갈등이었다. 좀더 직설적으로 말해, 처음에 전제군주가 다스리는 고대국가를 만든 것도 전쟁이고 그것을 무너뜨려 더 좋고 더 평등한 사회로 대치한 것도 전쟁이었다. 전쟁은 파괴하면서 동시에 창조한다. 경제학자 조지프 슘페터Joseph Schumpeter의 말을 빌리면 그것은 창조적 파괴creative destruction의 힘이다. 사실 이 말은 강조가 잘못되었다. 전쟁은 **파괴적 창조**destructive creation의 힘으로, 놀라운 목적을 위한 가공할 수단이다. 그리고 그 힘이 스스로를 파괴하여 전쟁이 없는 세상을 창조할 수 있다고 믿을 만한 이유가 있다.

그러나 너무 앞서 가지는 말자. 전쟁을 폐기하기 전에 우리는 전쟁을 알아야 한다.

2장 파괴적 창조

문화진화는 어떻게 크고 평화롭고 부유한
초협력사회를 만들어냈을까

티먼 바우언스Tymen Bouwensz가 삶의 마지막 날 아침
눈을 뜰 때만 해도, 그날 저녁 자신의 살이 모닥불에 구워져 적의에
가득찬 인디언들의 먹잇감이 되리라고는 짐작도 못했을 것이다.

바우언스는 한몫 잡기 위해 17세기 초에 신세계로 건너온 수많은
네덜란드 사람들 중 하나였다. 물론 그들 앞에 놓인 운명은 대부분
때 이른 죽음이었다. 1624년 1월에 그는 매커릴호를 타고 암스테르
담에서 출항했다. 그 배에는 다니엘 판 크리켄베이크 각하the Honorable
Daniel van Krieckenbeeck라는 명망가도 타고 있었다. 동료들이 '베이크'라
고 불렀던 판 크리켄베이크는 배의 화물을 책임지고 있었다. 판 크리
켄베이크와 바우언스는 그해 봄에 맨해튼섬의 뉴암스테르담에 상륙
했다.

뉴암스테르담은 네덜란드의 서인도회사가 세우고 운영한 식민지인 뉴네덜란드의 수도였다. 도시가 허드슨강 입구에 자리하고 있었기 때문에 서인도회사는 북아메리카 대륙 깊숙이 들어가는 데 가장 좋은 수송 통로를 선점할 수 있었다. 이 회사의 주요 사업은 인디언과의 모피 거래였다. 인디언들은 방수 패션 모자를 제작하는 데 필요한 비버 모피를 조달했다.

1624년에 네덜란드는 허드슨강에 교역소를 세웠다. 지금의 알바니에 해당하는 자리였다. 그들은 오라녀나사우 왕가House of Orange-Nassau를 기념하는 뜻으로 그 정착지를 포트오렌지Fort Orange라고 불렀다. 오라녀나사우 가문은 16세기에 스페인과 맞서 독립을 쟁취한 이후 네덜란드를 통치해온 왕가였다. 베이크는 1624년과 1626년 사이 어느 시점엔가 부함장으로 임명되었고 바우언스는 그를 따라 네덜란드의 개척지 중 가장 멀리 떨어진 이곳 모피 교역망 전초기지까지 왔다.

포트오렌지 주변은 모히칸족Mahican의 영토였다(모히칸은 'Mohican'으로도 표기하는데 지금 코네티컷에서 모히건 선 카지노Mohegan Sun Casino를 운영하는 모히건 가문Mohegans과는 아무런 관계가 없으니 혼동하지 마시라). 모히칸족은 미국 소설가 제임스 페니모어 쿠퍼James Fenimore Cooper의 원작을 1992년에 동명의 영화로 제작하여 히트를 친 〈라스트 모히칸The Last of the Mohicans〉의 소재였다. 모히칸족의 땅 북쪽은 사나운 모호크족의 영토였다. 모호크족은 강력하고 영토 확장 지향적인 이로쿼이 동맹Iroquois Confederacy에 속한 부족 중에서 가장 동쪽에 자리잡은 인디언 부족이었다. 모호크족 역시 네덜란드인과 접촉하려 했다. 그들은 특히 총기를 구입하려 했다. 네덜란드인과 달리 프랑스 사람들은 총기를 팔지 않았기 때문이다. 포트오렌지가 설치된 지 2년 뒤에 두 인디언 부족은 전쟁 일촉즉발 상태까지 갈 정도로 긴장이 높아졌다. 네덜란드인들은 싸움에 개입하지 않았지만 모히칸족에게 무기를 공급하여 싸움을 부추겼다.[15]

1626년에 베이크와 바우언스와 다른 교역상 다섯 명은 모히칸족의 호전파好戰派를 만나기 위해 출발했다. 요새에서 1.6킬로미터쯤 떨어진 곳에 이르렀을 때 그들은 매복한 모호크족에게 기습을 당했다. 베이크와 바우언스와 다른 두 명은 모호크족의 화살에 목숨을 잃었고, 나머지는 탈출했다. 생존자 중 한 명은 "헤엄쳐 달아나다 등에 화살을 맞는 부상을 입었다." 어떤 자료에 따르면 모호크족은 "잘 익힌 뒤에" 티먼 바우언스를 "게걸스레 먹었다." "나머지는 불살라버렸다. 인디언들은 팔 하나와 다리 하나를 가지고 돌아가 가족들에게 나눠주었다."[16]

이런 변을 당한 뒤 네덜란드인들은 모히칸족 돕기를 단념했고 모히칸은 모호크와의 싸움에서 패해 허드슨 계곡에서 쫓겨났다. 승리한 모호크는 수지맞는 네덜란드와의 교역을 완전히 장악했다. 모히칸족은 매사추세츠 서부로 밀려나 잠깐 명맥을 유지했지만 아메리칸 원주민이 대부분 그렇듯 결국 지상에서 완전히 사라졌다.[17]

북아메리카 변경의 삶은 거칠고 위험했다. 우리의 사료史料는 일차적으로 유럽인들과 관련이 있는 학살과 잔학 행위에 관한 것들이다. 유럽인들은 희생자이기도 했지만 사실 가해자 노릇을 더 많이 했다. 그러나 아메리카 원주민들 사이의 잔인하고 무자비한 방식의 전쟁 역시 아주 흔한 일이었다. 남자들은 사냥을 나갔다가 매복된 적에게 기습을 당하거나 살해되는 경우가 흔했다. 여자들도 작은 과일이나 견과류를 채집하기 위해 숲에 들어갈 때는 위험을 각오해야 했다. 어떤 때는 대부대가 나타나 마을 전체를 쑥대밭으로 만들기도 했다. 마을을 보호하기 위해 방책을 둘렀지만 별다른 도움은 되지 않았다. 승리한 쪽은 식품 저장소를 약탈하고 농작물을 짓밟고 집을 태우고 부상자를 살해하고 생존자를 납치해갔다. 여자들과 아이들은 승리한 부족에 편입되는 경우도 많았지만 패한 쪽의 전사들은 대부분 잔인하게 살해당했다.

역사학자 버나드 베일린Bernard Bailyn은 『야만의 세월The Barbarous Years』에서 이렇게 썼다. "포로들은 사지를 잘리는 경우가 많았다. 손가락을 잘라내거나 물어뜯어 더이상 싸우지 못하게 만들었고 등과 어깨를 난도질했다. 그런 다음 여자들이 나서 포로들의 신체에 칼집을 내고 살점을 도려냈으며, 아이들은 달구어진 목탄으로 옴짝달싹 못하는 그들의 신체에서 가장 민감한 부분을 골라 지지는 등 차근차근 고통을 주었다. 끝내 "포획자들은 포로의 내장을 꺼내고 태워 죽인 다음 신체 일부를 먹고 피를 마시며 승리를 자축했다."

1564~65년에 장 리보Jean Ribault가 이끄는 북부 플로리다와 사우스캐롤라이나 탐험대의 일원으로 참가했던 프랑스의 화가 겸 지도 제작자인 자크 르 무안 드 모르그Jacques Le Moyne de Morgues가 그린 데생과 수채화는 방책을 두른 마을이 띄엄띄엄 있는 풍경을 보여준다. 이런 시설은 과시용이 아니다. 어떤 그림에서는 적대적인 인디언들이 높은 언덕에서 마을을 향해 불붙인 화살을 쏜다. 지붕에 짚을 얹은 오두막 여러 채가 이미 불에 타고 있다.

르 무안의 수채화 중에서도 가장 끔찍한 것은 〈인디언들이 적의 시체를 처리하는 법How the Indians Treated the Corpses of their Enemy〉이라는 제목의 그림일 것이다. 전경에는 세 명의 인디언이 머릿가죽이 벗겨지고 발가벗겨진 한 젊은이의 시체를 난자하고 있다. 사실 젊은이의 목숨이 끊어졌는지조차 확실치 않다. 전사 하나가 화살 하나를 막 찔러넣어 일을 끝내려 한다. 오른쪽에는 또다른 무리들이 불 주변에 모여 있는데, 그곳에서는 한 사내가 머릿가죽을 말리고 또 한 사내는 다리를 구울 준비를 하고 있다. 잘린 사지와 4등분한 몸이 주변에 흩어져 있고 그림 뒤쪽으로는 세 번째 무리가 팔다리들을 들고 어디론가 가고 있다. 아마도 집에 있는 가족들에게 나눠주려는 것 같다.

유럽인들은 신세계에서 맞닥뜨린 이런 장면에 큰 충격을 받았다. 그러나 따지고 보면 충격이랄 것도 없었다. '문명' 이전의 인간사회에서 갑작스런(아니면 그보다 더 고약하게도 고통스럽고 치욕스러운) 죽음의 위협은 상존하는 위험이었다. 불안에 떨거나 전투를 벌이는 일은 그들에게 흔한 일상이었다. 정부와 관료와 경찰력과 판사와 법원 그리고 복잡한 경제와 세분화된 분업체계를 갖춘 대규모 국가가 나타나기 전에는 그랬다.

인류학자들 중에는 아메리카 인디언들이 국가나 제국이 출현하기 전단계의 모든 소규모 부족사회의 삶을 그대로 보여준다는 주장을 받아들이지 않는 사람도 있다.[18] 가령 럿거스 대학교의 인류학자 브라이언 퍼거슨Brian Ferguson은 유럽인이 병균과 금속 도구와 무기 외에 교역상품에 대한 만족할 줄 모르는 탐욕을 가지고 미 대륙에 발을 디딘 순간부터 원주민 사회는 불안에 시달렸고 긴장이 고조되었으며

부족 간에 죽고 죽이는 전쟁을 벌이게 되었다고 주장한다. 이런 주장
에는 어느 정도 타당한 측면이 있다. 살펴본 대로 포트오렌지가 설치
되면서 모호크족과 모히칸족은 큰 전쟁에 빨려들어갔다. 좀더 일반
적으로 말해 전쟁의 강도는 지역에 따라 다르고 같은 지역 내에서도
시기에 따라 달랐다. 이 문제는 나중에 따로 설명하겠다. 그렇지만
작은 규모로 이루어진 부족사회의 생활은 미국 서부 개척지의 변경
에서만이 아니라 유럽 정착민들이 들어오기 전에도 생각보다 위태롭
고 폭력적이었다.

　그 같은 사실을 알 수 있는 것은 현대 고고학이 유럽인들을 만나본
적이 없는 사회에 관해 많은 것을 알려주기 때문이다. 예를 들어 콜
럼버스가 오기 약 200년 전에 일리노이 강변을 따라 형성되었던 오
네오타족의 마을을 보면 알 수 있다. 고고학자들은 '노리스팜 36번
Norris Farms #36'으로 알려진 이 마을 묘지를 발굴하여 그곳에 매장되어
있던 시신 264구를 연구했다. 그리고 적어도 16퍼센트에 해당하는
43명이 폭력에 의해 죽임을 당했다는 사실을 밝혀냈다.

　그들은 대부분 앞이나 옆 또는 뒤에서 돌도끼 같은 둔탁한 무기로 가격
당하거나 화살을 맞았다. 맞서 싸운 사람도 분명 있었겠지만 그렇지 않
은 사람도 있었을 것이다. 싸우지 않은 사람들은 달아나다 부상을 입었
을 것이다. 희생자들은 죽음에 이르는 데 필요한 정도 이상으로 여러 차
례 가격당했다. 아마도 희생자 하나에 여러 명이 달려들어 가격했기 때
문일 것이다. 시신은 머릿가죽과 머리와 사지를 제거당한 경우가 많았
다. 그런 다음 시체를 먹는 동물들이 달려들었고, 나머지는 쓰러진 자리

에 방치되었다가 누군가에 의해 발견되어 마을 묘지에 매장되었다.[19]

이런 식의 죽음은 전쟁이 끊이지 않았다는 사실을 암시한다. 남자와 여자는 혼자서든 작은 무리를 지어서든 사냥을 가거나 채집하거나 밭일을 하던 중에 습격을 받았다. 다시 말해 오네오타 마을은 나중에 유럽인들이 설명한 수많은 인디언 마을과 아주 비슷했다.

폭력에 의한 죽음의 비율이 16퍼센트라면 대단한 수치다. 이 정도면 6연발 권총으로 러시안룰렛 게임을 할 때 죽는 확률과 비슷하다. 하지만 이것도 다른 일부 소규모 사회만큼 높은 확률은 아니다. 사실이 정도면 선사시대의 사망률에서는 중간 정도 수준이다. 다시 말해 이보다 많은 곳도 있고 적은 곳도 있다.

선사시대의 생활이 한결같이 잔인했던 것만은 아니다. 소규모 사회를 이루고 사는 사람들에게는 평화롭게 번영을 누리는 시기도 있었다. 그러나 때로 오네오타 마을보다 훨씬 더 참혹한 전쟁도 있었다. 오네오타 정착지에서 북서쪽으로 몇 백 킬로미터 떨어진 지금의 사우스다코타주 크로크리크Crow Creek에 있던 또다른 마을은 카도어語를 쓰는 부족의 생활 터전이었다. 크로크리크는 선사시대의 학살 유적으로 유명하다. 규모가 컸던 이 마을은 해자라는 방어 장치도 소용없이 적에게 유린되어 완전히 파괴되었다. 한곳에 쌓인 시신 500구에서 나온 해골은 폭력에 의한 죽음과 시신 절단이 얼마나 많았는지 입증해준다. 시신들은 거의 모두가 머릿가죽이 벗겨졌고, 머리가 잘리거나 토막 난 시체도 많았다. 혀가 잘린 경우도 있었다.[20]

누구의 소행이었을까? 아메리카 대륙에 처음 발을 디딘 유럽인은

　　　　　　　　　　　　　　2장 파괴적 창조

콜럼버스 일행이 아니었다. 평화로운 인디언 사회를 타락하게 만든 장본인은 어쩌면 탐욕스러운 바이킹들이었을지 모른다. 바이킹들이 '빈랜드Vinland'(북미 대륙의 동부-옮긴이)에 도착한 것은 서기 1000년경이었다. 하지만 아메리카 대륙 동부 해안에 있던 스칸디나비아인들의 식민지는 오래가지 않았고 아메리카 원주민 사회에 전혀 영향을 주지 않았던 듯하니까 이런 주장은 설득력이 없어 보인다. 그 반대로 바이킹들이 오기 전부터 북아메리카 대륙에 이런 '악습'이 만연해 있었다는 증거는 많다. 특이한 것은 그런 악습이 바이킹과 반대쪽인 베링해협에서 건너왔다는 점이다.

고고학자들이 아시아의 합성무기Asian War Complex라고 부르는 어떤 혁신적인 장비가 서기 약 700년에 알래스카에 나타났다. 그 장비는 대륙을 관통하여 동쪽으로 그린란드까지, 남쪽으로는 캘리포니아와 아메리카 남서부 지역까지 급속도로 확산되었다. 이 장비의 핵심적인 혁신은 힘줄을 덧댄 리커브드보우Recurved bow(활대의 양끝이 바깥쪽으로 휜 활-옮긴이)였다. 이 활은 아메리카 원주민에게 이미 잘 알려져 있던 나무로 만든 단일궁self bow(한 종류의 재질로 만든 활-옮긴이)보다 훨씬 더 강력했다. 아울러 나무판이나 뼛조각으로 만든 갑옷도 나왔다. 분명히 말하지만 이것은 사냥도구가 아니라 전쟁용이었다. 실제로 어떤 지역에서 아시아의 합성무기가 출토되면 보통 치열한 전쟁의 흔적이 함께 나타난다. 예를 들면 척추에 뼈로 만든 날개화살촉이 박힌 유해가 다량으로 발굴되는 식이다.[21] 그렇다. 우월한 군사기술을 가진 사람들이 침입하면 전쟁은 한층 더 치열해진다.

전쟁의 기원을 두고 벌어지는 인류학적 논란이 왜 그렇게 풀기가 어려운시는 곧 알게 될 것이다. '평화로운 미개인peaceful savage'이라는 근거 없는 신화를 내세웠던 18세기 스위스 철학자 장자크 루소의 추종자들은 더이상 기존의 주장을 고집하기가 어렵다. 이 '루소주의자들Rousseauans'은 전쟁의 빈도가 갑자기 늘어나는 일정 기간과 장소를 지적하면서, 그런 급증 현상은 전쟁이 없던 사회에 전쟁이 도래했다는 것을 알리는 징조라고 주장한다. 그렇다면 아메리카 대륙에 전쟁을 가져온 것이 유럽인이었을까? 아니다. 오네오타 묘지와 크로크리크 같은 유적에 매장되어 있던 많은 유해는 물론 그곳에서 발견되는 화살촉이 박혀 있는 수많은 해골은 다른 이야기를 전해준다.

그렇다면 서기 700년에 북아메리카에 합성궁compound bow(여러 재료를 붙여 파괴력을 한층 높인 활-옮긴이)이 전해진 것 때문이었을까? 아닐 것이다. 법의法醫인류학자 제임스 채터스James Chatters는 9,000년 전 이전에 북아메리카에 살았던 사람들로 보이는 유골을 전부 조사했다. 그 결과 남자 유골 열두 구 중 60퍼센트에 해당하는 일곱 구와 여자 유골 열여섯 구 중 20퍼센트에 해당하는 세 구는 두개골이 골절되거나 관통 흔적이 있거나 아니면 둘 다였다.[22] 9,000년 전에 워싱턴 주 콜롬비아강 근처에 살았던 유명한 케너윅맨Kennewick Man의 유해에는 골반에 사냥용 다트로 보이는 잎 모양의 뾰족한 발사체가 박혀 있다. 네바다주 그라임스포인트에서 나온 젊은 남성은 흑요석으로 만든 단검에 가슴을 두 번 찔린 뒤 사망했다.

평화로운 수렵채집인들이 농작물을 가꾸기 시작하면서 호전적인 농부들로 변신한 것일까? 이 역시 아니다. 채터스가 찾아낸 북아메리카의 증거들은 수렵채집인들 쪽에서 더 많이 나온다. 고고학자들이 찾아낸 것 중 가장 오래된 무덤인 이집트와 수단 국경 남쪽 나일강 유역에 있는 제벨사하바Jebel Sahaba 묘지에서는 더 많은 증거들이 나왔다. 그곳에 묻힌 사람들은 1만 3,000년 전보다 이른 시기에 살았다. 아직 농사를 모르던 때였다. 이곳에서 발굴된 남자와 여자와 아이 중 40퍼센트 이상은 활에 맞아 죽었다. 오네오타의 경우처럼 제벨사하바 사람들은 한 번의 대량학살로 희생된 것이 아니라 몇 해에 걸쳐 지속된 전쟁으로 인해 죽은 사람들이다.[23]

법의인류학 기법이 향상되면서 선사시대에 전쟁이 존재했다는 증거를 더이상 흔들기 어렵게 되자, 루소주의자들은 별 수 없이 시기를 더욱 뒤로 물렸다. 『전쟁 없는 사회와 전쟁의 기원Warless Society and the Origin of War』의 저자 레이먼드 켈리Raymond Kelly는 1만 3,000년 전부터 4,000년 전 사이에 세계 곳곳에서 많은 전투가 벌어졌다고 생각한다. 플라이스토세에 인간사회는 "낮은 인구밀도"로 인해 "이웃과 긍정적인 관계를 유지할 때의 혜택을 알고 상대방의 방어 능력을 중시"했기 때문에 전쟁이 없었다는 주장이다.[24] 그러나 그것이 사실이라면, 거대한 북미 대륙에 도착한 최초의 수렵채집인들은 인류가 타락하기 전의 순수함에 합당한 모든 필요조건을 한껏 누렸을 것이다. 그러나 앞에서 살펴본 대로 그들은 전쟁으로 인한 부상률이 가장 높은 축에 속한다.

생물고고학 분야를 대표하는 학자로 현재 입수할 수 있는 자료를 거의 전부 검토한 필립 워커Philip Walker는 이렇게 쓴다. "초기 인류의 유골이 많지 않은 점을 고려할 때, 다른 인간에 의해 입은 자상 흔적이 있는 뼈가 흔하다는 사실은 매우 놀랍다." 그의 결론은 이렇다. "우리 종의 역사를 돌이켜볼 때 사람들끼리의 폭력, 특히 남자들끼리의 폭력은 흔한 일이었다. 식인풍습은 어디에나 있었고 대량살상, 살인, 폭행 또한 구세계와 신세계 양쪽에 많은 기록이 남아 있다."[25]

이 정도면 고상한 야만인들에 대해 할 수 있는 말을 다한 것일까? 꼭 그렇지는 않다. 루소주의자들에게 최후의 마지노선은 만연한 폭력의 증거가 정말로 개인 간에 일어난 살인이 아니라 집단 사이의 폭력적 갈등, 즉 전쟁을 의미하는 것인지 의심을 가져보는 것이다. 전쟁을 가장 학술적으로 다룬 저서 중 하나인 『문명과 전쟁War in Human Civilization』의 저자 아자 가트Azar Gat는 2015년에 쓴 논문에서 이런 입장은 수렵채집인들을 "지구의 평화로운 자녀들"로 칭송하던 고전적 루소주의자들의 견해에서 크게 물러나는 것을 의미한다고 지적한다.[26] 1960년대에 수렵사회를 연구한 인류학자들은 칼라하리의 부시맨을 다룬 『무해한 사람들The Harmless People』과 캐나다의 이누이트를 다룬 『화를 내지 않는 사람들Never in Anger』 같은 제목의 책을 쓰곤 했다.[27] 실제로는 어땠을까? 뒤에 나온 연구 자료들을 보면 부시맨의 경우 살인율은 미국보다 네 배 높았고 이누이트들은 열 배 높았다는 것을 알 수 있다.[28]

돌발적인 폭력의 그림자 속에 있는 일상이 부족사회를 이루며 사는 사람들에게 예외가 아니라 통례였다는 것을 보여주는 증거는 차고 넘친다. 물론 그들은 자원을 놓고 벌이는 갈등이나 질투, 부정不貞으로 인한 내부의 마찰로 자주 싸움을 벌였고, 그 싸움은 때로 한쪽이 죽는 것으로 끝나기도 했다. 그러나 정작 무섭고 중요한 위협은 그들 사회 외부의 존재, 즉 낯선 존재들의 위협이었다.

2장 파괴적 창조

이처럼 소규모 사회의 생활은 요즘 우리가 경험하는 생활과 아주 달랐다. 그것은 우리 조상들이 우리보다 기술력이 떨어졌고 무언가 부족했기 때문만은 아니었다. 나는 티먼 바우언스가 400년 전에 잔혹한 최후를 맞았던 곳에서 그리 멀지 않은 알바니를 강의 때문에 자주 찾는다. 그곳에는 내가 모르는 낯선 사람들이 많다. 그러나 나는 이 낯선 사람들이 내게 화살이나 현대의 자동화기를 쏘아 내 살점을 불에 구워먹지 않을까 하는 걱정 따위는 하지 않는다. 런셀러폴리테크닉Rensselaer Polytechnic에서 열리는 세미나에 참석한 초청 연사는 누가 그의 팔을 불에 구운 다음 집으로 들고가지 않을까 하는 걱정보다는 그의 강의가 청중을 아주 지루하게 만들지 않을까 하는 것부터 먼저 걱정해야 할 것이다.

여기서 아주 기본적이고 특이한 사실이 드러난다. 대외적인 전쟁이든 개인적인 살인이든 다른 사람에게 살해당한 현대 미국인의 수가 서양인을 만나기 이전에 살해당한 아메리카 원주민보다 **훨씬** 적다는 사실이다. 내가 최근에 초청교수로 한 학기를 보낸 덴마크는 그 대비가 더욱 크다. 덴마크인이 폭력에 의해 죽을 확률은 1,000명 중 1명도 안 된다. 살해당할 확률로 볼 때 전형적인 소규모 사회와 덴마크의 차이는 200 대 1로 크게 벌어진다.

악당들이 다 어디로 간 것일까?

∙•∙

지구상에 느닷없이 전개된 이런 놀라운 평화는 전체적으로 사회의 복잡싱이 그게 승가한 현상과 분명 연관이 있어 보인다. 제1장에서 나는 어떻게 인간이 친척과 친구로 둘러싸인 마을을 벗어나 직업이 셀 수 없이 많고 정교한 통치구조를 갖춘 낯선 사람들의 거대한 사회로 들어가게 되었는지 물었다. 이 질문을 인류학자들에게 한다면(나는 여러 차례 해봤다) 확실한 답을 얻기가 어렵다는 것을 알게 될 것이다. 그들은 보통 이런 식으로 말하며 울타리를 친다. "글쎄, 요인이야 많다. 메소포타미아에서 복잡성을 띤 사회가 일어나게 된 경위를 설명할 때 필요한 요인이 따로 있고, 메소아메리카에서 중요한 역할을 한 요인이 따로 있다." 이런 식으로 얼렁뚱땅 넘어가려 하지만 어림없는 노릇이다. 그러니 계속 다그쳐보라. 결국 대다수의 인류학자들은 결정적인 요인으로 농업을 지적할 것이다. 고색창연한 답변이다. 이런 입장은 고든 차일드Gordon Childe,[29] 레슬리 화이트Leslie White,[30] 엘먼 서비스Elman Service[31] 같은 저명한 학자까지 거슬러갈 수 있다. 요즘 이런 이론을 가장 강력하게 내세우는 학자는 『총, 균, 쇠』의 저자 재레드 다이아몬드다.

그러나 이런 기본적인 합의점을 넘어가면 학자들의 견해는 크게 두 개의 베이스캠프로 나뉜다. 하나는 대규모 사회의 긍정적인 면을 강조하는 쪽이다. 이들은 그런 집단화가 생산과 분배를 조정하고 상품과 정보의 흐름을 관리하고 더 일반적으로 모두에게 혜택을 주는 공공재(고속도로 같은 것)를 생산해야 할 분명한 필요성을 충족시킨다고 주장한다. 이런 유형의 사고를 사례로 든다면, 1957년에 역사학자 카를 아우구스트 비트포겔Karl August Wittfogel은 홍수를 막고 원활한 관개를 위해 물을 통제할 필요성으로 국가와 제국의 발흥을 설명하

2장 파괴적 창조

려 했다.[32] 이를 문명에 대한 수력이론이라 하자.

그런가 하면 동기를 좀더 불순하게 바라보는 견해도 있다. 핵심만 말하자면 복잡사회는 힘과 사리사욕을 바탕으로 세워졌다는 주장이다. 카를 마르크스의 영향을 받은 인류학자들은 인류가 농업을 채택하면서 엘리트 계급이 착취할 수 있는 잉여생산물이 만들어졌다고 주장한다. 그런가 하면 국가는 엘리트들이 나머지 사람들을 억압하는 수단으로 만든 것일 뿐이라는 극단적인 견해도 있다. 다소 냉혹한 설명도 있다. 독일의 사회학자 프란츠 오펜하이머Franz Oppenheimer는 사회진화의 동력으로 **정복**을 꼽는다.[33] 한 집단이 다른 집단을 정복하고 스스로 지배계급이 되어 예속된 민중 위에 군림할 때 복잡사회가 된다는 주장이다.

모두들 부분적으로는 정확한 지적을 하고 있지만, 어떤 이론도 소규모 부족사회에서 대규모 복잡사회로 진화한 과정에 대한 일반적인 설명은 못된다. 실제 역사상의 사회가 어떻게 국가의 지위를 획득했는지에 대해 우리가 더 많은 것을 알게 되면서 수력이론이나 정복이론은 모두 기각되었다. 현재 대다수 인류학자와 고고학자가 인정하는 단 하나의 이론이 없는 이유도 바로 그 때문이다. 사회과학을 인류학자, 사회학자, 정치학자, 경제학자 등의 '부족들'로 나누면 상황은 더 나빠진다. 각 분야는 자신들의 이론은 강조하면서 다른 분야의 이론에는 동의하지 않는다. 심지어 같은 분야에서도 의견이 엇갈리는 경우가 흔하다. 사회과학자들은 코끼리의 각기 다른 부위를 만지고 서로 다른 결론을 이끌어내는 장님이다.

인간사회는 복잡하면서도 통합된 체계다. 사회의 구조와 역동성은 경제에 영향을 주고, 경제는 정치에 영향을 주고, 경제와 정치는 다시 사회구조에 영향을 준다. 더욱이 요즘 사회는 장구하고도 굴곡진 역사의 산물이다. 다시 말해 복잡사회가 진화한 방식에 관한 질문 같은 '커다란 질문'에 대한 답을 얻고 싶다면 역사학뿐 아니라 사회학, 인류학, 경제학 같은 모든 사회과학이 힘을 합쳐야 한다. 협소한 분과별 저장창고를 깨뜨리고 넓은 마당으로 나와야 한다. 칸막이를 깨뜨려도 아주 모질게 그러나 체계적으로 깨뜨려야 한다. 어떻게 하면 그렇게 할 수 있을까? 답은 예기치 못한 곳에서 나온다.

흔히들 진화라고 하면 생물학자들이나 다루는 것으로 생각한다. 그러나 진화과학evolutionary science은 훨씬 더 일반적이다. 진화과학은 단지 유기체가 어떻게 적응하고 유전자빈도가 어떻게 변하는지 등을 다루는 학문이 아니다. 진화과학은 사회가 어떻게 진화하고 문화적 특성의 빈도가 어떻게 바뀌는지도 알려줄 수 있다.

사실 찰스 다윈은 그의 이론을 인간에 적용하려 했던 최초의 인물이었다. 다윈은 『종의 기원』을 발표한 지 12년 뒤인 1871년에 내놓은 『인간의 유래The Descent of Man』에서 그런 시도를 했다. 『인간의 유래』는 우리가 지금 집단선택이라고 알고 있는 것에 대한 주장을 명확하게 밝혔다. "높은 도덕적 기준은 같은 부족 내의 다른 사람들과 비교할 때 개인 각자나 그의 자녀들에게 별다른 이점이 되지 못하지만 … 도덕적 기준의 향상은 확실히 다른 부족에 대해서는 자신의 부족에게 엄청난 이점을 줄 것이다."

그러나 여러 가지 이유로 인간 진화에 대한 다윈의 생각은 학계에서 무시당했다.[34] 그 한 가지 원인은 19세기 말에 등장한 사회적 다윈주의Social Darwinism이라는 사이비 과학 이데올로기였다. 사회적 다윈주의는 이름만 다윈을 빌렸을 뿐 실제로는 다윈의 사상보다 영국의 사회학자 허버트 스펜서Herbert Spencer의 사상에 더 근거를 두고 있었다. 사회적 다윈주의가 저지른 범죄 중에서도 특히 눈에 띄는 것은 그것이 인종차별주의, 파시즘, 우생학, 가장 조야한 형태의 자유방임적 자본주의 등을 정당화하는 데 이용되었다는 점이다. 미국에서 사회적 다윈주의의 영향력은 도금시대Gilded Age(약 1870~1900년경)에 절정에 이르렀다가 진보시대Progressive Era(20세기 초기 몇 십 년간)에 들어서면서 퇴조했다. 인류학자 프란츠 보아스Franz Boas 같은 사회학자들이 이 이론을 반박하는 대표적인 학자다. 그러나 이미 피해는 컸다. 그리고 사회적 다윈주의의 망령은 20세기 내내 문화 발전과 사회진화를 끈질기게 방해했다.

다윈의 문화 프로젝트가 그렇게 오랫동안 사라지지 않는 두 번째 이유는 현대인으로서는 더욱 놀랍게 보일지도 모르겠다. 이상하게 들리겠지만, 사회과학이 기정사실로 자리를 잡은 20세기 초에 이미 다윈의 진화론은 생물학자들에게 별다른 매력을 주지 못하고 있었다.[35] 문제는 새로운 유전학의 발생이었다. 유전학은 다윈주의의 기본적 교의와 모순되는 것 같았다(다윈은 유전적 변이가 연속적이라고 생각했지만 유전학자들은 그것이 별개 유전자들의 활동 결과라는 사실을 밝혀냈다).

그러나 1930년대에 들어와 생물학적 진화 분야에 거대한 지적 동요가 일어나면서 모든 것이 달라지기 시작했다. 이 10년 사이에 다윈의 진화론과 멘델 유전학이 결국 하나로 합쳐져 '현대 진화 종합론'

이 탄생했다. 이후 30년 동안 진화론에 대한 우리의 이해는 놀라운 비약을 이루어 수학 모델, 실험실과 현장의 실험적 진화, 지질학 연대표에 대한 고생물학적 자료 분석에서 나온 정보들을 융합했다.

1970년대에 일부 진화론자들은 유기체가 아닌 사회를 연구할 때에도 이런 성공 스토리를 재현할 수 있는지 자문하기 시작했다. 이들 개척자들은 주로 독립적으로 작업을 했다. 그들 중 가장 유명한 사람은 제1장에서 언급했던 E. O. 윌슨이었다. 1975년에 내놓은 그의 저서 『사회생물학―새로운 종합Sociobiology: The New Synthesis』은 20세기 학계에 커다란 논란을 일으켰고 심지어 1978년에 미국과학진흥회 American Association for the Advancement of Science의 한 모임에서 윌슨은 반대파로부터 머리에 주전자로 물세례까지 받는 수모를 당했다. 생물학과 사회학 분야의 비평가들은 행동, 특히 인간의 행동을 규정하는 것은 결국 유전자라는 윌슨의 견해를 전혀 인정하지 않았다. 동물 사회에 초점을 맞춘 『사회생물학』에 이어 윌슨은 『인간 본성에 대하여On Human Nature』(1979)를 내놓았다. 여기서 윌슨은 그의 이론을 사람에게 적용했다. 그리고 윌슨은 찰스 럼스덴Charles Lumsden과 함께 『유전자와 정신과 문화―그 공진화 과정Genes, Mind and Culture: The Coevolutionary Process』(1981)을 발표했다. 이 책은 문화진화론이라는 새로운 분과의 세 가지 기초 문헌 중 하나가 된다.

두 번째 기초 문헌은 유전학자 루카 카발리-스포르차Luca Cavalli-Sforza와 이론생물학자 마커스 펠드먼Marcus Feldman이 쓴 『문화의 전승과 진화―정량적 접근Cultural Transmission and Evolution: A Quantitative Approach』으로 역시 1981년에 출간되었다. 카발리와 펠드먼은 이 책에서 돌연

변이와 무작위적 부동浮動과 선택 같은 생물학적 진화에서 나온 핵심 개념을 취해 그것을 문화진화론을 구축하는 기본 소재로 삼았다.

마지막으로 세 번째이자 가장 영향력 있는 문헌은 인류학자 로버트 보이드Robert Boyd와 생태학자 피터 리처슨Peter Richerson이 쓴 『문화와 진화 과정Culture and the Evolutionary Process』(1985)이었다.[36] 리처슨과 보이드 두 사람은 1970년대에 캘리포니아 대학교 데이비스 캠퍼스에 재직하던 중에 장기간 이어진 공저 작업을 시작했다. 첫 번째 논문에서 그들은 '이중 대물림dual inheritance'이라고 칭한 유전자와 문화의 공진화 과정에 대한 수학이론을 제시했다.[37] 이 작업은 이어지는 이론 체계의 수학적 기반이 되었다.

이후 20년 동안 문화진화론은 진화학자와 사회학자 대다수가 눈치채지 못할 정도로 아주 느리게 성장했다. 그렇게 된 데에는 기본 서적과 논문이 지나치게 수학에 의존한 탓도 있었다. 그러나 돌이켜 보건대, 확고한 수학적 토대를 바탕으로 이론을 개발해간 것은 백번 옳은 결정이었다. 모델들이 명쾌하고 정량적인 예측을 내놓자 문화진화론 학자들은 더욱더 실험을 치밀하게 기획하고 역사 자료를 분석하여 실증적 자료들을 축적하기 시작했다.

그 사이에 보이드는 UCLA로 자리를 옮겼다. 2000년대 초에 보이드와 리처슨은 대학원생 중 정예 인력을 차출하여 훈련시켰다. 그리고 그렇게 훈련받은 이들이 명문 대학교와 연구소에 배치되기 시작했다. 이후 사회학과 인문학 심지어 문학비평 쪽에서 일하는 학자들까지 문화진화론에 관심을 갖기 시작했다. 조너선 갓셜Jonathan Gottschall 의 『스토리텔링 애니멀The Storytelling Animal』이 그런 경우다.

이 분야를 한 단계 성숙시킨 결정적인 계기는 슈트룅만 포럼 재단 Strüngmann Forum Foundation의 주최로 핵심 연구자 45명이 프랑크푸르트에서 모였던 2012년의 회의였다.[38] 우리는 5일간의 열띤 토론을 통해 강한 공동체 의식을 확인했다. 2015년 여름에 우리는 문화진화연구회Society for the Study of Cultural Evolution를 발족하기로 합의했다. 공고한 지 3주도 안 되어 1,000여 명의 학자들이 서명했다. 드디어 인간사회의 진화를 연구하는 시대가 열린 것이다.

사회학에서 인간의 존재양식은 인위적으로 세분화되었고, 각각은 그 자체의 원리에 따라 연구되었다. 생물학도 그런 식으로 시작했지만 20세기를 거치며 그들의 연구는 진화론과 합쳐졌다. 러시아 태생의 미국 유전학자 테오도시우스 도브잔스키Theodosius Dobzhansky의 유명한 말마따나 "진화론적 관점으로 보지 않는다면 생물학에서 의미 있는 것은 아무것도 없다." 그렇다면 이렇게 말할 날도 머지않은 것 같다. "문화진화론의 관점으로 보지 않는다면 사회생활에서 의미 있는 것은 아무것도 없다."

문화진화론은 제각각인 경제적, 정치적, 사회적 하부조직의 집합체가 아니라 서로 연접된 통합체로서 사회를 분석하는 도구다. 문화진화론은 앞서 제기한 질문, 즉 우리가 어떻게 규모가 작고 친밀한(그러나 외부의 사악한 부족의 위협을 받는) 사회에서 거대하지만 대체로 낯선 사람들과 평화롭게 공존하는 사회로 이행했는지에 대한 질문에 답할 수 있는 새로운 방법을 제공한다. 흥미롭게도 이런 답은 앞서 언급한 두 가지 인류학적 관점을 통합하여 인간의 사회적 진화에 대한 낙관적 견해와 비관적 견해를 모두 반영한다.

2장 파괴적 창조

나의 문화진화론적 분석에서 협력과 전쟁은 소규모 사회에서 대규모 사회로 이행하는 과정에 매우 중요한 요소다. 그렇다고 '모든 것이 다 중요하다'는 말은 아니다. 협력과 전쟁은 매우 특별한 방법으로 결합되어야 했다. 협력과 전쟁은 사회적 진화의 음과 양으로, 겉으로는 대립적으로 보이지만 상호의존적인 힘이다. 그 이치를 너무 간단하게 설명한다고 해서 놀라지 마시라. 그것은 대답의 골자일 뿐이니까. 논리적 점들을 잇고 실증적 증거를 열거하는 것이 이제부터 이 책이 해야 할 일이다.

•●•

　진정한 사회와 단순한 개인의 집합을 가르는 것은 무엇인가? 바로 **협력**이다. 즉, 사람들이 사회의 모든 구성원에게 이익이 되는 공공재를 만들어내기 위해 함께 힘을 합치는 것이다. 협력의 중요한 특성은 구성원 모두에게 공공재의 혜택이 분배되는 반면, 비용이 많이 든다는 점이다. 예를 들어 사회다운 사회를 만들기 위해서는 내부의 평화와 질서를 유지해야 하고, 그러기 위해서는 많은 것들이 필요하다. 어느 사회이든 위협이나 폭력으로 문제를 해결하려는 사람은 늘 있게 마련이다. 따라서 그런 '반사회적 요소'는 억제해야 하며 그래도 듣지 않으면 처벌해야 한다. 법을 집행하는 경관의 말을 빌리지 않아도 질서를 유지하는 일은 위험한 임무다. 해마다 많은 경찰관이 임무 수행 중에 목숨을 잃는다. 그런 극단적인 대가를 치르지 않아도 되는 협력 사업도 있다. 사람들은 내가 조금 불편하더라도 다른 사람들을 위해 돈이나 노동이나 시간을 기꺼이 바친다. 어찌 됐든 협력은 크든 작든 어떤 종류의 희생을 요구한다.

부족사회는 대체로 매우 협력적이다. 사람들은 음식을 나누고 일시적으로 형편이 어려운 사람을 돕는다. 그들은 내부적으로 평화를 유지하고 집단을 이루어 사냥하고 공동체를 위한 건물이나 신혼부부를 위한 집을 짓는다. 공동으로 쓸 축사를 함께 짓는 행위는 19세기 미국 시골에서 흔히 볼 수 있었던 풍경이다. 아미시Amish 공동체는 지금도 그런 행사를 한다. 무엇보다도 부족민들은 다른 부족에 대해 집단 방어체제를 구축하고 때로는 힘을 합쳐 약한 이웃 부족을 약탈하기도 한다.

작은 사회는 집단행동을 하기가 아주 쉽다. 모든 사람이 서로를 잘 알면 누가 무엇을 하고 누가 믿을 만하며 누가 게으름을 피우고 누구에게 분발을 촉구해야 하는지 쉽게 판단할 수 있다. 각 공동체가 갖고 있는 그들만의 협력 방식은 모두에게 익숙하여 목적과 그에 필요한 노력을 아주 간단히 조화시킬 수 있다. 알렉시 드 토크빌Alexis de Tocqueville이 『아메리카의 민주주의Democracy in America』에서 쓴 것처럼 "마을과 소읍은 완벽할 정도로 자연스러운 유일한 군집이어서 사람들이 많이 모이는 곳이면 어디서든 조직이 만들어진다."[39]

마을과 도시가 수천 개 있는 사회에서는 공동 사업을 기획하고 서로가 서로에게 낯선 사람들을 수백만 명씩 동원하여 넓은 영역으로 확대 실시하는 것이 더욱 어렵다. 그린 사회는 협력의 응집력이 매우 허약하기 때문에 쉽게 와해될 수 있다. 아프가니스탄이 대표적이다.

1960년대만 해도 아프가니스탄은 안심하고 여행할 수 있는 무척 안전한 나라였다. 북부 아프가니스탄의 유목민들과 함께 생활하며 여러 해 동안 민족지학을 연구했던 인류학자 토머스 바필드Thomas Barfield는 이렇게 썼다. "평화롭고 안전했던 시기였다. 외국인들도 혼자서 어디든 여행할 수 있었고 약간의 상식으로 무장하기만 하면 안전을 보장받았다."[40] 자히르 샤Zahir Shah 국왕이 통치하는 아프가니스탄은 아주 기본적인 형태의 국가여서, 내부의 평화와 질서는 주로 아프간 국민들 스스로의 협력으로 유지되었다. 그러다 쿠데타와 마르크스주의 혁명과 세계 초강대국의 침공과 이슬람교도의 반혁명 그리고 마지막으로 또다른 강대국(당시 유일한 강대국)의 침공이 이어졌다. 상호 신뢰와 협력으로 지탱되던 눈에 보이지 않는 허약한 거미줄은 조각조각 끊어졌다. 오늘날 아프가니스탄은 외국인에게나 아프간 자신들에게나 가장 위험한 나라다.[41]

그러나 대규모 사회가 위태로운 것이라 해도, 인간의 사회적 진화는 수백만 명의 낯선 사람들과 협력할 때 생기는 어려움을 용케 극복했다. 5,000년 전에 최초의 중앙집권 국가들이 출현한 이후로, 문화 진화는 국가를 안정시키기 위한 노력에 더욱 공을 들였다. 시간이 갈수록 국가들은 커지고 조직적이 되었다. 인구도 늘어났다. 오늘날 사람이 거주할 수 있는 지구 표면에는 빠짐없이 국가가 들어섰다. 국가의 형태를 갖춘 대규모 사회는 인간이 진화의 역사에서 대부분의 기간을 유지했던 소규모 사회를 완전히 대치하거나 흡수했다. 몇 가지 이유로 인해 크고 위태로운 구조는 더 작고 더 지속적이고 더 쉽게 유지할 수 있는 구조를 몰아냈다. 그리고 어떤 강력한 외부 세력이 운동장을 대규모 사회에 유리한 쪽으로 기울이는 것 같다.

"신은 대군의 편이다." 프랑스 군대의 격언이다. 병력이 많을수록 이길 확률이 높다. 전쟁은 큰 사회로 이행하도록 몰고 가는 원동력일까? 전쟁은 멋진 것이 아니기 때문에 이런 발상은 역설적이다. 사람들은 죽거나 불구가 되고 마을과 논밭은 불에 타고 도시는 약탈당한다. 그러나 전쟁은 파괴와 참상만 안겨주는 것은 아니다. 전쟁은 창조적일 수도 있다.

사람들이 경작하고 정착하면서 부족 간의 전쟁은 더욱 격렬해졌다. 전쟁에서 지면 경작지를 잃게 되고 이는 곧 아사로 이어졌다. 극단적인 경우지만 크로크리크처럼 패배는 공동체 전체를 흔적도 없이 사라지게 만들 수도 있다. 패배의 결과가 너무 중차대했기 때문에, 사회는 생존전쟁을 더 잘 치를 수 있도록 진화해야 한다는 압력을 크게 받았다. 이는 더 좋은 무기와 갑옷을 발명하고 사회를 더욱 견고하게 결집시키고 더 나은 전술을 개발하는 것을 의미했다. 그러나 가장 좋은 것은 더 큰 집단이 되는 것이다. 그러면 싸움터에 대부대를 이끌고 나갈 수 있다.

이런 냉혹한 진화론적 논리 때문에 마을들은 더 큰 규모의 사회로 결합될 수밖에 없었다. 이런 결합은 느슨한 형태의 동맹관계 또는 보다 끈끈한 동맹국이나 중앙집권적이고 위계적인 군장사회로 이어졌다. 군장사회는 16세기 북아메리카 동부에 유럽인들이 들어올 당시 그 지역의 가장 흔한 사회조직 형태였다. 군장사회는 단순히 더 많은 전사를 보유하고 있다는 이유 하나만으로 단일 부족으로 이루어진 마을에 비해 압도적인 우위를 유지할 수 있었다. 게다가 지휘계통이 분명한 중앙집권적 조직은 야전에서 동맹군과 연합군을 상대로 보다 효과적인 전술과 전략을 구사한다. 단일 부족으로 이루어진 마을과 응집력이 약한 집단은 세력을 넓히려는 군장사회에 정복당하거나 병합되거나 아예 지도에서 사라져갔다. 같은 진화적 논리에 의해 군장사회는 더 큰 사회, 즉 복합적인 '군장사회들의 군장사회'로 결합되었다. 이런 군장사회는 규모를 더욱 키워 초기 국가나 제국으로 발전했고 결국 근대 국민국가가 되었다. 한 단계 올라갈 때마다 규모가 큰 쪽은 그렇지 않은 쪽에 대해 군사적 경쟁에서 우위를 점했다.

그러나 규모가 증가하면 동시에 조정하고 협력하는 문제에서 여러 가지 어려움에 봉착하게 된다. 진화는 봉합된 부분이 도로 풀어지지 않고 대규모 사회가 합리적으로 기능할 수 있게 해줄 문화적 메커니즘을 찾아야 했다. 대규모 사회가 된다는 것은 쉬운 일이 아니다. 힘만으로는 사회를 하나로 결속시킬 수 없다(나중에 논의할 터이지만, 힘이나 힘의 위협이 협력을 유지하는 데 중요한 요소이긴 하다). 결속을 단단히 유지시켜주는 근본적인 접착제는 협력이다. 협력이 자연스레 이루어지는 마을이나 소도시의 형태를 벗어나 사회가 커질수록 갈등을 해결하고 집단적 목표를 이루기 위해 사람들이 협력하기는 더욱 어려워진다. 요즘에도 아프가니스탄이나 아이티처럼 사회 전체의 차원에서 협력하는 능력을 잃어버려 실패한 국가들이 많다. 처음으로 권력을 중앙으로 집중시킨 대규모 사회는 협력을 유지하고 응집력을 구축하는 데 필요한 문화적 메커니즘을 축적하지 못했기 때문에 더욱 허약했다.

과거의 역사는 실패한 국가와 제국의 잔해로 가득하다. 역사가와 역사서를 읽는 독자들은 모두 이런 저런 제국들이 무너진 이유에 대해 각별한 관심을 갖는다. 그러나 답을 찾기가 훨씬 더 어려운 질문이 있다. 애초에 거대 제국이 어떻게 가능했는가 하는 것이다.

답은 이방인과 협력할 수 있는 제도를 발명해야 했다는 것이다. 협력이 잘될수록 게임을 계속할 기회는 많아진다. 규모가 작은 사회가 대규모 사회와의 경쟁으로 사라질 때에도, 협력이 잘되지 않는 대규모 사회는 협력이 잘되는 사회에 복속되었다. 이런 과정에서 많은 시행착오가 있었고 많은 목숨이 사라졌다. 안타깝지만 이것이 진화의 전형이다.

그리고 그 과정은 끝나지 않았다. 우리가 살고 있는 대규모 사회는 여전히 매우 취약하다. 우리는 기능이 원활한 사회를 당연한 것으로 여긴다. 그러나 북아메리카나 서구 유럽에서도 협력은 한순간에 와해될 수 있다. 1970년대의 북아일랜드를 생각해보라. 그래서 사회진화를 더 잘 이해해야 한다. 실패한 국가를 바로잡을 방법을 알아내기 위해서도 그렇지만 처음부터 협동심을 기르고 실패한 국가가 되지 않도록 대비하기 위해서라도 그래야 한다.

우리 사회의 회복력을 과대평가하는 것도 금물이지만, 그렇다고 우리가 1만 년이라는 긴 세월을 걸어왔다는 사실까지 부인할 필요는 없다. 우리, 아니 세계 인구의 상당수는 우리 조상들과 달리 끊임없는 폭력의 위협 따위는 모르고 산다. 지금 우리 사회는 인류 역사상 가장 풍족하고 안전한 생활을 누리고 있다. 요즘 세계의 평균 기대수명은 그 어느 때보다 높다. 물론 지금도 이 지구상에는 극심한 빈곤에 시달리고 내란이 그치지 않는 지역이 많다. 그러나 덴마크처럼 우아한 유토피아도 아주 비정상적인 예외는 아니다.

이처럼 평화롭고 안정적인 사회가 어떻게 가능했을까? 전쟁이 거대 국가와 제국과 국민국가를 만들어낼 때, 사회는 다른 한편에서 내부 갈등과 폭력을 제압할 수단을 발전시켰다. 내부 폭력이 줄어든다는 말을 뒤집으면 협력이 늘어난다는 뜻이다. 이상해 보일지 몰라도 18세기의 계몽시대를 맞기 오래전인 고대와 중세시대에도 평화를 지향하는 추세는 이미 뚜렷하게 나타나고 있었다. 제국들 간의 전쟁으로 부족들 간의 갈등이 줄어든 요인도 물론 있었다. 물론 군대의 규모가 클수록 전투는 더욱 잔인해졌고 사상자 수는 늘어났다. 그러나 중요한 점은 이런 전쟁이 제국의 중심부로부터 멀리 떨어져 변경으로 이동했다는 사실이다. 전투가 벌어지는 변경에서 멀리 떨어진 중심부에 사는 대다수의 사람들은 별다른 갈등을 겪지 않았고 따라서 상대적인 번영을 누릴 수 있었다.

한편에서는 병력의 규모가 커지고 따라서 전사자가 많아지는데 다른 한편에서는 평화를 누리는 인구가 더 많아지는 현상이 공존했지만 사실 이 둘의 관계에는 아무런 모순도 없다. 삶의 질의 관점에서 중요한 것은 얼마나 많은 사람이 사망했는가가 아니라 나나 당신 또는 내가 관심을 가지는 사람이 살해당할 확률이 어느 정도 줄어들었는가 하는 점이다. 다시 말해 정작 중요한 통계는 각 개인이 폭력으로 살해당할 위험이 어느 정도인가 하는 점이다. 이를 설명하기 위해서는 2012년의 덴마크 통계를 보면 된다. 이 해에 덴마크에서 발생한 살인사건은 49건(인구 560만 명)이었다. 즉, 어떤 특정 덴마크인이 그 해에 살해당할 확률은 10만 분의 1도 되지 않았다. 그러나 가령 인구가 1,000명 정도인 전형적 소규모 사회에서 49건의 살인이 일어났다면 살해당할 위험이 20분의 1이라는 계산이 나온다.

구체적인 역사적 사례로 로마제국이 지속되는 동안 일반 로마 시민이 전쟁에서 목숨을 잃을 확률이 어느 정도였는지 생각해보자. 공화국 시절에는 18세 이상의 모든 시민 남성이 군복무를 해야 했다. 로마는 전쟁을 치르지 않고 지나는 날이 하루도 없을 정도였는데, 그런 전쟁에서 약 5~10퍼센트에 해당하는 아주 많은 시민들이 살아서 돌아오지 못했다. 특히 치열했던 제2차 포에니전쟁을 치르는 동안에는 계속되는 패전으로 3분의 1에 가까운 로마 남성들이 사라졌다.

이와 달리 300년 뒤의 로마제국은 국경을 이탈리아 본토에서 멀리 밀어냈다. '5현제'의 통치 기간에는 내란도 없었고 야만족들도 국경을 넘지 않았다. 인구의 1퍼센트만 군단에 복무했는데 그들은 변경에 주둔했다. 그마저도 이탈리아 출신의 군단병은 아주 드물었다. 사실 오늘날에 이르기까지 이 시기만큼 이탈리아인들이 폭력의 위협에서 자유로운 적은 없었다. 로마의 힘에 의한 내부의 평화와 질서를 뜻하는 '팍스 로마나Pax Romana'는 그것이 지속되는 기간에는 제대로 효력을 발휘했다.

•••

사회집단은 여러 가지 방법으로 경합할 수 있다. 그러나 최근까지도 가장 힘겨우면서 동시에 가장 흔한 방법은 전쟁이었다. 경제에서의

2장 파괴적 창조

경쟁이 효율성이 떨어지는 사업을 도태시키는 것처럼, 역사에서 군사적 경쟁은 협력 능력이 떨어지는 사회를 제거했다.

그 절차는 잔인하다. 기업이 하나 도산하면 수천 명이 일자리를 잃는다. 불운한 CEO는 본사 30층에서 뛰어내려 스스로 목숨을 버릴지도 모른다. 경제 쪽에서 벌어지는 파괴적 창조는 상당한 비용을 치른다. 그렇다고 해도 비참한 정도를 전쟁과 비교할 수는 없을 것이다. 죽은 자들을 묻고 부상당한 자를 돌보고 나면, 배상금이나 공물을 바치는 것부터 정치적 독립성과 문화적 정체성을 포기하는 문제에 이르기까지 여러 참혹한 결과를 고스란히 감내해야 한다. 그런 여러 굴욕 중에서도 가장 끔찍한 결말은 대량학살이다.

그렇지만 이런 야만적이고 잔학한 힘도 역시 창조적일 수 있다. 승리한 세력은 조정이나 협력이 안 되고 제 기능을 발휘하지 못하는 국가를 제거함으로써 보다 협력이 잘되고 보다 평화롭고 보다 풍요한 국가를 만들어낸다. 차차 설명하겠지만 실제로 그런 힘은 단순한 사회 이상의 것을 창조한다.

전쟁이 '잘못된' 사회를 제거하는 데 기여하는 법은 이렇다. 갈등에서 살아남기 위해 만들었던 규율이 느슨해질 때, 사회는 협력하는 능력을 잃어버린다. 1970년대의 어떤 반동적 표어는 이런 식이었다. "지금 이 세대에 필요한 것은 전쟁이다." 한심한 정서지만 문화진화론의 관점에서 보자면 때로 냉정한 논리의 단초가 되기도 한다. 여하튼 역사에서 꾸준히 반복되는 패턴이 있다. 가령 성공한 제국이 영토를 크게 넓혀 그 일대의 강자로 부상한다. 더이상 생존을 위협받지 않게 되면, 자신들밖에 모르는 엘리트와 그 밖의 특수 이해집단은 정

지적 의제를 독점한다. '모두가 한 배를 탔다'는 정신은 사라지고 '승자독식' 심리가 팽배해진다. 엘리트가 부유해지면 나머지 사람들은 조금씩 가난해진다. 부의 불평등이 심해지면 협력심이 약해진다. 어느 지점을 넘어가면 한때 위대했던 제국은 기능이 마비되어 작고 결속력이 강한 주변 집단들이 제국을 분열시키기 시작한다. 결국 협력 능력은 아주 형편없어져 야만족들은 별다른 저항 없이 제국의 심장부를 타격할 수 있다. 그러나 코앞에 다다른 야만족은 제국 붕괴의 진짜 원인이 아니다. 야만족은 사회적 협력을 유지하지 못한 실패의 결과일 뿐이다. 영국의 역사학자 아널드 토인비Arnold Toynbee가 말한 것처럼, 위대한 문명은 살해되지 않는다―그것은 자살로 끝난다.

도덕적 타락이 제국을 무너뜨린 주요 원인이라는 주장은 낡은 이론이다. 저술로 이런 주장을 밝힌 사람은 그리스 역사학자 폴리비우스Polybius(기원전 118년경 사망)와 아라비아의 위대한 철학자 이븐 할둔Ibn Khaldun 외에 최근에는 에드워드 기번과 오스발트 슈펭글러Oswald Spengler 등이 있다. 이런 주장의 문제점은 '도덕적 타락'이 왜 시작되고 그것이 어떻게 역전되었는지 제대로 설명하지 못한다는 것이다. 중국은 하나의 왕조가 몰락하고 뒤이어 많은 사건이 일어났는데도 어떻게 다시 몸을 추슬렀는가? 사회는 생물학적 유기체와 달라 성장한 다음 노쇠해지지 않는다. 제국에는 자연에 따르는 순리적 라이프사이클이 없다.

『전쟁과 평화 그리고 전쟁War and Peace and War』에서 나는 '제국병imperiopathosis'에 대한 사회학적 설명을 상세하게 개진했다. 그 설명은 신비스러운 힘이나 오해의 여지가 많은 생물학적 비유에 호소하지 않는다.[42] 이 책에서 내 주장의 요지는 사회 전반, 특히 규모가 큰 사회적 차원에서의 협력은 본래적으로 허약할 수밖에 없다는 것이다. 그럴 때 파괴적 창조의 힘이 작용하지 않는다면 그런 협력은 쉽게 와해되고 만다.

전쟁이 파괴적 창조의 힘이라는 생각도 새로운 것은 아니다. 파괴적 창조의 가장 세련된 형태는 힌두교의 시바 신화다. 어떤 전설에 따르면 이 힌두교의 신은 오로지 전쟁과 파괴만을 일삼는 신이다. 파괴자 시바는 창조의 신 브라마와 유지의 신 비슈누와 대립하는 위치에 있다. 다른 전설에서 시바는 파괴의 신이자 창조의 신이다. 스위스의 역사학자 야코프 부르크하르트Jacob Burhardt는 시바의 창조적인 면을 이렇게 설명했다.

인도인들이 파괴의 신 시바를 경배하는 데에는 나름대로 이유가 있다. 파괴의 즐거움이 가득한 전쟁은 폭풍우처럼 대기를 맑게 씻어내고 용기를 한층 북돋우며 영웅적 성품을 회복시켜준다. 국가는 원래 게으름과 배신과 비겁함을 몰아내고 회복한 영웅적 성품을 기반으로 설립되었다.[43]

라빈드라나트 타고르Rabindranath Tagore는 좀더 시적으로 표현했다.

만물의 심장에서
근심에 찬 외침이 나온다.
"깨어라, 깨어라, 위대한 시바여,

우리의 육체는

법이 정한 길에 따라 쇠약해져

우리에게 새로운 형태를 부여하라.

우리의 파괴를 노래하라,

우리가 새 생명을 얻는 것을…"[44]

사실 '창조적 파괴'는 오늘날 진화경제학에서 통용되는 말이지만 그 지적 뿌리는 프리드리히 니체의 『차라투스트라는 이렇게 말했다』를 거쳐 고대의 인도철학까지 거슬러 추적할 수 있다.[45]

『차라투스트라』의 중심 사상은 소규모 수렵채집인과 농경마을에서 정교한 통치제도와 복잡하고 매우 생산적인 경제생활로 인간을 탈바꿈시킨 것은 집단들 간의 경쟁으로, 보통 전쟁의 형태를 띤다는 것이다. 마을에서 국민국가로 가는 길은 절대 직선도로가 아니다. 그길은 곳곳에서 굽이치고 휘어진다. 경쟁과 갈등이 갖는 변화의 성격으로 인해 우리는 그 이유를 이해할 수 있다. 물론 이것이 주장의 뼈대다. 그 뼈대에 살을 붙이는 것이 이 책에서 앞으로 해야 할 일이다.

하지만 기본적인 것부터 시작하자. 초사회성은 왜 그렇게 드문 것일까? 무엇보다도 애초에 협력을 어렵게 만드는 것은 무엇일까?

3장 협력자의 딜레마

이기적인 유전자, '탐욕은 좋은 것'
그리고 엔론 사태

제프 스킬링Jeff Skilling은 자신을 비롯한 여러 사람들의 말을 종합해볼 때 매우 똑똑하고 심지어 훌륭한 사람이다. "나는 우라지게 똑똑해요." 스킬링은 하버드 경영대학원의 입학사정관에게 그렇게 말했다.[46] 스킬링과 5년 동안 가까이서 일했던 엔론의 한 임원은 그를 가리켜 "내가 만나본 사람들 중 가장 똑똑한 개자식"이라고 말했다.[47]

일리노이의 한 밸브 회사 영업부장의 아들이었던 스킬링은 댈러스 서던메소디스트 대학교의 전액 장학생이었다. 1979년에 스킬링은 하버드 경영대학원에서 MBA 학위를 받았다. 졸업 성적은 상위 5퍼센트 이내였다. 그는 세계적 컨설팅 회사 맥킨지에 입사하여 이 회사 역사상 최연소 파트너가 되었다. 그는 1990년에 엔론으로 자리를 옮겨 1997년에는 사장 겸 최고재무책임자로 승진했고 2001년에 CEO가 되었다.

그 이후의 일은 모두가 아는 대로다. 2001년 12월에 엔론은 파산 신청했고, 주주들은 수백억 달러를 날렸으며 2만 명에 이르는 직원들은 생계수단을 잃었다. 고위 임원들은 감옥으로 갔다. 2015년 현재 스킬링은 앨라배마주 몽고메리 연방교도소에서 복역 중이다.

1985년에 엔론을 세우고 가장 오랫동안 이 회사를 이끈 CEO는 케네스 레이Kenneth Lay였지만, 엔론에서 트레이더로 일했던 어떤 사람은 〈비즈니스위크〉와의 인터뷰에서 스킬링이 "엔론의 최고 비저너리이자 치어리더 단장이자 내부 나침반"이었다고 말했다. 레이와 최고재무책임자 앤드루 패스토Andrew Fastow를 비롯한 엔론의 임원들은 엔론 사태에 직접적인 책임이 있다(그리고 중형으로 대가를 치렀다). 그러나 단순한 파산으로 끝났을 일을 기업의 탐욕과 협잡과 부패의 서사로 바꾼 것은 스킬링의 비전과 경영철학이었다. 〈비즈니스위크〉의 인터뷰에 따르면 "누구의 책임인지에 대해서는 한 치의 의문도 없었다. 그것은 제프였으니까."**48**

스킬링은 해마다 최고의 경영대학원에서 배출되는 MBA들을 수백 명씩 새로 뽑은 다음 실적이 하위 10퍼센트 이하인 사람들을 해고했다. 반면에 최고의 실적을 올린 사람에게는 푸짐한 보상을 안겨주었다. 당연히 최고의 보상을 받은 사람은 스킬링과 일부 최고경영진이었다. 엔론이 파산하기 바로 한 해 전에 스킬링은 1억 3,200만 달러를 받았다.

공식적으로 스킬링이 엔론에 들이댔던 시스템은 그 유명한 PRC, 즉 실적평가위원회Performance Review Committee였다. 그러나 엔론 직원들은 그것을 '등수 매겨 내쫓기Rank and Yank'라고 불렀다. 로버트 브라이스Robert Bryce는 『허황된 꿈Pipe Dreams』에서 이렇게 썼다.

엔론 본사 내부에 시스템에 대한 증오가 만연했음에도 불구하고, 스킬링은 그것이 대단한 발상이라고 생각했다. 그는 어떤 기자에게 말했다. "실적 평가는 엔론에서 새로운 전략과 문화를 만들어내는 가장 중요한 도구였다. 그것은 회사를 단결시켜주는 접착제다."
스킬링은 완전히 틀렸다. PRC는 접착제가 아니었다. 그것은 독이었다.[49]

엔론은 "외부뿐 아니라 내부적으로도 경쟁이 치열했다." 트레이더들은 화장실에 갈 때도 컴퓨터를 끄고 암호를 걸었다. 옆자리 동료, 즉 경쟁자가 자신의 아이디어를 훔쳐가지 않을까 전전긍긍했다. "보수 문제를 얘기하러 상사의 사무실로 갔을 때 누군가의 목을 밟아 보수가 두 배로 오른다면, 다음에 나는 아예 그 녀석의 목구멍을 짓밟아버릴 것이다." 엔론에서 근무했던 어떤 사람은 그렇게 말했다.[50] 이런 치열한 경쟁적 분위기가 비윤리적인 행위와 재정적 부정, 아니 쉬운 말로 부정과 사기를 조장하는 것이 놀라운 일일까?

결국 엔론은 썩은 내가 진동하기 시작했다. 엔론의 회계감사를 맡았던 아서 앤더슨Arthur Andersen도 희생되었다. 앤더슨은 엔론의 부정한 회계분식에 공모한 혐의를 받았다. 나중에 그 평결은 대법원에서 뒤집어졌지만 앤더슨의 명성은 두 번 다시 회복되지 않았다. 엔론이

곤경에 처하자 비정하고 부정직한 회사라는 평판이 끈질기게 따라다니기 시작했다. 한 투자은행의 관계자는 〈비즈니스위크〉와의 인터뷰에서 엔론을 가리켜 "사람들이 '그놈들 뭉개버려, 사실 그놈들에게 덕본 것도 없잖아'라고 말하는 조직"이라고 말했다.[51]

물론 스킬링이 엔론을 망하게 하려고 그런 짓을 하지는 않았을 것이다. 또 연방교도소에서 24년 형(나중에 14년으로 줄었지만)을 받을 생각도 아니었을 것이다. 그러나 결국 그렇게 되었다. 그리고 그것은 상당 부분 그가 엔론에 억지로 들이댔던 경영체제의 결과였다.

공동의 목표를 이루려는 집단이나 사회가 능력을 갖추려 할 때 그 토대가 되는 것은 협력이다. 이것은 국가 같은 정치조직뿐 아니라 경제조직과 회사와 법인 등 모든 종류의 집단에 해당된다. 그러나 스킬링이 엔론에서 한 일은 집단 내의 경쟁을 부추기는 것이었고, 그것은 동료의 목을 짓밟지는 않더라도 뒤통수를 치고 상호불신을 조장하는 행위였다. 다른 말로, 스킬링은 직원들끼리 협력하고 상사에 협조하고 회사에 도움을 주려는 분위기를 완전히 망가뜨렸다. 그런 그들에게 어찌 보면 붕괴는 피할 수 없는 결과였다.

•●•

제프 스킬링을 지나치게 비난하고 싶지는 않다. 그다지 유쾌한 인물은 아니지만 적어도 그는 지금 교도소에서 대가를 치르는 중이다. 더 중요한 것은 그만 그런 것이 아니라는 사실이다. 엔론 사태는 먼 나라 외딴 섬의 이야기가 아니다. 여러 면에서 스킬링의 철학은 바뀌고 있는 미국의 문화적 분위기를 반영한다. 그 변화의 뿌리는 1970년대로 거슬러간다.

스킬링이 엔론에 적용했던 체제는 극단적인 사례지만, 이런 '서열 매겨 내쫓기' 제도는 마이크로소프트와 잭 웰치Jack Welch가 키워낸 제너럴일렉트릭 같은 거대 기업을 비롯한 미국 기업에서 이미 관행으로 자리잡은 지 오래다. 2012년 통계에 따르면 포춘 500대 기업 중 60퍼센트가 명칭만 다를 뿐 사실상 '서열 매겨 내쫓기' 시스템을 활용하고 있다.[52] 엔론은 재수가 없어서 망한 것이 아니다. 엔론 사태는 21세기 첫 10년 동안 급증했던 일련의 기업 스캔들 중 한 가지였을 뿐이다(그리고 그들이 가장 비싼 대가를 치른 것도 아니었다). 그렇다면 얼마나 많은 기업들이 또다른 엔론이 될 때까지 내부 협력 분위기를 망가뜨렸을까?

1970년대 말과 1980년대 초에 미국은 사회적으로 대변혁을 겪고 있었다. 전미자동차노동조합United Auto Workers의 더글러스 프레이저Douglas Fraser 위원장은 노사위원회에 보낸 그 유명한 사직서에서 이런 문화적 전환을 다음과 같이 묘사했다.

나는 이 나라의 업계 리더들이 거의 예외 없이 편파적인 계급전쟁을 치르기로 작심했다고 생각한다. 그것은 노동자와 실업자와 가난한 사람과 소수민족과 아주 어리거나 아주 늙은 사람과 심지어 우리 사회의 많은 중산층을 상대로 벌이는 전쟁이다. 미국의 산업계와 통상계와 금융계의 리더들은 성장과 진보를 거듭했던 지난 시기에 위태롭게 버텨왔던 불문율 협약을 깨뜨리고 폐기했다.[53]

이 편지가 놀라운 것은 정치적 양극화 현상과 소득불평등이 심화되는 것을 포함하여 미국의 수많은 새로운 장기적 추세를 추적해갈수 있는 시점에서 1~2년을 벗어나지 않은 1978년에 쓰였다는 사실이다.[54]

정치학자 로버트 퍼트넘Robert Putnam은 이런 변화가 대공황과 제2차세계대전 기간에 성년이 되었던 '오랜 시민활동 세대long civic generation'가 지나간 탓이라고 생각한다. 뉴딜 이후 30년 동안 미국인들은 지금보다 훨씬 더 깊숙이 시민생활에 관여했다. '오랜 시민활동 세대'는또한 퍼트넘이 사회적 자본이라고 부른 "네트워크와 규범과 신뢰 등,구성원들이 공동의 목표를 추구하기 위해 보다 효과적으로 함께 행동할 수 있도록 해주는 사회생활의 특징"을 풍부하게 소유했다.[55] 다시 말해 그들은 특이할 정도로 협력을 잘했다.

평범한 미국인들의 삶에만 협력의 정신이 스며든 것이 아니라 정계와 재계의 엘리트들에게도 같은 정신이 배어 있었다. 저널리스트빌 비숍Bill Bishop이 최근에 쓴 것처럼, 1950년대와 1960년대에 "미국인들의 이상은 함께 잘 사는 것이었다. 국가의 목표는 절제와 합의였다. … 의회에서 의원들은 상대 당 의원을 찾아 함께 대화를 나누었다. 그들은 함께 운동하고 연회장에서 만났으며 당이나 이데올로기와 관계없이 우정을 주고받았다."[56] 경제 분야에서 고용주와 고용인의 관계는 오늘날의 기준으로 보자면 원만한 편이었다. 사업가들은강성노조와 단체교섭을 거부하지 않았다. 물론 전후 미국은 사회주의 국가가 아니었다. CEO들은 보통 회사 내의 일반 노동자보다 40배 더 벌었다. 그러나 요즘 CEO들은 500배 더 번다.

그러다 1980년을 전후하여 분위기가 바뀌기 시작했다. 아인 랜드 Ayn Rand의 객관주의Objectivism 같은 극단적인 개인주의 이데올로기가 어디선가 나타나 재계와 정계에서 추종자를 만들기 시작했다. 그러나 역사학자 킴 필립스-페인Kim Phillips-Fein이 『보이지 않는 손―뉴딜에 맞서는 업계의 십자군Invisible Hands: The Businessmen's Crusade against the New Deal』(2009)에서 쓴 것처럼, 이런 이데올로기의 변환이 완전히 자연발생적인 것은 아니었다. 그것은 자금원이 넉넉한 캠페인의 도움을 많이 받았다. 그 캠페인은 '보모 국가nanny state'의 비틀린 영향력을 두려워한 나머지 고삐 풀린 자유시장을 적극 지지한 프리드리히 폰 하이에크Friedrich von Hayek와 루트비히 폰 미제스Ludwig von Mises의 경제 사상을 촉진시키기 위한 운동이었다.

정치권에서는 1980년에 로널드 레이건 대통령 재임기에 새로운 사회 분위기가 조성되었다. 1979년에 마거릿 대처가 영국 총리가 된 것도 영국에 나타난 비슷한 문화적 변환을 반영한 것이었다. 대처는 그녀의 유명한 발언으로 새로 출현한 컨센서스를 두둔했다. "사회 같은 것은 없다. 있는 것은 남녀 개인이고 가족이다."

한편, 개인주의를 들고 부활한 예언자 아인 랜드는 사회의 존재를 부인하지 않았지만, 사회를 없애기 위해 조바심을 냈다. "문명은 사적인 사회를 향해 가는 과정이다. 야만인은 생존방식 자체가 공적인 것이고 그래서 그들은 부족 법의 지배를 받는다. 문명은 사람들로부터 개인을 해방시키는 과정이다."[57]

흔히 그렇듯 새 시대의 정신은 가상의 인물을 통해 가장 잘 표현되었다. 올리버 스톤의 1987년 영화 〈월스트리트Wall Street〉에서 마이클 더글러스가 연기한 인물 고든 게코가 바로 그 장본인이다. 게코는 텔다 제지 주주들에게 행한 연설에서 이렇게 말한다.

미국은 2등국이 되었습니다. 무역적자와 재정적자는 가히 악몽이라 할 만합니다. 우리나라가 최고의 공업 강국이었던 자유시장 시대에는 주주에 대한 책임이란 것이 있었습니다. …

미국 경제계의 새로운 진화법칙은 적자생존이 아니라 적합하지 못한 자가 생존하는 것 같습니다. 자, 내 사전에선 제대로 해내거나 아니면 도태되거나 둘 중 하납니다. …

신사 숙녀 여러분. 요점은 탐욕, 달리 더 좋은 단어가 없어서 하는 말인데, 탐욕은 좋다는 것입니다.

탐욕은 정당합니다.

탐욕은 효과가 있습니다.

탐욕은 진화 정신의 진수를 명쾌하게 밝히고 갈라내어 포착해냅니다.

생명이든 돈이든 사랑이든 지식이든. 어떤 것에 대한 탐욕이든 탐욕은 인류를 솟구치는 파도에 올라타게 했습니다.

그러니 명심하세요. 탐욕은 텔다 제지만 살리는 것이 아니라 미국이라는 제 기능을 못하는 기업까지 살려낼 것입니다.[58]

짧은 문구를 좋아하는 언론 매체들은 이 연설을 보통 "탐욕은 좋다 Greed is good"로 줄여 말한다. 그러나 게코는 그가 인정받는 것 이상으로 많은 말을 한다. 그는 자신의 경영철학을 피력한 다음 왜 탐욕이 좋은지 설명한다. 그리고 그의 말은 매우 설득력이 있다!

　그래도 그는 완전히 틀렸다. 영화가 만들어진 1987년만 해도 협력을 중시하는 분위기에서 극단적 개인주의와 경쟁적 분위기로 바뀌는 문화적 전환은 너무 새로운 것이어서 그 영향력이 크게 두드러지지 않았다. 제프 스킬링은 엔론에 입사조차 하지 않았을 때였다. 고든 게코라는 인물의 모델은 마이클 밀켄Michael Milken과 아이반 보스키Ivan Boesky 같은 내부거래자였다. 그리고 1980년대에 스캔들로 인한 사기와 손실의 규모도 2000년대 초반의 대형 부패와 비교하면 대수로울 것도 없었다.

　엔론의 레이와 스킬링의 뒤는 월드컴WorldCom의 버나드 에버스Bernard Ebbers와 타이코Tyco의 데니스 코즐로브스키Dennis Kozlowski가 이었다. 그다음은 버니 메이도프Bernie Madoff와 리먼브라더스Lehmann Brothers의 차례였다. 그리고 바로 **그들의** 뒤를 이어 아마도 기업의 방종과 협잡이 초래한 사건에서 가장 큰 사례일지 모르는 2007~08년 세계금융위기가 터졌다.

　그래서 게코는 틀렸다. 탐욕은 가상의 텔다 제지를 구하지 못했을 뿐 아니라 버젓한 실체인 엔론, 월드컴, 타이코, 리먼브라더스까지 쓸어버렸다. 게다가 이들 기업은 작지도 시시하지도 않았다. 오히려 파산하기 전까지 가장 영향력 있는 미국 기업이었다. 〈포춘〉은 6년 연속으로 엔론을 '미국에서 가장 혁신적인 회사'로 지명했었다. 파산 바로 한 해 전인 2007년에 〈포춘〉은 리먼브라더스를 '가장 경탄할 증권회사Most Admired Securities Firm' 1위에 올렸다. 〈포춘〉은 실수에서 아무것도 배우지 못하는 것 같다.

정치평론가 케빈 필립스Kevin Phillips는『부와 민주주의Wealth and Democracy』에서 사례와 통계를 들어가며 기업 스캔들이 지금처럼 많았던 것을 마지막으로 본 때가 도금시대(19세기 마지막 30년)였다고 지적한다. 사회적 다윈주의라는 결함투성이의 이론이 미국 엘리트 사이에서 큰 인기를 끌었던 바로 그 시기였다. 이와 달리 뉴딜에서부터 위대한 사회Great Society(1930년대~60년대)에 이르는 시기는 보다 협력하는 사회적 분위기가 지배적이었던 기간으로 이때는 기업 스캔들이 거의 존재하지 않았다.[59]

　구글이 개척한 '컬처 메트릭culture-metric'을 사용하면 기업의 흥망성쇠를 추적할 수 있다. 구글은 영어를 비롯한 여러 언어로 출간된 책을 디지털로 수치화했다. 그들이 대상으로 삼은 책의 양은 방대하지만 나의 1차적 관심은 미국에서 출간된 책들이다. 이들 자료에 따르면 미국에서 영어로 출간된 책에 나오는 '협력cooperation'이라는 단어는 1900년 이후 진보시대와 뉴딜 기간에 그 빈도가 급증했다. 1940년에 발간된 책은 1900년에 출간된 책보다 '협력'을 다섯 배 이상 언급했다. 1975년까지도 협력은 계속 중요한 논제였지만 1980년대부터는 시들해지기 시작했다. 2015년의 출간서 중 무작위로 뽑은 책은 1970년대에 출간된 책에 비해 협력이라는 단어의 빈도가 절반 정도로 줄었다.

　이것은 단순히 한 단어의 유행과 관련된 문제가 아니다. 가령 '노사 협력labor-business cooperation'이란 말도 정확히 같은 궤적을 그린다. '기업의 탐욕corporate greed'이란 단어의 움직임은 정확히 반대여서, '노사 협력'이 줄어들면 늘어나고 '노사 협력'이 늘어나면 줄어들었다.

2015년에 출간된 책은 1970년대에 출간된 책보다 '기업의 탐욕'을 다섯 배 더 언급했다![60]

협력에 대한 관심이 줄어드는 것은 고든 게코가 그렇게 힘주어 강조한 탐욕이라는 새로운 복음이 확산되는 현상과 일치한다. 그것은 『파운틴헤드The Fountainhead』와 『아틀라스Atlas Shrugged』 같은 아인 랜드 책의 판매부수가 급증하여 개인주의와 이기주의를 앞세우는 그녀의 복음이 확산되는 현상과 궤를 같이한다. 그렇게 많은 지표가 같은 방향을 가리킨다는 것은 기저의 현실에 관해 어떤 중요한 사실을 암시한다.

게코가 미국을 제 기능을 못하는 기업에 비유하고 ("달리 더 좋은 단어가 없어서" 선택한) 탐욕이 그것을 바로잡을 것이라는 주장으로 연설을 맺는다는 점도 주목해야 한다. 실제로 벌어진 일은 그 반대였다. 1980년대에 미국이 제 기능을 못하는 기업이었다면(나는 그렇지 않다는 사실을 입증해보이겠지만), 2015년에 미국은 실제로 기능이 마비된 기업이 되어 있었다.

이런 우울한 평가를 뒷받침해주는 통계가 여러 종류 있다. 그중 하나는 의회와 여론을 가른 극단적인 정치 양극화 현상이었다. 정치학자 놀런 매카티Nolan McCarty와 키스 풀Keith Poole과 하워드 로즌솔Howard Rosenthal은 정량 분석을 통해 의회의 대립이 1970년대에 첨예해지기 시작하여 2015년에는 도금시대의 최고점을 돌파했다는 사실을 입증해 보였다. 필리버스터에 휘둘리는 상원의 안건 비율이나 법관 지명의 승인율 같은 척도도 마찬가지로 타협이 점점 어려워진다는 의미여서, 이런 대립은 정부의 기능을 마비시켰다.

2013년 10월에 겪었던 재정적 파국과 연방정부 셧다운은 미국의 정치 엘리트가 사분오열되고 함께 공동의 해결책을 모색하는 능력을 잃어버리고 있다는 것을 여실히 드러내는 현상이었다. 다시 말해, 협력하는 능력이 허물어지고 있었다. 막판에 주권적 의무에 대한 불이행 사태는 간신히 피했지만, 예산 위기를 낳은 구조적 문제는 여전히 도사리고 있는 실정이다.

1985년 이후로 미국의 30년 세월은 거대한 사회적 실험이 이루어진 기간이었다. 이기심을 부추기고 극단적 개인주의를 강요하는 이데올로기가 사회를 조직하는 유일한 기반으로 자리를 잡는다면 어떻게 되겠는가? 결과는 불을 보듯 뻔하다. 미국 사회 곳곳에서 협력하는 분위기는 줄어들고 결국 일을 해결하는 능력도 떨어질 것이다.

물론 사회에 악영향을 끼치는 문제가 생겼을 때마다 모든 것을 협력 능력의 부족 탓으로 돌릴 수만은 없는 노릇이다. 그래도 협력은 매우 중요하다. 우리 사회를 포함하여 복잡한 인간사회는 늘 위태롭다. 복잡사회는 상호 신뢰와 사회적 협력이라는 보이지 않는 그물망에 의해 지탱된다. 이 그물망은 쉽게 망가지기 때문에 언제 어떻게 사회적 기능장애로 나타날지 모른다. 협력하는 능력이 퇴화되면 정치가 불안해지고 내부 갈등이 고조되어 극단적인 경우에는 사회 자체가 완전히 붕괴된다. 러시아의 역사학자 세르게이 네페도프Sergey Nefedov와 나는 『장기순환주기Secular Cycles』(2009)에서 협력하는 능력이 사라지면서 나타났던 여덟 가지 사회 불안의 조류를 상세히 검토했다. 로마공화정 후기의 내전과 로마제국의 멸망, 중세에 영국과 프랑스에서 벌어진 백년전쟁과 장미전쟁, 프랑스 종교전쟁, 영국 시민

혁명, 러시아의 동란시내, 로마노프 왕조를 끝낸 러시아혁명과 내전 등이 그것이다. 각 경우에서 우리는 사회 붕괴의 선행지표로서 협력 능력이 크게 떨어지는 현상을 확인할 수 있었다.

다행히 미국은 아직 그 정도는 아니다. 그러나 사회를 유능하고 효율적으로 만드는 것이 무엇인지 그리고 어떤 경우에 사회의 기능이 마비되는지 알아야 한다. 진화론은 사실 몇 가지 답을 내놓고 있지만 그 답은 세상의 많은 제프 스킬링과 고든 게코 들이 내놓은 것과는 전혀 다르다.

•●•

내가 알기로 스킬링은 고든 게코만큼 자신의 생각을 명료하게 정리하고 웅변적으로 전달하는 연설을 한 적이 없었다. 그렇다면 연극 〈엔론ENRON〉은 어떨까. 극작가 루시 프레블Lucy Prebble은 〈엔론〉에서 예술적 허용을 활용하여 스킬링이 자신의 경영철학을 설명하는 장면을 상상한다. 스킬링과 엔론의 CFO 앤드루 패스토는 이런 대화를 나눈다.

스킬링 자네 『친구를 얻는 법How to Win Friends』이나 『성공한 사람들의 7가지 비결Seven Secrets of Highly Effective People』 따위의 경영서를 읽어본 적이—

패스토 예, 저는—

스킬링 읽지 말게. 죄다 엉터리야. 도킨스의 『이기적 유전자The Selfish

Gene』는 읽어봤나?

패스토 처음 듣는데—

스킬링 리처드 도킨스라는 자야. 다윈을 읽게.

패스토 저를 해고하시는 겁니까, 제프?

스킬링 원칙대로라면 자넨 해고야. 나는 다윈주의 원칙에 따라 이 회사를 운영했네.

패스토 좀 봐주십시오!

스킬링 찰스 다윈은 사상이 어떻게 세상을 바꾸는지 보여줬지. 이제 우리는 우리의 본성을 알게 되었네. 그리고 그 본성을 사용할 수 있지.

패스토 무엇에 사용한단 말입니까?

스킬링 사업에 말이야. 사업은 자연이야.

패스토 이기심이나 경쟁 같은 것 말입니까?

스킬링 바로 그렇지. 돈과 성욕이 사람들에게 동기를 부여한다네, 앤디. 그리고 돈이야말로 성기에서 손을 떼고 일에 달려들게 만드는 것이지.

흥미로운 부분은 연극 속의 스킬링이 '다윈주의 원칙'과『이기적 유전자』의 바탕 위에 자신의 철학을 세우고 있다는 사실이다.『이기적 유전자』는 실제로 스킬링이 가장 좋아했던 책이다.[61]『이기적 유전자』는 중요하고 영향력 있는 책이지만 결함도 아주 많다. 그리고 그 결함을 살펴보면 왜 이 책이 제프 스킬링 같은 사람을 위한 병리학적 사회철학의 기반이 되었는지 알 수 있다. (올리버 스톤은 게코가 도킨스를 읽었는지 여부를 밝히지 않고 있지만 고든 게코도 마찬가지다.) 공교롭게도 이 책은 1976년에 나와 극단적인 개인주의의 도도한 물결에 때맞춰 힘을 보탰다.

리처드 도킨스가 엔론 스캔들에 책임이 있다는 말은 아니다. 도킨스는 『만들어진 신The God Delusion』에서 이렇게 썼다. "나는 『이기적 유전자』가 악명 높은 엔론의 CEO 제프 스킬링이 가장 즐겨 읽었던 책이고 그가 그 책으로부터 사회적 다윈주의자 캐릭터의 영감을 끌어냈다는 사실을 〈가디언Guardian〉 2006년 5월 27일자 기사 「동물적 본능Animal Instincts」에서 읽고 모욕감을 느꼈다." 도킨스는 스킬링이 그의 책을 잘못 해석했다고 주장한다. 정말 그럴까?

도킨스가 제대로 짚은 것에서 시작하자. 『이기적 유전자』가 출간되었던 1976년만 해도 협력의 진화에 관한 우리의 이론적 이해는 아주 어수선한 상태였다. 많은 종, 특히 꿀벌이나 흰개미나 인간에게 매우 큰 집단으로 협력하는 능력이 있다는 사실은 모두가 알고 있었다. 협력이 주는 혜택은 분명했다. 개미나 흰개미 같은 사회적 곤충은 대단히 성공적인 사례였다. 1장에서 소개한 진화생물학자이자 개미 전문가인 에드 윌슨은 사회적 곤충 집단에 불과한 개미가 지구상 모든 동물의 4분의 1을 차지한다고 지적한다. 마찬가지로 인간은 포유류 중에서 가장 성공한 종으로, 남극 같은 극지를 포함하여 모든 대륙에 흩어져 살며 이제는 우주까지 넘보고 있다. 우리는 지구의 한계를 넘어 다른 행성으로 이주하는 최초의 종이 될지도 모른다.

20세기 중반에 생물학자들은 협력의 혜택을 너무 잘 알았기 때문에 협력의 진화를 따로 설명할 필요를 느끼지 않았다. 진화생물학의

3장 협력자의 딜레마

아버지 찰스 다윈이 1871년에 쓴 것처럼, 협력심이 강한 유기체 집단은 그렇지 못한 집단보다 경쟁력이 강하다. 그 결과 협력을 잘하는 유전자는 개체수가 크게 늘어난다. 영국의 동물학자 V. C. 윈-에드워즈V. C. Wynne-Edwards와 오스트리아의 행동학자(행동학ethology은 동물의 행동을 연구하는 학문이다) 콘라트 로렌츠Konrad Lorenz는 이들의 논리를 더욱 밀고 나갔다. 그들은 이타적 특성이 종의 생존에 유리하기 때문에 동물들이 그런 특성을 획득했다고 주장했다. 이런 생각을 '순진한 집단선택론naïve group selectionism'이라고 부르자.

어디가 잘못되었을까?

문제는 협력이 혜택만 주는 것이 아니라는 사실이다. 협력은 사실 상당한 비용을 치르게 한다. 집단의 구성원들은 협력의 혜택을 골고루 누리지만, 그 비용은 협력하는 각자가 사적으로 부담한다. 이런 '공공재-사적비용' 간의 긴장을 '협력자의 딜레마Cooperator's Dilemma'라고 한다.

당신이 속해 있는 부족이 자기 일에나 신경쓰고 농작물과 가축을 기르고 아이를 돌보면서 삶을 즐기는 평화로운 사람들이라고 하자. 모든 것이 좋지만 이웃이 겁난다. 강 건너편에는 남을 공격하고 죽이고 약탈하고 파괴하는 행위에서 쾌락을 느끼는 호전적인 부족이 살고 있다. 그들은 작물을 기르는 것보다 이웃을 괴롭히는 일을 더 즐긴다. 하지만 당신에게는 그들의 희생양이 되지 않도록 막아주는 강력한 권한을 가진 국가나 경찰이나 법원이 없다.

어느 날 호전적인 부족의 전사들이 강을 건너 당신의 마을로 접근한다. 당장 해야 할 것은 부족원들을 소집하여 침입자들을 물리치는 것이다. 모두가 참여해야 한다. 모이는 사람이 많을수록 침략자를 격퇴할 가능성이 높으니까. 방위군을 제대로 소집했을 때의 혜택은 분명하고도 대단하다. 말 그대로 사느냐 죽느냐의 차이다. 크로크리크 마을의 운명과 선사시대의 다른 수많은 대량학살을 생각해보라.

우리 편이 단결을 잘해 적을 격퇴한다고 해도 문제는 우리 측에서도 죽거나 불구가 되는 사람이 나온다는 것이다. 그것이 전쟁의 본질이다. 어쩌면 당신 자신이 희생될지도 모른다.

그러나 아무도 싸움을 피하려 들지 않는다면, 개인적으로 살아남을 확률은 높아진다. 당신의 부족은 침략자보다 지리에 밝기 때문에 방어하는 쪽이 공격하는 쪽보다 늘 유리하다. 그리고 싸우지 않으면 마을 전체가 몰살당한다. 그러니 제프 스킬링이 주장한 것처럼 당신이 두려움과 탐욕에 의해서만 행동하는 똑똑한 사람이라면, 당신은 전쟁에서 졌을 때 벌어질 대량학살에서 100퍼센트 살해당하게 되는 것보다 전쟁에 나섰을 때 직면할 위험을 무릅쓰는 쪽이 더 낫다고 판단하고 앞장서서 싸우기로 결심할 것이다. 그렇지 않은가?

그렇지 않다. 사회학자들이 탐욕과 두려움으로만 움직이는 똑똑한 사람들에게 붙여준 이름이 있다. '합리적 행위자rational agents'다. 합리적 행위자로만 구성된 단체는 협력할 줄 모른다. 그런 사람들은 특히 전투부대를 소집하지 못한다. 이런 결과를 그럴 듯한 추상 모델 배열을 사용하여 수학적으로 입증한 적도 있지만 아주 쉽게 설명할 수도 있다.

당신의 부족이 전사 1,000명을 출정시킬 수 있다고 하자. 그 정도면 침략군을 물리칠 수 있다. 그러나 전사 50명은 죽거나 중상을 입게 될 것이다. 당신이 이 전투부대에 합류하느냐의 여부는 전투의 추이에 별다른 영향을 주지 않는다. 전사가 1,000명이든 999명이든 그것은 중요하지 않다. 결과는 마찬가지일 것이다. 지형과 날씨와 기습적인 요소, 단순한 행운 같은 것들이 전사가 한 명 빠지는 것보다 훨씬 더 큰 영향을 줄 것이다. 실제로 부족원 중에는 너무 몸이 불편해서 싸우지 못하는 사람도 있을 것이다. 그러니 아프다는 핑계를 대고 집에 있어도 그만이다.

합리적인 행위자는 이런 식으로 행동한다. 최종 결과는 당신이 전투에 참가하든 하지 않든 같겠지만, 당신은 20분의 1의 확률(전사 1,000명 당 50명의 희생자)로 중상을 입거나 전사할 확률을 따지게 된다. 다시 말해 당신 개인에게 닥칠 결과는 무시할 수 없을 만큼 크다. 따라서 합리적 행위자는 이런 계산을 할 것이고, 결국 대형에서 '이탈한다defect.' 집단행동을 연구하는 학자들에게 'defect'라는 용어는 상호 협력의 결과물에 기여하지 못하는 것으로 '배신한다'는 의미다. 아니면 당신은 싸움에 가담하는 척하며 뒤에서 어슬렁거리다가, 전투가 본격화되고 위험한 조짐이 나타나기 시작할 때 후퇴할지도 모른다.

합리적 행위자의 행동 원리를 정확하게 포착한 소설이 있다. 조지프 헬러Joseph Heller가 1961년도에 발표한 『캐치 22Catch-22』다. 소설 속의 주인공 요사리안Yossarian은 그의 부대장 메이저 소령Major Major에게 전투에 참가하지 않겠다고 말한다.

"더이상 전쟁에 끼어들기 싫습니다."

"우리가 지는 것을 보고 싶나?" 메이저 소령이 물었다.

"우리는 지지 않습니다. 우리는 병사도 많고 돈도 물자도 더 많습니다. 저 대신 군복 입고 싸울 사람이 1,000만 명은 될 겁니다. 죽는 사람도 있겠지만 돈을 벌고 재미 볼 사람은 훨씬 더 많겠죠. 그러니 다른 사람더러 죽으라고 합시다."

"하지만 죄다 그렇게 생각한다면 어떻게 되겠나?"

"그러면 나만 다르게 생각하는 것이야말로 정말 멍청한 짓이 아니겠습니까?"

요사리안의 논리는 반박할 여지가 없다. 군복을 입은 병사가 1,000만 명이라면, 요사리안이 그들 속에 있든 없든 중요하지 않다. 그가 참여한다고 해서 전쟁의 결과가 달라지지는 않을 것이다. 그러나 요사리안이 전사할 확률이 아주 크다면, 그것은 그에게 매우 중요한 문제다.

또한 요사리안의 바로 이런 논점을 주목하라. 다른 사람들이 모두 도망간다면, 요사리안이 계속 싸우는 것은 "정말 멍청한 짓"일 것이다. 다른 사람들도 모두 이 핑계 저 핑계를 대며 달아난다고 하자. 당신 혼자서 용감하게 나가 침략자들과 맞선다면 어떻게 될까? 당연히 죽을 것이다. 아무런 명분도 없이.

사실 **다른 사람들이 어떻게 하든, 합리적인 행위자가 취할 수 있는 가장 좋은 행동은 무조건 배신하는 것이다.** 합리적 행위자로만 구성된 부족이라면 모두 이런 식으로 생각할 것이고 따라서 아무도 나아가 적과 마주서지 않을 것이다. 그들은 모두 아프다는 핑계를 댈

것이다. 적에 의해 침대에서 끌려나와 죽임을 당할 때까지.

이것이 협력자의 딜레마다. 모두가 공익에 기여한다면 모두에게 좋겠지만, 각 개인의 이익을 위해서는 부담을 다른 사람에게 전가하는 것이 좋다. 모두가 이 논리를 따른다면, 집합재collective goods는 만들어지지 않고 모두가 못살게 된다. 딜레마는 전쟁과 평화의 문제에만 걸리는 것이 아니라 좋은 거버넌스를 제공하고 도로 등 공공 기반시설을 만들고 과학과 기술 분야의 연구기금을 조성하고 공기와 물을 청정하게 유지하는 등 공공생활의 다른 많은 영역까지 영향을 미친다.

사실 협력은 사회가 하는 많은 일들 중 하나가 아니라 사회가 하는 주요한 일이다. 공공재를 생산하는 것은 진정한 사회와 단순한 개인의 집합을 가르는 경계선이다.

때로는 비용을 들이지 않고도 모두에게 혜택을 주는 방법도 있다. 예를 들어 도로에서 차를 우측으로만 통행시키는 규칙이 있다. 자동차가 처음 출현했을 때, 운전자들은 앞에서 다가오는 차를 어느 쪽으로 보내야 할지 망설이다 충돌사고를 내는 경우가 많았다. 두 차 모두 왼쪽으로만 또는 오른쪽으로만 가게 하니 만사가 순조로웠다. 한 차는 왼쪽으로 가는데 다른 차가 오른쪽으로 가면 충돌을 피할 수 없다. 그래서 사회는 규칙을 정했다. 도로에서는 오른쪽으로 주행할 것. 그러자 당장 충돌사고의 횟수가 줄었다. 모두가 혜택을 입은 것이다. 그리고 비용도 들지 않았다. 어쩌다 누가 자살하려 들지 않는 이상, 규칙을 어기라고 부추겨도 듣지 않을 것이다.

집단행동 이론가들은 이처럼 비용이 들지 않는 협력을 '조정 게임 문제coordination problem'라고 부르기도 한다. 우측이냐 좌측이냐는 중요하지 않다. 영국 차들은 좌측통행을 하는데 결과도 무난하다. 이쪽이든 저쪽이든 어느 한쪽으로 조정해야 한다. 그래야 모두가 편안하다.

그러나 협력 문제는 대부분 비용이 든다. 그런 문제를 비용이 들지 않는 일부 협력과 구별하여 '강한 의미의 협력'이라고 하자. 대개의 경우 공공재는 누구에겐가 얼마간의 비용을 치르게 한다. 병사들이나 평화 유지군이 졸지에 전사할 위험으로부터 돈과 일과 시간을 빼앗기는 문제에 이르기까지 협력에는 어느 정도 희생이 따른다.

'협력자의 딜레마'를 확실히 이해했던 시기는 1960년대뿐이었다. 흥미롭게도 그런 일은 경제학과 정치학과 진화생물학 등 여러 분야의 과학에서 동시에 일어났다. 여기에 기여한 중요한 책은 1965년에 발간된 경제학자 맨커 올슨Mancur Olson의 『집단행동의 원리—공공재와 집단이론The Logic of Collective Action: Public Goods and the Theory of Groups』이었다. 경제학자들은 이제 '공공재'에 대해 매우 엄밀한 정의를 내린다. 공공재의 가장 중요한 특징은 아무도 그것의 편익으로부터 배제될 수 없다는 것이다. 내가 든 전쟁 사례를 생각해보라. 당신의 부족이 적을 쫓는 데 성공하면, 싸운 사람이든 싸우지 않은 사람이든 마을 사람 모두가 혜택을 입는다. 강한 의미의 협력을 결정짓는 경계는 혜택의 공적 성격과 비용의 사적 성격이 팽팽히 균형을 이루는 지점이다.

라디오와 텔레비전 방송도 '배제될 수 없는' 공공재의 또다른 사례다. 공영라디오는 본질적으로 무한히 공급된다는 점에서 더욱 흥미로운 도구다. 라디오만 있으면 누구나 들을 수 있다. 아무리 많은 사람이 시그널을 포착해도 개인의 청취 능력은 조금도 위축되지 않는다. 이런 면에서 라디오는 범상치 않은 재화다.

어장이나 숲이나 맑은 물, 맑은 공기 같은 천연자원은 모두가 함께 쓰지만 이런 것들은 그 양이 대단히 제한적이다. 인간생태학자 개럿 하딘Garret Hardin은 1968년에 한 세미나에서 발표한 문헌을 통해 이런 천연자원을 이용하다보면 '공유지의 비극Tragedy of the Commons'을 피하기 어렵다고 했다. 사람들이 당연하게 사용하는 공동 자원인 맑은 공기를 생각해보자. 기업가가 제련소를 세운다. 이 공장은 이산화탄소와 함께 아황산가스나 다른 독성물질을 대기 속으로 토해낸다. 공기질의 저하는 아주 미약해서 사실상 눈치채지 못할 정도이고 그나마 모두가 공평하게 나눠 마신다. 기업가가 공장을 세우는 것은 경제적 합리성이라는 좁은 의미에서 볼 때 확실히 합리적이다. 기업가의 반대급부는 그가 숨 쉬는 대기의 질이 조금 떨어지는 것을 대가로 그가 손에 쥐는 큰돈이다.

그러나 또 다른 공장이 하나 들어서고… 그리고 또하나 더 들어선다. 결국 오염도는 그것을 흡수하여 정화하는 생물권의 능력이 스스로 감당할 수 있는 수준을 넘게 된다. 사람들은 호흡기 질환에 걸리고 식물들은 산성비에 시들해진다. 기온이 오르고 그린란드와 남극의 빙벽이 녹고 해수면이 상승하면서 해안가 저지대 도시는 물에 잠긴다. 합리적으로 이익을 추구한 결과는 모두에게 불리하게 작용한다. '공유지의 비극'은 이처럼 공공의 혜택과 사적 비용의 긴장에서 비롯된 또다른 종류의 협력 실패다.

•●•

적으로부터 마을을 지키는 일과 공기를 맑게 유지하는 일, 이 두 가지 사례는 중요한 사실을 알려준다. 협력의 혜택을 확실히 알려준다고 해서 협력하게 만들 수는 없다는 점이다. 협력하게 만들려면 협력자의 딜레마를 해결하는 방법까지 설명해야 한다. 생물학에서 순진한 집단선택론을 추종하는 사람들은 이 점을 미처 깨닫지 못했다.

이런 핵심적 오류를 지적한 사람은 진화생물학자인 조지 C. 윌리엄스George C. Williams였다. 윌리엄스는 1966년에 발표한 책『적응과 자연선택—현대의 진화적 사고에 대한 비평Adaptation and Natural Selection: A Critique of Some Current Evolutionary Thought』에서 순진한 집단선택론의 논리적 기반을 뒤엎었다. 윌리엄스의 책은 집단선택에 반론을 제기하여 진화생물학이라는 학문 영역을 흔드는 데 매우 큰 영향력을 발휘했지만, 그 외의 커뮤니티에는 별다른 충격을 주지 않았다. 도킨스가 윌리엄스의 생각을 매력적이고 발랄한 문장으로 옮긴 1976년에야 사정이 달라졌다. 그렇게 해서『이기적 유전자』가 탄생하게 되었다.

윌리엄스와 도킨스가 지적한 것은 어떤 의미에서 유전자가 합리적 행위자라는 것이었다. 물론 유전자는 유전암호를 지정하는 특성의 비용과 혜택을 계산하지 않는다. 그런 계산을 하는 것은 진화 과정 그 자체, 즉 자연선택이다. 이타적 유전자를 가진 개체는 '적합도'를 희생한다(강력한 의미의 협력은 어떤 종류의 희생을 필요로 한다는 사실을 명심해야 한다). 그런 이타적 유전자는 개체를 이기적으로 행동하게 만드는 유전자에 비해 살아남아 스스로 번식할 확률이 적다.

예를 들어 '수녀 유전자'를 생각해보자. 이 유전자는 아기를 가질 수 있는 기회를 희생하여 다른 사람을 돕는 데 평생을 바치게 만든

3장 협력자의 딜레마

다. 돌연변이로 나타나는 이런 유전자는 그런 유전자를 지닌 개체가 그것을 자손에게 전달하지 않기 때문에 진화에 의해 한 세대 만에 제거된다.

그러나 좀더 정교한 버전의 수녀 유전자도 있을 수 있다. 동물 종에 따라 어떤 개체는 부모나 자매의 자손을 기르는 데 온 힘을 바치고 스스로 자식을 갖지 않는다(또는 기다렸다가 나중에 번식한다). 그러나 그렇게 남을 돕는 행위는 언제나 유전적으로 가까운 친족을 대상으로 한다.

남을 돕는 가장 극단적인 유전자는 사회적 곤충에서 찾아볼 수 있다. 예를 들어 벌집에서 새끼를 낳는 것은 유일한 암컷인 여왕벌뿐이다. 다른 암컷은 모두 여왕벌의 딸인데 이들은 무성無性의 일개미(자신의 군락을 따로 만들기 위해 분봉分蜂 시기에 나타나는 일부 여왕벌은 제외)로 헌신적으로 여왕을 돌보고 여왕벌의 새끼를 기르고 먹이를 가져오고 침략자로부터 서식지를 방어한다. 어떻게 그런 이타적인 행동이 이기적인 유전자 이론에 들어맞는가?

이론생물학자 윌리엄 D. 해밀턴William D. Hamilton이 개발해낸 핵심적인 통찰은 이런 돕는 행위가 유전적으로 가까운 친족을 대상으로 한다는 것이다. 그리고 그 친족들은 '이타적 유전자'의 복사본을 지녔을 공산이 크다. 이타적 유전자는 무작위로 고른 개체를 돕는 것이 아니다. 어떤 의미에서 그것은 다른 개체 속에 있는 자신의 복사본을 돕는 것이다. 일반적으로 말해 부모가 같은 형제들은 유전자의 50퍼센트를 공유한다. 따라서 내가 나 자신을 희생해서 내 누이 중 둘 이상을 도울 수 있다면, 평균적으로 따져 자연선택은 그런 행동을 선호할 것이다. 진화생물학자 J. B. S. 홀데인J. B. S. Haldane의 유명한 경구도 그런 근거로 나올 수 있었다. 물에 빠진 동생을 구하기 위해 자신의 목숨을 내줄 수 있느냐는 질문에 그는 대답했다. "아뇨. 하지만 친형제 두 명이나 사촌 여덟 명을 구할 수 있다면 뛰어들겠습니다." 유전자를 반씩 공유하는 형제와 달리 사촌은 8분의 1만 공유한다. 따라서 사촌은 적어도 여덟 명이 되어야 자신을 희생해서 그들을 구할 동기가 생긴다. 물에 빠져 허우적대는 사촌 형제가 모두 일곱 명뿐이라면 움직이지 말아야 한다.

어이없는 말 같지만 혈연선택론의 기본 논리는 근거가 아주 확실하다. 개미나 꿀벌이나 흰개미 같은 사회적 곤충 군락에서 이루어지는 대규모 협력에 대한 설명은 윌리엄스와 도킨스가 주장한 진화의 '유전자 중심 관점'이 거둔 승리였다. ('유전자 중심'이라고 하는 이유는 우리가 아무 개체나 추적하는 것이 아니라 많은 친족 개체들 사이에 흩어져 있는 하나의 유전자에 대한 복사본들을 추적하기 때문이다.)

그러나 혈연선택론은 **유전적으로 관계가 없는** 사람들의 집단에서 이루어지는 협력을 설명하지 못한다. 유전자 중심 관점은 군인이 자신의 목숨을 버려가며 전우를 구하기 위해 수류탄에 몸을 던지는 이유를 설명하지 못한다. 그리고 그것은 어떻게 거대한 인간사회가 협력해가며 진화를 거듭했는지를 이해하는 데 아무런 도움도 주지 못한다. 『이기적 유전자』는 여러 면에서 대단한 책이다. 그러나 한 가지를 설명하는 데는 완전히 실패했다. 협력하는 인간 능력의 진화다.

순진한 집단선택론자들의 논리를 무너뜨리는 데는 성공했지만, 유전자 중심론자들은 도덕성이나 동정심이나 관대함 같은 인간의 사회생활에서 나타나는 분명한 특징을 설명하지 못해 쩔쩔맸다. 리처드 도킨스는 이렇게 썼다.

나처럼 당신도 각 개인이 공익을 향해 관대하고 이타적으로 협력하는 사회를 만들고 싶다면, 생물학적 본성의 도움 따위는 아예 받을 생각을 말아야 한다. 우리는 애당초 이기적으로 태어났다. 그러니 애써 관용과 이타심을 가르쳐야 한다.[62]

조지 C. 윌리엄스에게 도덕심은 "보통의 경우라면 그런 능력을 표현하는 것을 반대하는 생물학적 과정이 어쩌다 어이없을 만큼 어리석게 굴다 만들어낸 우연적인 능력"이다.[63] 20세기로 들어가던 시기에 허버트 스펜서도 같은 견해를 개진하여 사회적 다원주의의 발흥에 기여했다. 앞서도 지적했듯이 사회적 다원주의의 등장은 앞서 있었던 거대한 기업 비리가 성행했던 때와 시기가 일치했다.

『이기적 유전자』를 발표한 이후 32년 만에 도킨스는 『만들어진 신』에서 진화와 도덕성에 대한 문제로 돌아갔다.[64] 그는 여전히 집단선택을 적대시하고 혈연선택과 호혜적 이타주의가 사회진화의 두 가지 주요 동력이라고 생각한다. "개인이 서로에게 이타적이고 관대하고 '도덕적'이 되려는 그럴 듯한 진화론적 이유"('도덕적'에 붙은 인용부호는 도킨스가 붙인 것이다)에 그는 부차적 이유 두 가지를 덧붙인다. 첫째는 "관대하고 친절하다는 평판을 얻게 됨으로써 누리게 되는 다윈주의적 혜택"이다. 둘째는 "틀림없이 진정성 있는 광고를 받아들이게 만드는 방법으로서 과시용 관대함이 갖는 추가적 혜택"이다.[65] 그리고 그는 계속해서 그가 이제 '실수' 또는 도덕의 '부산물' 이론이라 부르는 것을 계속 주장한다.

> 우리 조상들은 가까운 혈족이나 내게 득이 될 수 있는 사람에 대해서만 이타적일 기회를 가졌다. 요즘은 그런 제약을 받지 않지만 어림짐작은 여전히 힘을 발휘한다. 왜 아니겠는가? 그것은 성적 욕구 같은 것이다. 불임이거나 혹은 다른 이유로 아이를 가질 수 없을지 모르는 이성에 대해서도 성적 욕구를 느끼는 것처럼, 우리는 울고 있는 불행한 사람을 보면 그가 개인적으로 아무런 관계가 없거나 나중에 보상을 할 능력이 없더라도 동정심을 느낀다. 둘 다 대상을 잘못 골랐다. 말하자면 다윈주의적 실수인 것이다. 하지만 그것은 축복받은 소중한 실수다.[66]

다시 말해 우리의 초협력사회는 계속 협력하고 내부적으로 평화를 유지하고 범죄를 억누르고 모든 종류의 재화를 효율적으로 생산하고 배달하기 위한 체계를 만들고 국제우주정거장을 지구 궤도에 올려놓는 놀라운 일을 해내기 위해 복잡하고 복합적인 장치를 전부 동원한다. 그런데 이 모든 것이 우리가 친족과 친구로 구성된 작은 집단으로 살았던 그 옛날 자연선택의 '부산물'일 뿐이라는 것이다.

현대의 복잡한 사회가 플라이스토세 동안에 이루어진 진화의 부산물이라는 발상은 우리의 놀랍도록 효율적이고 복잡한 구조로 되어 있는 몸이 30억 년 전에 우리의 먼 조상인 단세포 유기체에 가해진 자연선택의 부산물이라는 명제만큼이나 설득력이 없다. ('정치체body politic'는 그 효율성과 완전성을 위해 인간의 신체로부터 복잡계에 관해 많은 것을 배워야 했다. 물론 인간의 신체도 결코 완벽하지 않다. 진화가 그 장구한 세월 동안 잠시 틈을 내서 더 좋은 무릎을 설계했더라면 얼마나 좋았을까!)

현대 국민국가의 다양한 제도가 얼마나 복잡하게 연결되어 있는지 생각해보라. 미국에는 행정부와 입법부와 사법부가 서로 잘 기능할 수 있도록 해주는 정교한 장치가 있다(그렇다. 각 분과 간에는 마찰과 갈등이 있지만 이 공화국은 지금까지 그런 대로 잘 꾸려왔다). 언론도 역시 제4부라 불릴 정도로 거버넌스 네트워크에 깊숙이 개입되어 있다. 공식적인 법체계와 비공식적인 사회규범 덕분에 군대는 함부로 권력을 탈취하여 독재정권을 세울 엄두를 못 낸다. 이 모든 것은 지난 200~300년간의 진화적 혁신이다. 소규모 사회에는 이런 것이 전혀 없다. 사실 플라이스토세 사회에서 어떤 사람을 데려온다면 그는 지휘와 명령 계통이라는 발상을 어색하고 불쾌하게 여길 것이다.

진화생물학자 데이비드 슬론 윌슨David Sloan Wilson이 『이타심은 존재하는가?Does Altruism Exist?』에서 설명한 대로, "집단 차원의 기능조직은 일차적으로 집단 간의 자연선택에 의해 진화한다." 현대의 국민국가는 국가들 간의 치열한 경쟁의 결과로 나온 수천 년에 걸친 문화진화의 산물이다. 국민국가가 합리적으로 기능하는 이유도 그 때문이다. 반대로 혈연선택과 호혜적 이타주의가 개입하면 그것들은 초협력사회를 해치는 경향이 있다. 우리가 알고 있는 '족벌주의'나 '정실인사'가 그런 것들이다.

•••

두말할 필요 없이 리처드 도킨스와 조지 윌리엄스와 허버트 스펜서는 매우 품위 있는 인간이거나 적어도 그에 아주 가까운 인간이다. 여하튼 이들은 제프 스킬링처럼 대규모 기업사기 행각을 벌일 사람들이 아니다. 그런데도 그들은 인간 본성을 제대로 이해하지 못한 탓에 도덕성과 이타심과 협력에 대한 우리의 능력을 비관적으로 바라보게 되었다. 설상가상으로 협동심과 신뢰를 쌓고 사회정의를 바로 세우기 위한 그들의 정책 처방은 그런 비관적 견해를 기반으로 하기 때문에 기대한 만큼의 결과를 제시하지 못한다.

결국 '부산물' 이론가들은 인간이 이기적 짐승이고 따라서 도덕적이려면 **의지를 불어넣어주어야** 한다고 말하는 지경에 이르렀다. 우리는 우리의 탁월한 추리력을 동원하여 우리의 행위와 선택의 결과를 예견하고 그런 다음 우리 자신을 포함하여 모두의 행복을 증진시킬 보다 협력적이고 사회적으로 바람직한 결과를 선택해야 한다.

그러나 스킬링과 게코는 다른 길을 선택했다. 그들은 사실상 이렇게 말한 것이나 마찬가지다. 인간은 이기적 짐승이고 세상 이치도 그렇게 돌아간다. 그리고 개중 가장 똑똑한 나는 이런 비밀스러운 지식을 이용하여 대단한 부자가 될 것이다! 간단히 말해『이기적 유전자』

의 주제는 세상의 많은 제프 스킬링들에게 악용되기 딱 좋다. 이기적인 사람은 당연히 인간의 기본적 이기심을 자명한 원리로 생각하는 이론에 끌린다. 그들은 그런 이론이 그들을 자유롭게 해준다는 것을 알고 그 이론이 그들을 마음껏 이기적이고 탐욕적이 되도록 허락했다고 생각하며 흡족해한다.

그러나 『이기적 유전자』와 부산물 이론에 대한 나의 비판은 흥청망청 탐욕을 즐기려는 사람들에게 그들이 어쭙잖게 제공한 그럴 듯한 도덕적 변명에만 국한되지 않는다. '이기적 유전자학'은 사실 과학이론도 아니다. 그것은 인간의 도덕성을 진화의 우연한 결과로 본다. 다수준 선택과 달리 그것은 실험으로 입증할 수 있는 이론적 예측을 낳지 않는다.

부산물 이론은 또한 우리 사회를 보다 이타적으로 만들어 사회적 신뢰와 협력을 증가시킬 수 있는 어떤 실용적인 노선도 제공하지 않는다. 내가 이 책에서 제시하려는 대안은 계속 불어나는 정보 집적체를 기반으로 논리적 일관성을 갖춘 더 좋은 이론이다. 뿐만 아니라 그것은 유용하기도 하다. 앞으로 보게 되겠지만 그것은 작은 집단이나 사회 전체 그리고 전 지구적 차원에서 인간들의 협력을 증가시키는 방법론을 알려준다. 심지어 스포츠 팀이 이길 수 있는 방법도 알려준다.

4장 경쟁하려면 협력하라

팀 스포츠에서 배우는 협력의 비밀

내가 재직하고 있는 코네티컷 대학교의 여자농구팀 허스키스는 꽤 유명하다. 당연한 얘기 같지만 코네티컷에 사는 내 친구들은 유콘 허스키스UConn Huskies가 전국 최고라고 생각한다. 그들의 주장을 뒷받침하는 증거도 많다. 우리 팀이 전국선수권 결승전에서 우승할 때마다(지난 10년 동안 무려 다섯 번!) 캠퍼스는 며칠씩 축제로 들썩거린다.

내게는 우승을 축하해야 할 이유가 또하나 있다. 내게 농구는 흥미로운 구경거리 이상의 의미를 갖는 스포츠로, 인간이 어떻게 그리고 왜 협력해야 하는지에 관해 많은 것을 가르쳐주기 때문이다.

인간은 이기적으로 행동하면서도 한편으로 협력할 줄 아는 능력을 겸비하고 있다. 그런데 그 능력은 사람마다 천차만별이어서 누구는 조금 더 이기적이고 누구는 조금 더 협력적이다. 같은 사람이라도 상황에 따라 행동이 달라져 어떨 때는 공동의 목표를 위해 전력을 다하고 어떨 경우에는 무임승차를 노린다. 농구나 야구 같은 팀 스포츠는 사람들이 좀더 협조적이 되거나 좀더 이기적이 되도록 압박하는 여러 가지 영향을 비교해볼 수 있는 특히 좋은 환경이다. 사람들은 팀이 얼마나 많은 득점을 하는지, 얼마나 많은 경기를 이기는지, 얼마나 결승전에 가까이 가는지 등으로 순위를 매긴다. 야투 성공률, 득점, 리바운드, 어시스트 등 개인 성적을 따지는 세부적인 통계도 있다. 게다가 관중이 많은 종목의 선수들은 자신이 전력을 다하는지 요령만 부리는지 금방 알아차리는 예리한 관중 앞에서 경기를 한다. 스포츠 통계는 인간 본성에 관한 심오한 진리를 들여다볼 수 있는 창이다.

이것이 노벨 경제학상 수상자인 제임스 맥길 뷰캐넌James McGill Buchanan이 그의 논문 〈집단선택과 팀 스포츠Group Selection and Team Sports〉에서 보여주었던 시각이었다.[67] 농구선수가 슛을 하거나 득점하기 더 좋은 위치에 있는 동료에게 패스해야 하는 상황에 처했다고 하자. 동료에게 공을 패스하면 팀이 이길 확률이 높아진다(모두의 이득). 그러나 그렇게 하면 개인 비용personal cost이 든다. 다시 말해 팀 내에서 그녀의 득점 순위가 내려간다.

이것은 사람들이 매 순간 마주치는 딜레마의 전형적 사례다. 우리는 스포츠 팀이나 민간단체나 교회나 무엇보다 직장 같은 아주 다양한 집단에 소속되어 있다. 우리는 우리가 속한 집단이 잘되기를 바라지만 동시에 집단 내에서 그리고 사회 전체에서 우리 자신의 지위에도 각별한 관심을 갖는다. '경쟁'은 여러 가지 가면을 쓰고 온다. 가령 당신이 근무하는 회사는 시장에서 다른 회사와 경쟁하지만, 동시에 당신도 연봉 인상이나 연말 보너스나 승진 기회를 놓고 회사 내에서 다른 직원들과 경쟁한다. 다시 말해 경쟁은 다양한 차원에서 일어난다. 그래서 전체의 상황을 이해하게 해주는 진화론을 '다수준 선택'이라 부른다.

우리의 농구선수는 그런 다수준 상황에 놓여 있다. 슛을 할지 아니면 패스할지는 그녀의 개인적 기질에 따라 결정된다. 그녀는 팀플레이어인가 아니면 개인기를 과시하는 선수인가? 더욱 흥미로운 것은 그녀의 사회적 환경도 그녀의 선택에 영향을 준다는 점이다. 그래서 같은 사람이라도 어떤 상황에서는 협력자가 되고 또 어떤 상황에서는 무임승차를 노린다.

한 선수의 선택이 어떤 이유로 이쪽이나 저쪽으로 바뀌는지 알아보기 위해, 선수들의 보수를 정하는 팀 오너의 입장에서 상황을 다시 살펴보자.[68] 상대팀과 맞붙어 가능한 한 많은 게임을 이기려면 보수와 팀의 성공을 연계시켜야 한다. 예를 들어 선수 개인의 득점력을 비교하지 않고 모든 선수에게 같은 보수를 지급하되 팀이 이길 경우 모든 선수의 보수를 올려주는 방법이 있다.

이제 아까 그 선수는 굳이 자신이 슛을 해야 할 이유가 없다. 더 좋은 위치에 있는 동료에게 볼을 패스하면 팀이 이길 확률도 올라가고 자신의 잠재적 보수도 올라간다. 다시 말해 집단의 수준과 개인의 보수가 완벽하게 연계되어 있으면, 사람들이 협력할 가능성은 훨씬 높아진다.

하지만 실제로 모든 선수에게 같은 금액을 지불하는 팀은 없다. 거기에는 여러 가지 이유가 있다. 우선 사람들은 모두에게 정확히 같은 금액을 지불하는 것을 공평하다고 생각하지 않는다. 누구는 재능이 뛰어나고 누구는 더 열심히 뛴다. 그리고 그런 사람들이 더 많은 보수를 받아가야 한다는 데 모두가 동의한다. 얼마나 많은 보수를 받아야 하는지는 그 선수의 능력에 따라 달라진다. 그리고 보수의 등급은 예상 밖으로 다양하다. 노르웨이나 덴마크 같은 북유럽 국가의 사람들은 평등사상을 매우 선호하는 편이어서 실적이 좋은 사람에게 미국에서 비슷한 실적을 올린 사람이 받는 것만큼 보수를 많이 주지 않는다. 영국에서 온 정착민들이 세워 동질성이 뚜렷한 미국과 호주 같은 사회조차 이 문제에서만큼은 문화적 규범이 다르다. 호주인들은 미국인들에 비해 평등한 결과를 좋아하는 편이다.

불평등을 용인하는 정도는 사회마다 다르지만(뛰어난 성과가 그 불평등을 정당화시킬 경우는 특히 그렇다), 보수를 불평등하게 나누는 것이 정당해 보이지 않는 그런 지점이 언제나 있게 마련이다. 당연히 받아야 할 몫을 받지 못했다고 생각할 때, 사람들은 협력하려는 생각을 거두기 시작한다. 야구팀에서 슈퍼스타의 연봉을 보통 선수의 열 배만큼 지급하면 나머지 선수들은 비협조적이 된다. 그 결과 연봉 차이가 매우 심한 야구팀은 연봉이 비교적 고르게 배분되는 팀보다 승수를 많이 쌓지 못한다. 불평등한 팀에 개인 성적이 매우 뛰어난 선수들이 있어도 이런 사실에는 변함이 없다.

결과는 아주 확실하다. 프레더릭 와이즈먼Frederick Wiseman과 생깃 채터지Sangit Chatterjee는 메이저리그 소속팀들을 연봉 차이가 극심한 팀부터 차이가 가장 작은 팀까지 네 등급으로 분류하여 그들의 성적을 비교했다. 결과적으로 1992년부터 2001년까지 연봉이 가장 고른 팀이 연봉 차이가 가장 심한 팀에 비해 시즌당 평균 여덟 경기를 더 이겼다.[69] 불평등이 협력에 미치는 부정적 영향은 야구에만 국한되는 얘기가 아니다. 이탈리아와 일본의 축구팀 성적을 분석했을 때도 결과는 마찬가지로 나왔다.[70]

왜 구단주들은 선수들이 분발할 수 있게 하는 최선책을 놔두고 이런 차선책을 택할까? 우선 경기에서 이기는 것만이 능사가 아니기 때문이다. 구단주들은 승리하는 것 외에 돈도 벌고 싶어한다. 그리고 스타플레이어를 고용하면 티켓과 팀에서 만드는 기념품이나 야구용품이 더 많이 팔린다. 하지만 연봉의 심한 편차는 성적에 상당한 영향을 끼치기 때문에 '스타들'의 팬 동원력을 무위로 돌릴 수 있다. 1996년에 메이저리그 야구팀 디트로이트 타이거스는 세실 필더와 트래비스 프라이맨이라는 두 슈퍼스타에게 막대한 돈을 풀었다. 두 선수가 가져간 돈은 구단 전체 연봉의 60퍼센트를 넘었다. 그러나 팀은 필드에서 영 힘을 쓰지 못했고 승률은 3분의 1도 되지 않았다. 팬들은 속절없이 떨어져나갔고 타이거스는 그해 메이저리그 티켓 판매 순위에서 끝에서 두 번째를 기록했다.[71]

내 생각에 진짜 이유는 미국인들이 대체로 스타플레이어가 팀의 승리에 미치는 영향을 과대평가하고 집단적 노력의 중요성은 과소평가하는 데 있는 것 같다. 특히 부유한 미국인들은 그런 성향이 더 강하다.

그러나 연봉을 좀더 고르게 배분하면 MLB 소속팀들의 성적을 향상시킬 수 있을 것이다. 와이즈먼과 채터지의 연구가 보여주듯이 연봉이 고른 순으로 MLB 팀을 네 등급으로 나눴을 때 연봉이 가장 고른 상위 그룹이 그다음으로 연봉이 고른 그룹보다 더 많이 이겼기 때문이다. 연봉이 두 번째로 고른 그룹은 평균적인 그룹보다는 더 평등하지만 첫 번째 그룹만큼 평등하지는 않다. 두 번째 그룹은 세 번째 그룹보다 승률이 높다. 그리고 연봉의 평등 정도가 세 번째인 그룹들도 가장 불평등한 네 번째 그룹보다는 역시 승률이 높다.[72] 다시 말해 메이저리그 전체 30개 팀 중 적어도 4분의 3 정도에 해당하는 23개 팀들이 선수들의 연봉을 좀더 고르게 배분한다면 그들은 분명 성적을 향상시킬 수 있다!

팀원들 간의 호흡과 단체정신의 중요성이 분명하게 드러나는 팀 스포츠에서 불평등이 협력에 미치는 부정적 영향을 이해하지 못하는 마당이니, 사업 같은 다른 기획 분야에서 최선책을 놔두고 차선책을 택한다고 해도 놀랄 일은 아닐 것이다. 예를 들어 천문학적인 액수의 연봉을 주고 잘나가는 CEO를 영입하는 것이 장기적으로 기업의 번영에 도움이 된다는 증거는 어디에도 없다. 오히려 실제로 나타난 증거들은 그 반대다. 유럽과 일본의 대기업들은 리더에게 터무니없는 액수의 돈을 지불하지 않고 가능하면 임원과 평사원의 연봉 격차를 줄이려 애쓴다. 그렇게 해도 성장하고 발전하는 기업의 역량은 손상되지 않는다. 그런데도 미국 기업들은 여전히 CEO에게 지나칠 정도로 많은 보수를 준다.

화려한 개인기에 대한 이런 믿음과 그로 인해 팀워크를 경시하는 분위기도 '등수 매겨 내쫓는' 시스템의 밑받침이 됐다. 제프 스킬링이 엔론을 경영했던 방식으로 농구팀을 운영한다고 생각해보자. 스킬링 같으면 모든 선수들을 득점 기록에 따라 서열을 매긴 다음, 득점을 가장 많이 한 선수에게 가장 많은 돈을 주고 득점이 가장 적은 선수는 내쫓을 것이다. 그 '최악의' 선수가 수비의 주축이었다거나 어시스트를 가장 많이 했다는 사실은 그에게 중요하지 않다. 그 선수는 팀을 나가야 한다.

이제 스킬링은 팀의 분위기를 매우 경쟁적으로 쇄신했다. 선수들은 어떻게든 득점을 많이 올리려 할 것이다. 그러나 그렇게 해서는 경기를 이길 수 없다. 당신이 선수들 중 넘버 2라고 하자. 당신은 지금 넘버 1 선수에게 패스할 위치에 있고, 넘버 1 선수는 당신보다 득점률이 훨씬 높다. 그러나 바보가 아닌 이상 당신은 직접 슛을 쏘려 할 것이다. 그래야 넘버 1이 될 수 있으니까. 게다가 당신은 현재의 넘버 1이 또 한 골을 성공시키는 것을 바라지 않는다.

논리를 좀더 밀고 나가보자. 넘버 1이 되고 싶다면(누가 그러고 싶지 않겠는가?) 무엇 때문에 협력한다는 말인가? 현재의 넘버 1이 슛을 하려는데 그녀를 밀쳐 슛을 방해할 수 있다면 그렇게 해야 한다. 넘버 1이 되려면 득점을 많이 해야 하지만 무엇보다 내 라이벌의 득점이 더 적어야 한다. 개인성적 순위도 마찬가지다. 등수가 가장 낮은 선수는 어떻게든 바로 위의 선수를 넘고 올라가야 한다. 그래야 쫓겨나는 신세를 면할 수 있다. 반대로 등수가 높은 선수는 등수가 낮은 선수가 치고 올라오는 것을 막아야 한다. 머지않아 가장 큰 적은 다른 팀 선수들이 아니라 같은 팀의 동료라는 사실을 모두가 깨닫게 된다. 진짜 적은 우리 안에 있다.

사업에서는 협력의 중요성이 팀 스포츠만큼 뚜렷하게 드러나지 않는다. 그러나 앞 장에서 살펴본 대로 엔론의 내부 역학관계는 스킬링에게 농구팀 경영을 맡겼을 때 일어날 수 있는 현상과 크게 다르지 않았다. 엔론의 직원이 했던 말을 기억하는가? "보수를 협상하러 상사의 사무실로 갔을 때 누군가의 목을 밟아 보수가 두 배로 오른다면, 다음에 나는 아예 그 녀석의 목구멍을 짓밟아버릴 것이다." 목이니 목구멍이니 하는 말은 비유이지만 농구장에서 동료가 실수로 넘어졌을 때, 사고인 척하며 정말로 그녀의 목을 밟아버리는 일이 일어나지 않는다고 누가 장담하겠는가.

••

우리 인간은 단체 동물로 진화해왔기 때문에 스포츠 팀이 움직이는 원리를 분석해보면 협력의 실체를 파악할 수 있다. 우리와 가장 가까운 친척인 침팬지 세계에서도 기본적 형태의 팀워크를 찾아볼 수 있다. 침팬지는 콜로부스 원숭이를 사냥할 때 힘을 합쳐 먹잇감을 구석으로 몰아 죽인다. 하지만 초기 인간의 협력에는 못 미친다. 초기의 인간들은 사냥할 때 완벽하게 호흡을 맞춰 들소나 매머드 같은 위험하고 거대한 맹수들을 확실하게 제압했다.

팀워크는 분명 효과가 있다. 사냥꾼이 혼자서 토끼를 쫓아가면 하루 종일 고생해봐야 기껏 500~600그램의 고기밖에 손에 넣지 못한다. 그러나 팀을 이루어 들소를 몰면, 아마 고기 500킬로그램 정도는 족히 얻을 수 있을 것이다. 그렇게 되면 각자 50킬로그램씩 가져갈 수 있다. 경제학자들은 이런 종류의 계산을 '규모수익체증increasing returns to scale'이라 부른다. 집단으로 일할 경우 각자 혼자 일할 때의 합에 비해 개인의 이득이 크게 증가한다는 법칙이다.

현대 경제에서 기업들은 개인이 혼자서 풀 수 없는 세부적이고 다양한 지식을 요구하는 복잡한 문제를 많이 만나게 된다. 그렇기 때문에 다양하고 상호보완적인 기술을 가진 사람들을 하나의 팀으로 만들면 각자가 따로 일하는 경우보다 훨씬 더 좋은 실적을 올릴 수 있다. 인사관리 경제학자인 에드워드 래지어Edward Lazear와 캐스린 쇼Kathryn Shaw는 "팀워크를 기본으로 삼는 기업들이 갈수록 늘고 있다"고 썼다. 1990년대 후반에 기업들 중 4분의 3은 자율관리팀을 두었다. 복잡한 제품을 생산하는 기업은 풀어야 할 문제도 복잡하기 때문에 팀 시스템을 활용할 가능성이 높다.[73] 예를 들어 강철 성분을 공학적으로 복잡하고 정확하게 배합해야 하는 미국의 제철소들은 단순히 강편鋼片을 작은 조각으로 자르는 공장보다 팀에 의지하여 생산 문제를 해결할 가능성이 높다.[74]

그러나 단순히 사람들을 팀에 집어넣고 문제를 해결하라고 말한다고 해서 다 끝나는 것은 아니다. 팀을 조직할 때는 신중해야 하고 기술도 적당히 배분해야 한다. 다시 말해 팀은 다양성을 유지해야 한다. 동시에 팀원들은 공통의 언어와 문화를 개발해야 한다. 그래야 의사소통을 원활히 하고 호흡을 맞추고 상호 신뢰를 구축할 수 있다. 무엇보다 팀은 다른 사람의 노력에 무임승차하려는 '협력자의 딜레마'를 극복하여 집단의 목표를 위해 일할 동기를 구성원에게 부여할 수 있도록 조직을 구성해야 한다.

이럴 때 필요한 것이 바로 팀 스포츠에서 배운 지식이다. 스포츠 팀은 언제나 같은 문제, 즉 슛을 할 것인가 패스할 것인가에 대한 해결책을 찾아야 하지만, 스포츠에서 성적을 측정하기는 훨씬 더 쉽다. 앞서도 보았듯이 자료는 놀라울 정도로 풍부하다. 객관적인 통계의 가치에 한계가 있는 축구 같은 종목에서도 분석할 자료는 차고 넘친다. 스포츠 전문기자들은 매 경기마다 성적으로 선수들의 등수를 매긴다. 이탈리아 축구팀을 다룬 한 연구는 이탈리아의 주요 스포츠신문 세 가지에 실린 등수의 평균을 사용하여 연봉의 불평등이 선수들의 노력에 어떤 영향을 미치는지 조사했다. 그리고 그들은 평등한 팀일수록 선수들이 더 열심히 뛴다는 사실을 알아냈다.[75] 그런 결과로서 우리는 사람들이 팀에서 어떻게 협력하고 협력하지 않는지에 관해 많은 사실을 알아냈다. 그리고 조직경제학자들이 팀 스포츠를 연구한 새로운 자료 덕분에 우리는 이 문제에 관해 더 많은 것을 알아내고 있다.

그 첫 번째 교훈. 경쟁의 형태가 다르면 협력에서도 아주 다른 결과가 나올 수 있다. 같은 팀에 있는 개인 간의 경쟁이든 팀 간의 경쟁이든 협력은 전적으로 수준에 따라 달라진다. 이것이 다수준 선택론에서 얻은 지혜 중 가장 핵심적인 내용이다. 즉, 집단 **내부의** 경쟁은 협력하는 분위기를 파괴하지만 집단들**끼리의** 경쟁은 협력정신을 높인다.

팀 스포츠로 돌아가 축구를 다시 보자. 축구에서는 팀워크와 선수들끼리의 협력이 특히 중요하다. 선수들은 공격수나 수비수나 미드필더나 골키퍼 등 각기 고유의 역할이 있다. 연구 결과에 따르면 패스가 잦은 팀일수록 승률이 높다. 선수 개인의 득점력을 근거로 '등

수 매겨 내쫓기' 방식을 적용하면, 그 팀은 망할 것이다. 우선 선수 명단에서 골키퍼와 수비수들을 없애야 할 테니까.

반면에 '등수 매겨 내쫓기'를 모든 팀에 적용하면 팀 내 선수들의 협동심을 높여 각 팀을 무시무시한 축구 머신으로 만들 수 있다. 실제로 웬만한 나라들은 이런 방식으로 축구 리그 제도를 운영하고 있다. 예를 들어 이탈리아에서 남자 축구 경기는 세리에 A, 세리에 B 등의 리그 디비전으로 등급이 나뉜다. 매 시즌마다 세리에 A에 참가하는 20개 팀 중 최하위 3개 팀은 세리에 B로 강등되고 반대로 세리에 B에서 가장 성적이 좋은 상위 3개 팀은 세리에 A로 승격된다. 그러면 이런 시스템이 이탈리아인들에게 어떻게 작용할까? 사실 아주 잘 먹힌다. 최고 클럽에 속하는 AC 밀란과 인터밀란 두 팀은 FIFA 클럽 월드컵과 그 전신인 인터컨티넨탈컵에서 일곱 번 우승했고 유럽 클럽 대항전에서도 여러 차례 우승을 거뒀다. 이와 달리 미국은 경기 수준이 비교적 낮아서 그런지 승강제昇降制가 없다. 실제로 미국 클럽은 FIFA 클럽 월드컵의 참가 자격을 따낸 팀이 하나도 없고 미국 내 기록도 평범한 수준이다.[76]

••

팀 스포츠가 주는 교훈은 분명하다. 개인과 개인의 경쟁이 전부가 아니라는 것. 개인은 또한 팀의 일원으로 다른 팀과 경쟁을 벌여야 한다는 것. 팀 스포츠는 위대한 은유다. 한 팀에서 함께 일하는 것이 우리의 평소 생활이기 때문이다. 내 경우만 해도 그렇다. 내가 하는 일은 대부분 팀 단위로 이루어진다. 한 개인으로서 나는 인류학과 경제학과 사회학과 기상학의 모든 전문적 지식을 습득할 재간이 없다. 그러나 역사를 이해하려면 이 네 가지 분야, 아니 그 이상의 분야에서 전문성을 갖춰야 한다. 역사를 하나의 학문으로 정립하는 과정에서 뭔가 한 걸음 진전을 이룰 수 있는 유일한 방법은 이 모든 분야의 전문가들로 팀을 꾸리는 것이다.

내가 하는 일이 바로 그런 것이다. 나는 특정 문제에 대해 함께 일할 전문가 팀을 조직한다(자세한 내용은 10장에서 설명하겠다). 그런 다음 우리는 다른 팀들과 연구 보조금을 받기 위해, 그리고 권위 있는 전문지에 우리의 논문을 싣기 위해 경쟁한다. 나만 그런 것이 아니다. 요즘 과학자들은 대부분 팀으로 일한다. 과학적 진보는 대부분 많은 분과들이 교차하는 지점에서 일어나기 때문이다(이것은 학술논문에 기재되는 저자의 수가 꾸준히 증가하는 현상에서도 확인할 수 있다). 탁월한 한 사람의 현인이 상아탑에서 홀로 세상을 흔들던 시절은 지나갔다.

기업에서 일하는 사람들도 팀으로 일한다. 하나의 회사는 시장에서 다른 회사와 경쟁하는 일종의 팀이다. 사실 사람들은 대부분 여러 위계로 늘어선 집단 중 어느 한 집단에 소속되어 여러 차원에서 다른 사람과 경쟁을 벌인다. 특정 목적을 가진 팀은 회사 내의 다른 팀과 경쟁하고, 회사는 국내 시장에서 다른 회사와 경쟁하고, 더 나아가 한 나라의 국가 경제는 다른 나라의 국가 경제와 경쟁한다.

이런 현상은 특히 군대에서 뚜렷이 나타난다. 군대는 집단 내에서 협력하고 대등한 위치에 있는 다른 부대 단위와 경쟁하거나 그들을 제압하도록 훈련을 시킨다. 가령 한 중대 내에서는 소대끼리, 대대 내에서는 중대끼리 경쟁을 조장하여 나중에는 다른 나라의 소대나 중대나 대대와 경쟁을 벌여 그들을 제압하도록 가르친다. 이런 경쟁을 벌이는 데 지친 병사는 실토할 것이다. "세상에 군대는 하나밖에 없다. 바로 '빌어먹을 군대'다." 군대 경험이란 어디나 똑같기 마련이다.

경제나 사회 조직의 그런 **다수준적** 성격은 인간사회의 진화에 대단한 영향을 미친다. 얼마나 대단한지는 문화진화론 덕분에 이제야 겨우 실마리를 풀기 시작했다는 것으로도 짐작할 수 있다. 이 새로운 분야에서 가장 중요한 이론적 돌파구는 '다수준 문화 선택Cultural Multilevel Selection'이라는 이론이다. 발음도 불편해서 좀 짧게 줄이고 싶지만 그게 안 된다. 모든 부분이 중요하다. 우선 '문화'의 의미부터 따져보자.

'문화진화'란 무엇인가? 이 분야는 과학자들도 많이 오해하는 부분이다. 사회에 대한 진화론적 연구는 2장에서 본 대로 사회문화진화Sociocultural Evolution, 사회진화Social Evolution, 사회생물학Sociobiology, 진화심리학Evolutionary Psychology, 심지어 2장에서 살펴보았던 사회적 다윈주의 등의 다양한 이름으로 불려왔다.

특히 사회인류학자들을 비롯한 많은 사회학자들에게 사회문화진화는 인간사회가 뚜렷하게 구분되는 몇 가지 단계의 집합을 통과했다는 것을 의미한다. 이것을 사회 진보의 '단계론'이라고 부르자. 예를 들어 초기 사회문화진화론의 주창자였던 미국의 윤리학자 루이스 H. 모건Lewis H. Morgan(1818~81)은 사회 발전 단계를 '미개savagery'에서 '야만barbarism'을 거쳐 '문명civilization'으로 가는 3단계로 설명했다. 이보다 좀더 정교한 골격을 제시한 학자들도 있지만, 사실 요즘 인류학자들은 이런 단계론을 받아들이지 않는다.

거기에는 그만한 이유가 있다. 인간사회는 협력의 규모, 경제의 전문화와 노동력 분배의 정도, 통치 형태, 문해력과 도시화의 수준 등에 따라 다양한 모습을 갖는다. 그런 사회를 모두 싸잡아 어느 한 가지 형태의 단계에 깔끔하게 끼워맞출 수는 없는 노릇이다. 더욱이 지난 1만 년 동안 인류가 일반적으로 협력의 규모나 사회의 복잡성이 커지는 추세를 밟았다는 사실은 확인했지만, 전혀 다른 경로를 걸어온 지역도 있다. 모든 사회가 예외 없이 따라가는 그런 사회문화진화의 유일한 궤적 같은 것은 없다.[7] 단계론은 단순히 시간이 흐를수록 사회적 복잡성이 증가한다고 간주한다. 그런 주장이 못 보는 것은 복잡성이 증가하는 경향의 원동력이다.

진화론과 미리 정해진 단계를 동일시하는 관례는 생물학적 진화 분야에서 훈련을 받은 나 같은 과학자로서는 아주 당혹스럽다. 생물학자들은 오래전부터 생물학적 진화의 표준적 정의에 대해 일치된 견해를 보였다. 즉, 그들은 유전자빈도가 어떻게 그리고 왜 시간의 흐름에 따라 달라지는지를 연구했다. 이렇게 정의했다고 해서 어떤 종류의 진전이 있어야 한다는 뜻은 아니다. 각자가 선호하는 차원에서 측량한 '진전'은 유전자빈도의 변화에서 비롯되겠지만 퇴보하거나 장기간 정체되는 것도 마찬가지로 가능하다. 고생물학적 자료는 동물계와 식물계에서 서로 다른 계보들이 모든 종류의 진화 궤적을 따를 수 있다는 사실을 보여준다.

마찬가지로 문화진화론이 문화적 특성의 빈도가 시간의 흐름에 따라 어떻게, 왜 변하는지를 연구하는 학문이라고 정의하지 못하게 막는 것은 아무것도 없다. 진전(또는 단계, 어떻게 정의하든)이 있는지 여부는 문화진화론이 답해야 할 실증적 질문이 된다.

'문화적 특성'이란 무엇인가? 광의의 **문화**는 사회적으로 전달된 모든 종류의 정보라고 말한다. 따라서 부모나 경험 많은 어른이 베리류와 버섯류 중 먹을 수 있는 것이 무엇인지 젊은 사람에게 전달해준 정보도 문화의 일부다. 문화에는 또한 도구, 이야기와 노래, 춤과 예식, 사회적으로 전수된 행동 규칙인 '규범'을 만드는 방법에 관한 지식도 포함된다. 이렇게 정의하면 기본적으로 사회 구성원들끼리 서로 전달해준 정보는 어떤 종류이든 문화로서 자격을 가질 수 있다. 문화적 특성은 리처드 도킨스가 만든 용어인 **밈**meme과 비슷하다. 밈은 쉽게 말해 "하나의 문화 안에서 개인으로부터 개인에게 전달되는 생각과 행동과 양식"이다. 도킨스는 문화에서 유전자에 해당되는 요소로 밈이라는 개념을 제시하면서 밈을 복제 기능이 있는 문화 전달 단위로 간주했다.[78] 그러나 문화적 특성은 그 범주가 밈보다 더 일반적이다. 왜냐하면 문화적 특성은 또한 낯선 사람을 믿는 경향처럼 구별되는 대안들로 쉽게 나타낼 수 없는 정량적(유연하게 변하는) 특징을 포함하기 때문이다. (곧 자세히 설명하겠다.) 게다가 밈을 연구하는 학자들은 밈을 두뇌에서 두뇌로 전달되어 사람들로 하여금 온갖 종류의 이상한 것(도킨스는 '신이라는 관념'을 예로 들었다)을 믿게 만드는 기생적 요소('이기적인 밈')로 생각하는 경향이 있다.[79] 이들의 문제는 유전자와 문화적 요소의 유사점을 지나치게 확대해석한다는 것이다.

문화적 특성이 전달되는 과정은 유전자 복제 과정과 전혀 다르다. 문화적 특성은 단순히 관찰과 모방으로만 전달될 수도 있고 아니면 문화 요소가 정확하게 전달될 수 있도록 적극적으로 가르치거나 연습시킬 수도 있다. 호메로스의『일리아드』는 유랑극단을 통해 여러 세대에 걸쳐 구두로 전달되다가 문자로 기록되기 시작했다. 말이 나왔으니 말이지만 문화를 인간의 두뇌 바깥에 저장할 수 있다는 것은 대단한 일이다. 문화는(가령 취급설명서나 좀더 일반적인 사례로 책 같은) 종이 매체나 컴퓨터를 통해 전달할 수 있다. 이처럼 전달 메커니즘의 종류가 다양하고 그 충실도가 저마다 다르기 때문에 문화진화론을 다루는 이론가들은 밈보다 문화적 특성을 논하는 것을 더 선호한다. 한 권의 책이 '밈'인가? 아니면 책 속에 있는 관념의 집합이 밈인가?

밈이라는 개념을 공정하게 다루자면, 유전자는 문화 전달 과정에 대한 매력적인 은유가 되기는 한다. 하지만 은유는 은유일 뿐이다. 문화적 지식은 어떤 면에서 유전적으로 전달된 정보와 비슷하지만 다르게 보면 전혀 다른 것이다.[80] 이 둘은 사실 비교하기가 어렵다. 우리는 유전자 정보가 암호화되어 전달되는 방식을 아주 잘 알고 있지만, 문화적 정보에 대해서는 암호에 대한 근거 기반이 매우 불확실하다. 우리는 지식이 두뇌에서 어떻게든 암호화된다는 사실은 알지만 정확히 어떤 방식으로 암호화되는지는 아직 잘 모른다. 제롬 펠드먼의 2006년 책『분자에서 은유까지From Molecule to Metaphor: A Neural Theory of Language』의 제목을 빌리면 인지언어학과 신경심리학을 연구하는 사람들은 '분자에서 은유까지'를 연결하기 위해 무진 애를 쓴다. 그러

나 그들은 아직 갈 길이 멀다.[81]

　문화진화론에 멘델의 유전학에 비할 만한 이론이 없다는 것이 문화진화론자로서는 안타깝지만, 그렇다고 두뇌과학자들이 답을 찾아낼 때까지 우두커니 기다릴 수만은 없는 일이다. 사회를 더 잘 이해하여 사회가 더 잘 돌아가고 더 평화롭고 더 부유하게 만드는 것이 우리의 바람이다. 그러기 위해서는 사회와 문화가 어떻게 진화하는지 좀더 철저히 조사하면서 신경인지학 분야의 새로운 학설을 적극 활용해야 한다. 유전자 정보가 실제로 암호화되는 과정을 알기 이전에도 다윈과 초기의 진화론자들이 얼마나 대단한 진전을 이루었는지 생각해보라. 현재의 문화진화론은 멘델의 혁명이 나오기 이전의 유전적 진화의 발전 단계와 비슷한 수준일지 모른다.

　논의를 좀더 구체화하기 위해, 사회적 신뢰(사회학 용어로는 '일반 신뢰generalized trust')라는 문화적 특성을 논의해보자. 신뢰는 사람과 팀과 사회 전체의 협력 능력을 설명하는 데 중요하다. 사회적 신뢰는 시민들 사이에 상호 신뢰를 조성하여 그들로 하여금 위험 부담이 있지만 이득이 될 수도 있는 거래를 기꺼이 수락하여 공공재를 만들어내는 집단적 사업에 참여하게 만드는 기본 바탕이다.[82] 알렉시 드 토크빌을 위시한 사회학자들은 일반 신뢰가 집합적 활동과 경제성장과 효과적인 통치에 중요하다는 것을 잘 알고 있었다.[83] 미국의 종합사회조사General Social Survey와 유럽사회조사European Social Survey 같은 기구 덕분에 우리는 사회 내부 또는 사회 간의 사회적 신뢰가 어떻게 다른지, 또 그것이 시간의 흐름에 따라 어떻게 달라지는지에 대한 정량적 자료를 많이 확보할 수 있었다.

사회학자들이 사회적 신뢰를 조사할 때는 이런 질문부터 한다. "일반적으로 말해 당신은 사람들을 믿는 편입니까? 아니면 사람들을 대할 때 조심하는 것이 상책이라고 생각합니까?" 그런 다음 그들에게 네 가지 답 중 하나를 선택하라고 요구한다.

- 항상 믿는다
- 대체로 믿는다
- 대체로 안 믿는다
- 항상 안 믿는다

다소 자의적이기는 해도 나올 수 있는 답은 대충 이렇게 네 가지로 나눌 수 있다. 물론 이 네 가지 답의 경계가 완벽하게 구분되는 것은 아니다. 다시 말해 일반 신뢰는 적어도 밈 이론을 옹호하는 사람들이 흔히 생각하고 있는 그런 밈은 아니다. 일반 신뢰는 단순히 우리에게 이분법적으로 있는지 없는지만 중요한 것이 아니다.

일반 신뢰는 문화적 특성인가? 문제는 이런 태도가 사회적으로 전달되는지 아니면 개인적으로 학습하는 것인지 여부다. 우리가 알고 있는 어떤 특정 개인을 믿어야 할지 판단할 때 우리는 그동안 그 사람과 주고받았던 교유를 근거로 삼는다. 이렇게 되면 신뢰는 순전히 개인적인 현상이 되고 만다. 그러나 교유가 전혀 없는 낯선 사람을 믿는 문제는 어떤가? 같은 인구집단 내에서도 모르는 사람을 믿는 태도는 사람마다 천차만별이다. 더욱이 구체적인 만남이 신뢰도에 미치는 영향은 크지 않다. 그 점은 믿을 만한 사람과 만나든 수상한 사람과 만나든 마찬가지다. 상대방을 믿고 안 믿고는 특이할 정도로 일정해 보인다. 사실 어떤 사람의 일반 신뢰에 대한 정도를 예측하는 데 가장 큰 영향을 끼치는 것은 그 사람 부모의 성향이다.[84] 그리고 그런 부모의 성향이 일반 신뢰를 문화적으로 전달되는 특성으로 만든다.

로렌조 카르카테라Lorenzo Carcaterra의 소설 『갱스터Gangster』(2001)는 성공한 마피아 보스 안젤로 베스티에리의 삶을 그리고 있다. 베스티에리가 질리지도 않고 즐겨 반복하는 이야기는 한 아버지와 그의 여섯 살짜리 아들에 관한 것이다. 아버지는 아들을 높은 선반에 올려놓고 말한다. "뛰어, 걱정 말고. 아빠가 잡아줄게." 아들이 뛰어내리는 순간 아빠는 등을 돌린다. 다친 아이에게 아빠는 말한다. "명심해라. 이 세상에 믿을 사람은 **하나도** 없다는 것을."

베스티에리가 자란 이탈리아 남부는 일반 신뢰가 극히 낮은 지역으로 유명하다. 1950년대에 미국의 인류학자 에드워드 밴필드Edward Banfield는 유명한 '몬테그라노' 연구를 수행했다. 몬테그라노는 남부 이탈리아에 실제로 있는 어떤 마을의 가명이었다. 『낙후된 사회의 도덕적 기반The Moral Basis of a Backward Society』이라는 직설적인 제목의 연구에서 밴필드는 가족 외에는 아무도 믿지 않고 협력할 줄 모르고 서로 시기하고 의심하는 사회가 얼마나 공익을 지향하기 어려운지 설명했다. 결국 그 마을 사람들은 토지를 소유한 소수의 엘리트 지주들을 빼고는 대부분 극빈자 신세를 면하지 못했다.

사회적 태도가 어떻게 한 세대에서 다음 세대로 전달되는지 보여주기 위해, 밴필드는 모자를 땅에 던지는 아버지 농부를 예로 들었다.

4장 경쟁하려면 협력하라

"내가 방금 무얼 했지?" 그는 아들 중 하나에게 묻는다. "모자를 땅에 던지셨잖아요." 대답을 듣자마자 아버지는 아들에게 꿀밤을 먹인다. 그는 모자를 집어들고 다른 아들에게 묻는다. "내가 지금 뭘 했지?" "모자를 집으셨어요." 대답에 돌아온 것은 역시 꿀밤 한 대였다. "내가 뭘 했지?" 아버지는 셋째 아들에게 묻는다. "몰라요." 셋째는 똑똑했다. "명심해라, 얘들아." 아버지는 말한다. "누가 아버지 양이 몇 마리냐 묻거든 '몰라요'라고 말해야 한다."

두 이야기에서 보듯, 우리는 일반 신뢰나 불신을 보통 앞 세대로부터 배운다. 그래서 그것은 문화적 특성이다.

주기적으로 실시하는 사회 조사를 보아도 일반 신뢰는 하나의 문화적 특성이 이 정도 통용되리라고 기대하는 만큼 통용된다는 사실을 알 수 있다. 전국을 대상으로 조사한 연구를 보아도 조사 대상이 된 집단에는 사람에 대한 신뢰도가 제각기 다른 사람들이 섞여 있다는 사실을 알 수 있다. 서로 다른 신뢰도 간의 상대적 비율은 아주 안정적이지만 기간을 충분히 길게 잡으면 그것도 달라진다. 다시 말해 이런 문화적 특성은 **진화한다**. 그것이 진화의 속성이다. 진화에 꼭 '진전'이 있어야 하는 것은 아니다.

•••

문화를 검토했으니 이제 **다수준 선택**을 얘기해보자. 우리는 문화적 특성이 사회 조직의 다양한 수준에서 '표현된다'고 볼 수 있는지 여부를 이미 사례를 통해 확인했다. 상대방을 어느 정도 믿는지는 사람마다 다 다르고 그런 그의 태도에 따라 자신에게 오는 결과도 달라진다. 예를 들어 낯선 사람을 너무 잘 믿는 사람은 사기꾼에게 당할 확률이 더 높다.

반면에 사회가 달라지면 사회적 신뢰에 대한 태도의 분포도 아주 다르게 나타난다. 신뢰도가 높은 사회도 있고 낮은 사회도 있으며 어떤 사회인가에 따라 그로 인한 결과도 달라진다.[85] 특히 신뢰가 높은 사회는 성공할 확률이 높고 관리가 잘되며 경제적 생산력이 높고 살기도, 방문하기도 좋다. 덴마크 사람이 소말리아로 이민 가겠다고 줄을 설 리는 없지 않은가?

문화적 특성은 그에 따른 결과를 갖기 때문에 선택의 굴레를 벗어날 수 없다. '문화적 다수준 선택' 이론이 찾아낸 가장 중요한 통찰은 우리가 선택을 할 때 개인을 고려하는지 아니면 사회집단을 고려하는지에 따라 문화적 특성의 빈도에 영향을 주는 선택압이 반대 방향으로 작용할 수 있다는 사실이다.

구체적인 사례로 용기 같은 개인적 특성을 생각해보자. 전장에서 맨 앞으로 나가 적과 용감하게 맞서는 전사는 위험한 기미가 보이자마자 뒤로 빠지거나 달아나는 겁쟁이보다 죽거나 부상당할 위험이 훨씬 크다. 순진한 진화론자는 용감한 젊은이가 겁쟁이보다 더 많이 죽고 따라서 결혼하여 아이를 남기지도 못한다고 주장할 것이다. 그 결과 세대를 건너갈수록 용기 있는 사람이 자꾸 줄어들어 결국 자연선택에 의해 이런 특성은 제거될 것이다.[86]

그러나 문제를 다르게 볼 수도 있다. 찰스 다윈이 지적한 대로 용기 있는 전사가 많은 부족은 겁쟁이가 많은 부족보다 전투에서 이길 확률이 높다. 부족 간의 싸움에서 패할 경우 종족이 통째로 사라지기도 하기 때문에 반대로 용기 있는 행동이 증가하리라 기대할 수 있다.

어느 쪽이 맞는가? 다수준 선택론에 따르면 둘 다 틀렸다. 더 좋게 말해 둘 다 완전하지 못하다. 자연선택은 집단 내의 개인과 집단 전체에 동시에 적용될 수 있다. 각 부족 내에서 겁쟁이는 용감한 자보다 더 많이 살아남아 세대가 바뀔 때마다 평균적으로 그 수가 증가한다. 그러나 동시에 겁쟁이 부족은 용감한 부족에 의해 도태된다. 이 두 과정 중 어느 쪽이 더 강하게 작용할지는 세부적인 요소에 따라 달라진다. 용감함의 대가는 어느 정도인가? 전쟁은 얼마나 자주 일어나며 패배의 결과는 무엇인가? 패한 부족이 멸절되는 경우는 얼마나 잦은가? 용감한 유형의 빈도는 어떤 선택압이 더 큰지 또는 그 힘이 개인에 작용하는지 집단에 작용하는지에 따라 증가하거나 감소할 것이다.

이런 논리는 이치에 맞는 것 같다. 그러나 이런 힘을 어떻게 비교해가며 어떤 식으로 균형이 맞춰질지 계산한다는 말인가? 우리로서는 다행스러운 일이지만, 다수준 선택은 용기나 일반 신뢰나 협력 같은 특성이 어떻게 인간에게서 진화할 수 있는지를 파악하는 데 필요한 강력하고 정교한 이론적 도구다. 다수준 선택은 단단한 수학적 기반 위에 세워졌기 때문에 과학적 의미에서 진정한 이론이다. 그리고 그 수학적 기반은 프라이스 방정식the Price equation이라는 짧지만 아주 대단한 공식이다.[87]

많이 읽히는 책을 쓰려면 모두가 전염병처럼 기피하는 수학 방정식을 들먹이지 말라는 말이 있다. 하지만 나는 이 충고를 사양하겠다. 딱 한 번만. 그리고 프라이스 방정식이 알려주는 핵심적 통찰을 어떻게든 설명해보겠다.

협력적 특성은 다음과 같은 경우에서 진화(빈도가 증가)할 것이다.

$$\frac{\text{집단 간의 분산}}{\text{집단 내의 분산}} > \frac{\text{개인에게 가해지는 선택의 강도}}{\text{집단에 가해지는 선택의 강도}}$$

공식의 각 부분을 설명하기 전에, 좀더 일반적인 질문을 해보자. 수학이 왜 필요한가? 협력의 진화에 영향을 주는 힘의 복잡한 상호작용을 이해하기 위해서다. 수학의 엄격한 검증을 견디지 못하면 논리적 오류를 범하거나 잘못된 논증의 미로에 빠지기 쉽다.[88] 수학적 모델은 또한 예기치 못한 통찰력을 낳을 수 있다. 나는 연구할 때 항상 모델과 자료를 묶어서 다룬다. 그렇게 하는 것이 과학에서 한 걸음 앞으로 나아갈 수 있는 가장 확실한 방법이기 때문이다. 나는 가능하면 많은 사람들이 이 책을 읽기를 바라기 때문에 방정식을 건너뛰고(한 번만 예외로 하고!) 대신 그 힘이 작동하는 방식의 의미를 직관에 호소하여 설명해보겠다. 그럼에도 불구하고 여기는 이 책에서 가장 전문적인 부분이다. 그러니 본격적으로 달려들기 전에 커피라도 한잔하기 바란다.

자, 준비됐는가?

협력하는 자와 무임승차를 노리는 자, 두 가지 유형의 사람들이 있다고 하자. 이들은 부족(또는 집단)을 이루고 산다. 한 부족에는 협력하는 자가 더 많을 수도 있고 적을 수도 있지만 어쨌든 두 부류의 인간들이 섞여 있다. 개인들은 부족 내에서 경쟁을 하는데 보통은 협력자가 무임승차만 노리는 자에게 지는 편이다. 결과적으로 평균적인 협력자는 평균적인 무임승차자보다 자손을 덜 남긴다. 협력자의 자식은 협력하는 편인 반면, 무임승차자의 자식은 무임승차를 하는 편이다. 왜 그런가는 여기서 중요하지 않다. 자식은 부모로부터 '협력적' 유전자를 물려받을 수도 있고 협력하는 법을 배울 수도 있고 아니면 둘 다일 수도 있다. 프라이스 방정식은 그와 상관없이 적용된다.

또한 부족끼리의 경쟁도 있다. 그런 경쟁은 부족 간의 전쟁처럼 아주 직접적인 경우도 있다. 협력자가 많은 부족일수록 전투에서 이길 가능성이 높아 적에게 큰 피해를 입히고 적의 영토를 차지할 확률이 높다. 그런가 하면 부족들은 간접적인 경쟁을 벌이기도 한다. 예를 들어 환경이 너무 가혹하여 기근이나 가뭄, 홍수 등 천재지변으로 타격을 입어 전멸될 수 있다. 그러나 협력자가 많은 부족은 회복력이 강해 재앙을 극복하고 살아남을 확률이 더 높다. 그래서 이 부족의 생존자들은 다시 인구를 늘려 다음 재앙이 닥칠 때까지 전멸하지 않고 버틴다. 직접적인 경쟁이든 간접적인 경쟁이든 협력자가 많으면 이웃을 희생시켜 살아남아 번성할 수 있다.

이 모델에서 협력자의 전체 빈도는 어떻게 될까? 협력하는 유형은 증가할까 아니면 전멸할까? 간단히 답하자면 간단한 답은 없다. 어떤 요소도 결과에 결정적인 영향을 주지 못한다. 대신 우리는 다양한 수준에서 경쟁의 강도를 비교해야 한다(이것이 프라이스 방정식의 오른편에 나타나는 수치다). 개인 차원에서 우리가 알고 싶은 것은 협력자가 될 때 어느 정도 불이익을 받는가 하는 점이다. 프라이스 방정식에서 '개인에게 가해지는 선택의 강도'는 이런 불이익을 측정한다.

예를 들어 협력자들은 용감한 전사여서 무임승차자에 비해 살아남아 자식을 낳을 확률이 5퍼센트 낮다. 따라서 다른 조건이 모두 같을 경우 협력자의 적합성은 무임승차자에 비해 5퍼센트 낮아진다. 5퍼센트면 대단치 않다고 생각되겠지만 이를 상쇄해주는 힘이 없을 경우 협력자들은 전체 인구에서 점차 사라질 것이다.

그러나 협력자들은 부족 전체가 살아남을 확률을 높인다. 부족의 무임승차자 한 명을 협력자 한 명으로 대체한다고 할 때 부족의 생존 확률이 작지만 0은 아닌, 가령 0.0001만큼 증가한다고 하자. 그렇다면 협력자가 600명 있고 무임승차자가 400명 있는 부족은 이 비율이 반대인 부족(즉, 협력자가 400명, 무임승차자 600명)보다 재앙에서 살아남을 확률이 2퍼센트 높다. 이 정도면 대단한 차이가 아닌 것으로 들리겠지만 이런 비율이 여러 세대에 걸쳐 축적되면 얘기가 달라진다.

게다가 정작 중요한 것은 이들 값의 절대적 크기(개인이나 집단에 작용하는 선택압)가 아니라 그 값의 상대적 강도다. 그래서 이 공식에 선택압의 비율만 들어 있는 것이다. 무임승차자와 비교하여 협력자의 불이익이 작을수록 그리고 부족의 생존 확률에 미치는 협력의 영향이 클수록, 협력이 확산될 가능성은 커진다.

이 논리를 이렇게 설명해보자. 우선 다섯 명으로 구성된 집단이 네 개 있다고 하자. 검은 동그라미는 협력자이고 흰 동그라미는 무임승차자를 의미한다. 협력자가 많은 집단도 있고 적은 집단도 있지만 일단 두 유형이 모두 열 명씩이라고 하자.

우선 집단 내에서 개인끼리 경쟁이 일어나 각 집단에서 협력자가 한 명씩 사라지고 그 자리를 무임승차자가 채운다. 집단 내의 경쟁으로 협력자는 각 집단에서 한 명씩 줄어 총 열 명에서 여섯 명이 된다. 이번에는 집단끼리 경쟁하는 단계로 넘어가자. 이때 협력자가 한 명도 없거나 한 명만 있는 집단은 완전히 사라지는 반면 협력자가 두 명인 집단은 어떻게든 버텨 스스로를 복제한다. 하지만 성적이 가장 좋은 집단은 협력자가 가장 많은 집단이다. 이런 집단은 스스로를 복제할 뿐 아니라 집단의 수를 두 개 더 늘려 전멸해가는 집단이 버리고 간 빈 영토를 접수한다. 협력이 가장 잘 되는 집단에서는 협력자도 무임승차자도 모두 이런 확장을 통해 이득을 본다. 양쪽의 수치는 세 배가 되어 협력자는 세 명에서 아홉 명으로, 무임승차자는 두 명에서 여섯 명으로 각각 늘어난다. 결국 협력자는 총 열한 명이 되어 처음 시작했을 때(10명)보다 10퍼센트 증가한다. 이 사례에서는 집단 간의 경쟁이 집단 내의 경쟁보다 더 강력한 것으로 나타났다.

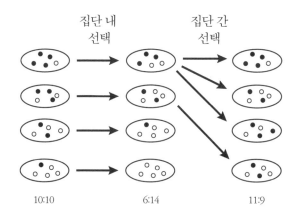

그러나 경쟁 계수의 균등성은 이야기의 일부일 뿐이다. 즉, 공식의 오른편에 해당되는 사항이다. 왼편은 어떨까?

진화론자들은 다 알고 있는 사실이지만 진화의 재료는 **변이**다. 자연선택이든 인위적인 선택이든 선택을 하려면 선택할 수 있는 유형이 다양해야 한다. 가령 아주 빠른 비둘기를 기르고 싶다고 하자. 그러면 먼저 비둘기의 비행 능력을 시험하고 가장 느린 놈을 제거하여 가장 빠른 비둘기들이 낳은 알로 다음 세대를 구성한다. 몇 세대를 거치고 나면 아주 빠른 비둘기 무리를 확보할 수 있게 된다. 다른 한편, 날아다니는 개를 갖고 싶다고 해보자. 그러나 운이 따르지 않는다. 날 줄 아는 개의 변이체를 확보할 수 없으니까. 선택 구간을 아무리 넓게 잡아도 날아다니는 개는 구할 수 없다.

좀더 복잡한 경우의 다수준 선택에도 같은 논리가 적용된다. 단 이번에는 개인과 집단 각 수준의 분산의 크기가 양적으로 얼마나 달라지는지 추적해야 한다. 이 문제는 두 가지 극단적인 시나리오를 생각

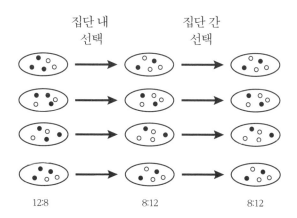

4장 경쟁하려면 협력하라

할 수 있다. 우선, 모든 변이가 집단들 내에 있는 경우다. 각 집단이 갖고 있는 검은 동그라미 수는 모두 세 개씩이고 흰 동그라미 수는 모두 두 개씩이다.

앞에서처럼 첫 단계(집단 내 경쟁)를 통해 각 집단 내에서 협력자의 비율은 줄어든다. 그러나 두 번째 단계(집단끼리의 경쟁)에서는 아무 일도 일어나지 않는다. 모든 집단의 협력자 수가 같기 때문에, 전멸당하거나 생존하거나 스스로 복제할 확률이 같다. 집단 간의 선택 단계에서 협력자와 무임승차자의 빈도는 바뀌지 않는다. 두 단계를 결합하면 협력자의 전체 비율은 감소한다는 것을 알 수 있다. 몇 단계 더 거치면 협력자는 전멸될 것이다.

반면에 두 번째 시나리오는 아주 극단적인 경우로 만들어보자. 협력자는 협력자끼리, 무임승차자는 무임승차자끼리 집단을 이루게 하는 것이다.

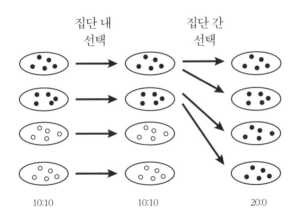

이제 첫 단계인 집단 내 경쟁에서는 아무 일도 일어나지 않는다.

집단 내에 선택이 작동할 수 있는 변이가 전혀 없기 때문이다. 내부적으로 볼 때 각 집단은 동종집단이다. 그러나 집단 간의 경쟁으로 넘어가면 비협력적인 집단들은 전멸한다. 협력자로만 구성된 두 집단은 구성이 같아, 모두 똑같이 승리해서 새로 얻은 땅을 나눠 갖는다. 집단 내의 모든 변이가 한 유형으로 집중되는 이런 사례에서는 한 세대 만에 무임승차자들을 협력자로 완전히 대체할 수 있다!

현실은 대부분 이 두 가지의 중간 어디쯤 위치할 것이다. 따라서 중요한 것은 집단 내부가 어떻게 구성되어 있는지 그리고 집단끼리 구성이 얼마나 다른지 그 관계를 알아내는 일이다. 그 때문에 공식 왼편의 내용은 집단 내 분산에 대한 집단 간 분산의 비율이다.

프라이스 방정식은 이런 변이의 구조가 어떻게 선택 계수의 상대적 강도와 결합하여 협력적 특성이 확산될지 여부를 결정하는지 정확하게 알려준다. 책장을 다시 뒤로 넘기기 번거로울 것 같아 프라이스 방정식을 다시 한번 적겠다.

$$\frac{\text{집단 간의 분산}}{\text{집단 내의 분산}} > \frac{\text{개인에게 가해지는 선택의 강도}}{\text{집단에 가해지는 선택의 강도}}$$

왼쪽에서 두 분산 간의 비율이 높을수록 오른쪽에서 선택 강도의 비율은 낮아져 불평등이 유지되고 협력이 확산되기 더 쉽다.

여기서는 프라이스 방정식을 설명하기 위해 아주 단순한 사례를 들었지만, 이보다 훨씬 더 현실적인 상황에서도 방정식은 똑같이 유효하다. 예를 들어 나는 협력자 특성이 전부 아니면 전무인 (그래서

4장 경쟁하려면 협력하라

두 유형밖에 없는) 경우로 설정했지만, '늘 협력한다'에서 '가끔 협력한다'를 지나 '늘 무임승차한다'에 이르기까지 여러 가지 유형이 다양하게 복합되어 있는 경우에도 적용되는 논리는 같다.

프라이스 방정식은 어떤 종류의 여건에서도 똑같이 유효하지만, 사실 이 방정식을 통해 알아낼 수 있는 사실 중에서 가장 중요한 것은 집단에서 협력자와 비협력자를 분류하는 방식이 협력의 진화에 결정적 영향을 미친다는 사실이다. 집단 수준의 혜택이 아무리 빈약해도 협력자들이 힘을 합치기만 하면 그 혜택의 크기를 협력의 비용보다 더 크게 만들 수 있다. 사실 집단의 경계는 분명하지 않아도 된다. 집단 내 일부 지역에는 협력자가 많고 또다른 지역에서는 무임승차자들이 설치고 있다면, 두 지역을 집단으로 나누는 뚜렷한 경계가 없어도 집단 내 두 지역은 마치 별개의 집단처럼 여겨질 수 있기 때문이다.

얼핏 생각해도 협력자가 협력자들하고만 상대하고 무임승차자도 무임승차자하고만 상대하면, 협력하는 특성이 더 쉽게 확산될 것이다. 전문 용어로 이를 '유유상종positive assortment'이라 하는데 수학적 관점에서 볼 때 유유상종은 적어도 선택압의 균형만큼이나 중요하다. 어떤 무리가 협력자와 무임승차자로 분리된다면, 집단 차원의 경쟁은 그 결과가 더욱 뚜렷해질 것이다. 끼리끼리 모이면, 전멸하는 무리도 나온다. 안됐지만 이치가 그렇다.

•••

지금까지 협력과 용기와 신뢰를 논했지만 이런 특성들이 어떻게 전달되는지는 (즉, 유전적으로 전달되는지 문화적으로 전달되는지 아니면 둘 다인지) 다루지 않았다. 프라이스 방정식은 이런 것을 상관하지 않는다. 프라이스 방정식은 어떤 전달 메커니즘에나 똑같이 작용한다. 그러나 이제는 그 내막을 알기 때문에, 이 방정식을 넘어서야 한다. 다시 말해 유전적 진화와 문화진화를 분리해서 봐야 한다. 앞서 본 대로, 유전 정보와 문화 정보를 부호화하고 전달하는 방법에는 상당한 차이가 있고 그것이 분산의 크기 문제(그리하여 협력의 진화)에 매우 중요한 것으로 드러났다. 곧 살펴보겠지만 유전적 진화를 문화진화로 바꾸게 되면 판이 완전히 달라지고, 인간이 왜 세상에서 가장 협력을 잘하는지 설명할 수 있다.

유전적 특성부터 이야기하자. 협력이 진화하게 하려면 가능한 한 집단을 다양하게 구성하는 게 좋다는 것을 명심하자. 그런 변이를 만들어내는 진화의 힘 중 하나는 아주 무작위적인 우연이다. 집단 내 선택과 집단 간 선택의 균형을 설명하는 도표로 돌아가 보자.

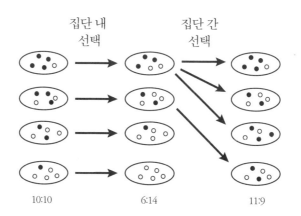

집단 내 선택   집단 간 선택

10:10   6:14   11:9

가장 성공적인 집단(중간 열 맨 위)은 스스로를 복제할 때 복제 집단 세 개를 모두 똑같이 만들지 않는다. 협력자의 총량은 9다(무임승차자는 6). 그러나 그들은 무작위로 분류되어, 협력자가 네 명인 집단도 생기고 협력자가 두 명뿐인 집단도 생긴다. 우연히 그렇게 되었을 뿐이지만 어쨌든 각 집단의 구성은 달라졌다. 다시 말해 무작위적 우연이 집단 간 변이를 만들어낸다.

문제는 우연이 별로 힘을 쓰지 못한다는 점이다. 집단의 규모가 클 경우엔 특히 그렇다. 탁자에서 동전을 다섯 번 던진다고 하자. 다섯 번 모두 같은 결과(모두 앞면 또는 모두 뒷면)가 나오지 말라는 법은 없다. 동전을 다섯 번씩 던지기를 16회 반복하면 한 번쯤 그런 일이 일어날 것이라고 기대할 수 있다. 하지만 동전을 100번 던져서 모두 앞면이 나오거나 모두 뒷면이 나올 확률은 너무 낮아서 의도나 목적이 아무리 좋아도 그런 일은 일어나지 않는다고 봐야 한다. 지구가 끝날 때까지 던져도 그런 일은 단 한 번도 일어나지 않을 것이다. 70:30으로 나올 가능성도 희박하다. 그래서 무작위 배열은 큰 집단끼리 차이를 크게 만드는 방법으로는 결코 좋은 방법이 아니다.

그 반대의 힘은 이주다. 이주는 집단들을 서로 비슷하게 만들어 변이를 파괴한다. 유리잔을 얇은 칸막이로 막아 두 부분으로 나누는 경우를 생각해보자. 이제 한쪽에는 커피를, 다른 한쪽에는 우유를 붓는다. 그런 다음 두 액체가 갑자기 섞이지 않도록 조심스럽게 칸막이를 빼낸다. 처음에는 흰 부분과 검은 부분의 차이가 분명할 것이다. 그러나 시간이 지나면 분자들이 양방향으로 움직이기 시작하여 유리잔 안은 곧 카페오레 색이 고르게 분포될 것이다.

인구 이주도 물리적 산포와 같은 방법으로 확산되어 서로 다른 집단들이 점점 비슷하게 되고 결국은 모두 같아진다. 적은 양의 이주조차 변이를 빠르게 파괴할 수 있다. 그리고 대부분의 동물에서 종의 이주는 아주 대폭적일 수 있다. 예를 들어 침팬지 암컷은 성장하여 다른 무리로 흩어질 때 한 마리도 남지 않고 전부 모집단을 떠난다. 그 결과 한 무리의 유전자 중 절반이 세대가 바뀔 때마다 다른 유전자와 섞인다. 인간사회도 마찬가지다. 예를 들어 민족지학 연구에 의하면 수렵채집 집단 사이에는 인구 이동이 많이 일어났다.

집단선택을 처음 주장했던 사람들은 집단 간 변이의 중요성을 이해하지 못했고 끊임없이 이주가 일어나는 상황에서 그것을 유지하는 것이 얼마나 어려운지도 이해하지 못했다. 그들이 어리석어서가 아니었다. 단지 이 부분을 명쾌하게 설명할 수 있는 수학 이론이 아직 개발되지 않았기 때문이었다. 어찌되었든 G. C. 윌리엄스나 리처드 도킨스 같은 비판적 학자들이 V. C. 윈-에드워즈나 콘라트 로렌츠 같은 순진한 집단선택주의자의 오류를 찾아낸 것은 아주 정확한 지적이었다. 유전적 집단선택을 모형화한 수많은 방법론들은 자연계에서 좀처럼 일어나지 않는 다소 특별한 환경이 필요하다는 사실을 보여주었다.

그러나 이들 비판적 학자들은 집단선택을 철저히 거부하면서 거기에 인간을 포함시키는 실수를 범했다. 인간은 매우 비범한 동물이다. 우리는 두뇌가 크고 대단한 정신 작업을 수행할 수 있다. 또한 우리는 문화를 갖고 있다. 사실 그것은 대단한 차이를 만들어낸다.

그건 그렇다고 해도 왜 우리는 문화를 갖고 있을까? 아주 좋은 질문이다. 확실히 아는 사람은 없지만 가장 그럴 듯한 설명들을 살펴보는 것만으로도 의미가 있을 것이다. 인간이 대단한 능력을 가지게 된 기원에 대한 실마리는 장기 기후 자료에서 잡힐지도 모른다. 인간은 플라이스토세라는 지질학적 시대에 진화했다. 플라이스토세는 260만 년 전에 시작되어 불과 1만 2,000년 전에 끝났다. 플라이스토세는 기후가 매우 변화무쌍했던 시기로 지난 2억 5,000만 년 중 가장 혼란스러웠다. 이때의 기후는 혹한기('빙하기')와 아주 따뜻한 간빙기 사이에서 널을 뛰었다. 대략 10만 년마다 빙하가 극지방에서 전진하여 지구 표면의 30퍼센트를 덮었다. 해수면은 100미터 정도 내려갔다. 물은 수 킬로미터 두께의 거대한 빙상에 갇혔다. 그러다 빙하가 줄어들면 바다가 솟아오르고 호수의 얼음이 녹아 거대한 지역이 침수되었다. 기온 주기가 2만 3,000년 기간으로 짧아져 10만 년 주기를 밀어냈다.

지구에 발붙이고 사는 생물들에게 (지질연대표에서) 그렇게 빠른 환경 변화는 견디기 힘든 것이었다. 설치류처럼 세대시간이 짧은 일부 유기체는 혼란스러운 환경에 유전적으로 적응할 수 있을 만큼 빠르게 진화할 수 있었다. 반면에 인류의 조상처럼 오래 사는 동물은 유전적 진화 과정이 느렸기 때문에 빠른 환경 변화에 쉽게 적응하지 못했다. 그 대신 호모하빌리스Homo habilis와 호모에렉투스Homo erectus 같은 우리 조상들은 두뇌의 크기를 키우는 행동으로 극심한 변화에 적응했다. 다시 말해 유전적으로 적응하기보다 행동적으로 적응하기 시작한 것이다. 학습하는 재능을 획득했다는 말이다.[89]

행동의 유연함만으로는 초기의 인간Homo도 침팬지 같은 다른 대형 유인원과 아주 다른 길을 걷지 못했을 것이다. 침팬지도 여러 가지 인지적 과제를 꽤나 잘 처리한다. 그러나 개인적 학습이 환경을 습득하는 데 가장 효율적인 방법은 아니다. 예를 들어 어떤 베리와 버섯에 독이 있는지 혼자 힘으로 알고 싶다면 심각한 결과를 각오하고 직접 맛보는 수밖에 없다. 그런데 어떤 버섯은 독이 너무 강해 조금만 먹어도 치명적이다. 그러니 잘 아는 어른에게 먹어도 안전한 것이 무엇인지 묻는 편이 훨씬 낫다. 아니면 경험 많은 다른 부족원이 먹는 것을 보고 따라하면 된다. 다른 사람에게 유용한 지식을 배우는 것이 문화다.

일반적으로 말해 문화에 필요한 역량은 환경 변화의 속도가 유전적으로는 적응하기 힘들 정도로 빠르지만 이전 세대들이 축적해놓은 정보를 활용할 수 있을 만큼 느릴 때 진화한다(정교한 인지능력 같은 사전 적응이 자리잡았다고 가정한다면). 환경 변화가 그보다 빠르면 조금 위험하고 비효율적일지라도 모든 것을 혼자 배우는 편이 더 낫다. 플라이스토세 기간 중에 확실히 환경 변화는 아주 빠르지도 아주 느리지도 않았지만 굉장히 격렬해서 문화의 진화를 추진하기에 딱 좋았다. 인간 못지않게 큰 두뇌를 진화시킨 포유류가 많은 것도 우연이 아니다.[90]

우리 조상에게서 일어난 문화 역량의 진화는 문화진화라는 완전히 새로운 세계를 열었다. 그것은 또한 '다수준 문화선택'에 의해 문화적으로 전달된 특성의 진화를 가능하게 했다.

'다수준 선택'은 유전자보다 문화적 변이체에서 훨씬 더 쉽게 작동한다. 인간은 모방 능력이 뛰어나다. 우리는 다른 사람의 행동을 관찰함으로써 우리의 행동을 바꾼다("로마에 가면 로마 사람들이 하는 대로 하라"). 우리는 또한 성공과 명성에 쉽게 흔들린다(그 때문에 광고회사는 성공한 운동선수와 유명 영화배우에게 많은 돈을 지불한다). 앞서도 말했지만 모방은 뛰어난 적응 능력이다. 성공한 사람의 행동 특성을 따라하면, 그 사람을 성공하게 만든 것이 무엇인지 알아낼지도 모른다. 물론 성공과 관련이 없는 행동을 모방할 수도 있다(엘비스 프레슬리의 헤어스타일과 복장을 흉내낸다고 해서 스타덤에 오르는 것은 아니다. 하지만 그런 차림으로 투자은행에 출근하지만 않는다면 아무 문제도 없다). 어떤 행동은 심지어 미래에 비용을 발생시킬 수 있다(흡연이 그런 경우다). 결국 집단의 대다수 구성원들이 하는 것에 맞춰 자신의 행동을 조절하면서 한편으로 그중 가장 성공한 사람들을 유심히 관찰하면 훨씬 더 좋아질 수 있다.

그리고 모방은 같은 집단 구성원들을 서로 좀더 비슷하게 만드는 기능을 한다. 다시 말해 모방은 집단 내의 변이를 파괴한다. 동시에 다른 집단은 전혀 다른 유형의 행동으로 수렴될 가능성이 있어, 집단 **간의** 변이가 증가한다. 집단에서 집단으로 사람들이 이동하는 현상은 신참자나 그 자녀들이 문화적으로 동화되어 새로운 집단에서 통하는 공통의 행동을 택하기 때문에 집단 간의 문화적 변이에 별다른 영향을 주지 않는다. 이런 문화 전달의 특수성은 문화적 집단선택을 유전적 집단선택보다 훨씬 더 강력한 힘으로 만든다.

협력적 특성이 다른 동물보다 인간에서 더 쉽게 진화한 이유는 이 외에도 여러 가지가 있다. 이 문제는 다음 장에서 다룰 것이다. 지금 중요한 논점은 협력적 진화가 **집단 간의 경쟁**에 의해 추진된다는 사실이다. 그 집단은 팀일 수도, 연합체일 수도 있고 어떤 분명한 경계가 없는 집합이나 사회 전체일 수도 있다. 어떤 형태의 집단이든 협력을 진화시키는 데 필요한 것은 집합적 규모에서의 경쟁이다.[91] 우리는 경쟁하기 위해 협력한다.

이로부터 나오는 또하나의 부수적 명제는 팀 간의 경쟁은 협력하도록 만들지만, 팀 안에서 선수들 간의 경쟁은 협력을 파괴한다는 것이다. 다시 말해 성공하기 위해 협력하는 집단은 **내부의 경쟁을 억제**해야 한다. 따라서 집단의 평등은 집단의 단결과 협력을 증진시키는 데 매우 중요한 요소다. 단결과 협력은 다른 집단과의 경쟁에서 이기기 위한 집단의 역량이라고 바꿔 말할 수 있다. 이런 사실은 프라이스 방정식에서 직접 도출한 결과이기 때문에 직관적으로 분명히 알 수 있어야 한다. 그런데 실제로는 그렇지 못하다. 적어도 기업 경영자나 프로스포츠 팀의 구단주들은 대부분 이 분명한 사실을 아직도 이해하지 못하는 것 같다.

프라이스 방정식으로부터 끌어낼 수 있는 또 한 가지 흥미로운 추론은 집단 차원에서 문화적 다양성이 갖는 중요성이다. 기억하는지? 진화의 원료는 변이다. 서로 다른 팀이나 기업이나 민족이나 사회 전체가 서로 다른 방식으로 일을 처리해보도록 허락하거나 심지어 그렇게 하도록 조장해보면 어떤 방식이 가장 좋은지 금방 알아낼 수 있다. 그래서 맹목적 진화 과정으로든 의식적으로 선택하는 방식으로든 가장 좋은 관행을 선택할 수 있다. 그러나 가장 좋은 관행을 찾아냈다고 해서 모두가 다 그 방법을 채택하도록 강요하는 것은 옳지 않다. 그렇게 하는 순간 진화가 중단되기 때문이다. 진화가 중단되면

4장 경쟁하려면 협력하라

바로 코앞에 해결책이 있어도 모르거나 전혀 대비가 안 된 위험이 도사리고 있어도 눈치채지 못한다.

오래된 권투 속담처럼, 치명적인 한 방은 결국 예기치 못한 곳에서 나오는 법이다.

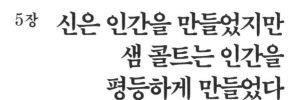

5장 신은 인간을 만들었지만
샘 콜트는 인간을
평등하게 만들었다

초기 인간은 어떻게 알파 메일을 제압했는가

현재까지 메이저리그에서 가장 빠른 볼을 던진 기록
을 갖고 있는 투수는 알베르틴 아롤디스 채프먼 델라크루스다.[92] 쿠
바 태생으로 신시내티 레즈에서 활약하는(지금은 뉴욕 양키스의 마무리
투수다-옮긴이) 채프먼은 '쿠바 미사일'이라는 애칭을 갖고 있다. 그의
공은 빠를 때 시속 160킬로미터를 찍는다. 투석기에서 발사되는 돌
의 속도다.

야구공이나 돌 같은 물체를 빠르고 정확하게 던지려면 다리와 몸
통부터 시작하여 물체를 앞으로 강하게 보내는 팔 동작까지 온몸에
서 힘을 폭발시켜야 한다. 그중에서도 특히 중요한 신체 부위가 있
다. 어깨다. 최근의 결과에 의하면 인간의 어깨는 투석기처럼 작동하
여 처음에는 탄성에너지를 저장했다가 어느 한순간 풀어놓는다.[93] 이

런 해부학적 구조만으로도 투사체가 나가는 속도를 두 배로 늘릴 수 있다. 마찬가지로 중요한 것은 돌을 정확하게 던지기 위해 근육의 움직임을 긴밀하게 협력하도록 해주는 신경회로다.

인간은 특이할 정도로 던지기를 잘한다. 다른 종들이 도저히 흉내 낼 수 없을 정도다. 원숭이와 유인원도 가지나 썩은 과일이나 배설물을 던지지만(코스타리카에서 성이 잔뜩 나서 짖는 원숭이 무리를 만났을 때 직접 확인했다) 사냥하거나 싸울 때 상대를 죽이기 위해 뭔가를 던지지는 않는다. 우리와 가장 가까운 침팬지는 던지기 실력이 애처로울 지경이다.[94]

술집에서 덩치가 크고 난폭한 술주정뱅이의 공격을 받았다. 달아날 수 없는 상황이라면 어떻게 해야 할까? 병이든 의자든 손에 잡히는 것은 무엇이든 던져야 한다.

하지만 침팬지는 싸울 때 뭘 던지는 법이 없다. 녀석들은 바짝 붙어 서로 주먹으로 때리거나 물어뜯는다. 녀석들은 아주 거칠고 힘이 센데, 그 완력이 사람의 서너 배 정도다(절대 맨손으로는 침팬지와 싸우지 마라. 녀석은 당신을 말 그대로 갈가리 찢어놓을 것이다). 하지만 침팬지는 뭘 던질 줄 모른다. 그래서 인간은 침팬지를 거의 멸종 지경까지 몰고 갈 수 있었다. 인간은 멀리 떨어진 곳에서 창과 화살을 사용하여 침팬지를 죽였다.

돌을 던지는 능력은 길게 잡아 인간속genus Homo으로 여겨지는 인류humanity의 역사만큼이나 오래됐을 것이다. 230만 년 전에 출현한 호모하빌리스는 침팬지에 비해 그다지 잘 던지지 못했을 것이다. 그러나 거의 200만 년 전에 살았던 최초의 호모에렉투스는 빨리 던지는 데 최적화된 어깨를 가지고 있었다.[95] 그러다 100만 년 전에 인간의 두뇌는 정확하게 목표물을 조준하는 능력을 획득하게 되었을 것이다.[96] 돌을 던지고 조금 나중에 불까지 던지게 되면서 인간은 덩치 큰 포식자로부터 스스로를 보호할 수 있게 되었고, 덕분에 나무에서 내려와 땅에서 활동하고 잠을 잘 수 있었다. 기어오르는 능력이 요긴하지 않게 되면서 우리는 장거리를 달리는 데 필요한 직립 자세로 진화했고, 해방된 손은 물건을 나르고 도구를 사용하도록 섬세해졌으며, 어깨는 가지에 매달리기보다 던지는 데 최적화되었다.

그러다 어느 순간부터 던지는 재미도 시들해진 것처럼 보이는 것도 사실이다. 인류학자들이 알고 있는 수렵채집인들은 대부분 활과 화살(혹은 그 형제쯤 되는 투창기)을 썼다. 그래도 돌 던지는 행위를 우습게 보면 안 된다. 요즘에도 도심에서 벌어지는 시위에서는 돌이 무기로 쓰이기도 한다. 물론 경찰이 사용하는 고무탄(그리고 가끔은 실탄)보다는 효과가 훨씬 못하지만. 발사체는 플라이스토세 이래로 성큼성큼 큰 폭으로 진화했다. 그러나 200만 년 전 아프리카 초원에서 인간에게 으뜸가는 무기는 단연코 돌이었다.

•·•

요즘 우리는 인간의 진화에 대한 연구가 왕성한 시대에 살고 있다. 우리 조상들이 어떻게 사냥하고 무엇을 먹고 무슨 생각을 했는지에 관한 지식은 아주 빠르게 늘어나고 있다.[97] 우리는 250만 년 전에 호미닌hominin(오스트랄로피테쿠스와 호모를 비롯한 진화의 분파)이 정기적으로 살점과 골수를 먹기 시작했다는 사실을 알고 있다.[98] 처음에 고고학자들은 고기를 사냥해서 얻은 것으로 생각했다. 그러나 우리 조상들은 몸집이 작고 느리고 연약했기 때문에 커다란 영양을 쓰러뜨리기는 어려웠을 것이다. 따라서 죽은 동물을 먹거나 작은 사냥감을 잡았을 가능성이 더 크다. 몸집이 거대한 포유류에서 가장 영양가가 높은 부위인 골수는 대퇴골 같은 두터운 뼈 속에 갇혀 있다. 인간이 육식을 하게 된 것은 죽은 동물의 골수를 먹는 습관에서 비롯했을 것이다.

초기 인류는 영양을 쓰러뜨리거나 날카로운 송곳니를 가진 사자를 쫓아내고 먹이(호모하빌리스는 종종 송곳니가 발달한 고양잇과 맹수의 먹잇감이 되기도 했을 것이다)를 가로채지는 못했지만, 대형 포식자의 식사가 끝날 때까지 인내심을 가지고 기다릴 줄은 알았다. 사자가 물러간 뒤에 살금살금 다가가 커다란 뼈를 낚아채 거주지로 가져가는 일은 간단했다. 호모하빌리스라는 말은 '손을 쓰는 사람 handy man'이라는 뜻으로, 이들 인류의 조상은 돌을 도구로 활용하여 남은 고기를 잘라내고 뼈를 부숴 골수를 뽑아냈다.

러시아에서 보낸 어린 시절에 내가 가장 좋아했던 작가는 아일랜드계 미국인 소설가 메인 리드Mayne Reid였다. 사람들에게 그다지 많이 알려지지 않은 이 미국의 모험소설가가 소련에서 큰 인기를 끈 것은 지금 생각해도 신기하다. 그리고 어떤 면에서 '철의 장막'에서 보여준 그의 사후 성공 스토리는 별것 아닌 우연이 어떻게 집단 차원의 문화 차이를 크게 부각시키는지 설명해주는 멋진 사례가 된다. 혁명이 일어나기 전 리드의 작품들은 우연한 계기를 통해 러시아어로 번역되었다. 그 후 리드가 노예제도를 맹렬히 반대하는 등 평생 진보적인 운동을 지지했기 때문에 소련은 어쨌든 그가 이념적으로 적합한 인물이라고 생각했던 것 같다. 그래서인지 다른 작가들의 책은 그렇지 못했지만 그의 책은 러시아에서 꾸준히 발행되었고, 그 덕에 1960년대와 70년대의 러시아 아이들은 메인 리드라는 메뉴를 섭취하며 성장했다. 미국, 티베트, 남아프리카 등 이국적인 장소에서의 모험으로 가득한 이들 이야기는 특히 소년들에게 인기가 높았다. 딱히 이념적 정통성 때문은 아니었다.

그중에서도 내가 특히 좋아하는 장면이 있다. 1868년에 출간된 『소년 사냥꾼들, 흰색 버펄로를 찾아가는 모험The Boy Hunters, or Adventures in Search of the White Buffalo』의 중간쯤에 나오는 이야기다. 이 작품은 골수가 얼마나 중요한지 단적으로 보여준다(사실 골수는 목숨도 구할 수 있다). 젊은 주인공들이 미국의 평원을 가로지른다. 가지고 있는 식량은 바닥나고 사냥은 번번이 실패한다. 여러 날 주린 그들은 충실한 노새 지넷을 죽이느냐 마느냐를 놓고 논쟁을 벌인다. 밤에 잘 자리를 마련하고 있을 때 갑자기 주인공 중 하나가 소리를 지른다.

배질이 큰소리를 치는 바람에 둘은 의아한 표정을 지었다. 그것은 환호성이었고 곧이어 큰 웃음으로 바뀌었다. 분명 실성한 웃음소리였다!
프랑수아와 루시앙은 걱정스레 위를 봤다. 분명 뭔가 기분 나쁜 일이 벌어졌다는 생각이 들었다. 그렇지 않고서야 이런 시간에 이런 암담한 상황에서 배질이 그렇게 크게 웃을 일이 있겠는가.

둘이 올려다보았을 때에도 그는 계속 웃고 있었다. 의기양양하게 머리 위로 손도끼를 흔들면서.

"애들아, 이리 와봐!" 그는 소리쳤다. "이리 와봐! 하! 하! 하! 굶주린 세 용사를 위한 저녁이 여기 있어! 하! 하! 하! 우린 정말 한심한 녀석들이야! 버터 빵을 놓고도 풀이나 뜯어먹는 당나귀와 다를 게 없어. 여기 봐! 그리고 여기! 또 저기! 전부 저녁거리야. 하! 하! 하!

루시앙과 프랑수아는 위로 올라갔다. 배질은 커다란 버펄로 뼈들을 가리키고 있었다. 그들은 그 뼈들을 이리저리 돌려보았다. 그리고 그가 왜 그렇게 기뻐 날뛰었는지 금방 알아차렸다. 관절 속에 골수가 꽉 차 있었다!

"꽤 되겠는걸." 배질이 말했다. "버펄로 쪼가리지만 열 명은 먹고도 남겠어. 이걸 놔두고 굶은 채 먹는 둥 마는 둥 그냥 잘 뻔했다니. 이 푸짐한 먹을거리를 쌓아두고 쫄쫄 굶을 뻔했잖아! 이런 진수성찬을 그냥 지나치면서 사흘 동안 헤맸잖아! 이렇게 아둔하니 우린 굶어죽어도 싸! 뭐해? 이리 와서 이 멋진 뼈들을 나르는 거 도와줘. 모닥불 있는 데로 가져가. 내가 어떻게 요리하는지 보여줄게."

그 버펄로에는 골수가 찬 뼈가 여덟 개 있었다. 내용물이 몇 킬로그램은 돼보였다. 배질이 늙은 사냥꾼들에게 들었던 대로, 버펄로에서는 골수가 가장 맛있는 부분 같았다. 버펄로 한 마리를 죽이면 골수는 거의 남기지 않는다고 했다. 가장 좋은 요리법은 뼈째 굽는 것이다. 하긴 인디언이나 덫사냥꾼들은 날것으로 먹었다. 하지만 이 젊은 사냥꾼들의 위는 날것을 감당할 만큼 튼튼하지 못했다. 그들은 정강이 뼈 두 개를 불속에 던지고 벌겋게 단 재로 덮었다.

시간이 되고 골수가 알맞게 구워졌을 때 루시앙은 손도끼로 뼈들을 부쉈다. 짭짜름한 저장물이 나왔다. 셋 모두 허겁지겁 맛있게 먹었다. 시원한 물 한 컵을 들이켰다. 소년 사냥꾼들의 캠프 주변을 맴돌던 굶주림과 갈증은 아득한 옛 이야기가 돼버렸다. 누구 한 사람의 반대도 없이 지넷의 목숨은 유예되었다.

크고 두껍고 단단한 발굽동물 뼈에서 골수를 꺼내는 것은 만만한 일이 아니다. 죽은 짐승을 뒤지는 동물 중에서도 이런 재주가 있는 종은 드물다. 아프리카의 독수리들은 커다란 뼈를 물고 높이 올라간 뒤 바위 위에 떨어뜨려 뼈를 깨뜨린다고 알려져 있다. 그러나 초기 인류의 가장 큰 경쟁자는 하이에나였다. 하이에나의 강한 턱은 큰 뼈도 부술 수 있다. 이런 청소부들을 쫓아버리는 가장 좋은 방법은 돌을 던지는 것이었다. 하이에나는 매우 위험한 육식동물로 몸집이 작은 호모하빌리스에게는 특히나 위협적이었다. 따라서 하이에나에게 투사물을 더 잘 던지고 모두 힘을 합쳐 효과적으로 공격할 수 있게 되는 쪽으로의 강력한 선택이 있었다.

호모에렉투스는 던지는 데 능했고 던지기 좋은 어깨를 갖고 있었다. 그들은 또한 몸집이 호모하빌리스보다 훨씬 더 커서, 현생인류만큼 됐다. 그리고 그들에게는 먹이를 뜯고 있는 사자를 쫓아낼 능력이 있었다. 인간은 몸집이 큰 포식자들이 남긴 먹이 조각에 만족해야 했던 '수동적' 청소부 신세를 벗어나 '맞서 대결하거나' '경쟁하는' 청소부가 되었다. 그들은 맹수들이 방금 잡은 먹이를 극성스레 찾아내어 포식자로부터 탈취했다.

고기를 떼어내고 골수를 빼내기 위해 뼈를 부술 때 남는 도살 자국이 있는 큰 동물의 뼈 등, 인간이 무언가 먹고 간 흔적이 있는 장소에서는 몇 킬로미터 떨어진 곳에서나 나올 법한 돌이 발견되는 경우가 많다. 이런 돌들은 아마도 포식자에게 던지기 위해 먼 곳에서 가져왔을 것이다. 먹이를 탈취하는 작전을 펼칠 때 이들이 매우 조직적으로 집단행동을 했음을 보여주는 결정적인 증거다. 방금 잡은 먹이를 발견하면 정찰꾼들은 나머지 무리를 소집했다. 그리고 누군가 먼 곳에서 돌을 날라 와야 했다. 아니면 미리 곳곳에 돌을 쌓아놓았을 수도 있다. 먹이를 먹는 포식자에게 돌을 던져 쫓아내는 것은 남자들의 일이었을 것이다. 몇몇이 지키고 서서 포식자들이나 청소부들이 가까이 오지 못하게 하는 사이에, 몇몇은 거주지로 가져가기 위해 죽은 동물에서 고기를 떼어낸다.

열 명이 넘는 협력 집단이 던지는 돌 세례는 포악한 포식자에게도 썩 잘 통하는 아주 효과적인 방어 전략이었을 것이다. 그러나 돌을 던져서는 달아나는 영양을 죽일 수 없다. 커다란 사냥감을 효과적으로 사냥하려면 좋은 무기가 있어야 했다.

그런 무기는 플라이스토세 기간 중 수십만 년에 걸쳐 진화했다. 무엇보다 창이 있었다. 창끝은 불로 단단하게 한 다음 돌로 뾰족하게 만들었다. 창은 무딘 돌보다 관통력이 뛰어났다. 현생인류인 호모사피엔스가 출현하면서 던지는 무기는 더욱 성능이 좋아졌다. 투석기는 돌을 더 빠르게 더 멀리 보냈고, 투창기는 창을 빠르게 멀리 보냈다. 약 7만 년 전에 남아프리카에서 등장한 활은 특히 효력이 대단했다.[99] 활은 수만 년 동안 개인 병기로 최고의 지위를 누리며 갈수록 정교해졌고 정교한 만큼 치명적이 되었다. 활이 쓸모없는 물건이 된 것은 서기 1500년경에 화기가 확산된 이후로, 인간 진화의 역사에서 보자면 아주 최근의 일이었다(그리고 다음 장에서 살펴보겠지만 이 시기에 활은 이미 복잡한 사회가 발흥하는 데 핵심 역할을 했다).

발사식 무기는 인간 진화의 방향을 결정하는 데 가장 중요한 기술이지만, 그에 합당한 명성을 좀처럼 얻지 못했다. 사람들은 불에 더 마음을 빼앗겼다. 물론 불이 포식자를 막는 데 효과적이기는 했다. 밤에는 특히 그랬다. 또 불은 요리를 할 수 있게 해주었다. 하버드의 인류학자 리처드 랭엄Richard Wrangham은 『요리 본능―불, 요리, 진화 Catching Fire: How Cooking Made Us Human』(2009)에서 날로 먹던 음식을 익혀먹기 시작하면서 인간 진화는 획기적인 전기를 맞이했다고 주장한다. 음식을 익혀먹으면서 인간은 소화관이 작아지고 두뇌는 크고 에너지를 많이 소비하는 쪽으로 진화할 수 있었다. 게다가 불은 인간의 사회성에 미묘한 영향을 끼쳤다. 남녀 한 쌍과 그에 딸린 자식으로 구성되는 인간의 가족은 불이 없었으면 진화할 수 없었을 것이다. 저녁에 온 가족이 한자리에 모여 여자가 모아온 줄기 식물과 남자가 가져온 고기를 구워먹는 화톳불은 가정의 동질성과 응집력을 확인시켜주는 구심점이었다.

모닥불도 마찬가지로 사람들을 불러모아 큰 무리를 이룬 사람들이 노래하고 춤추며 축제를 벌일 수 있게 했다. 그리고 불은 먼 훗날 광석 제련과 증기력 같은 기술적 발전의 원동력이 되었다. 그러니 불의 사용으로 인간의 진화 방향이 결정되었다는 점에는 의심의 여지가 없다. 그러나 진화경제학자 허버트 긴티스Herbert Gintis와 영장류학자 카럴 판스하이크Carel van Schaik 등 일부 학자들은 발사식 무기를 불과 똑같은 비중으로 취급한다.[100] 개인적으로 나는 그 이상으로 본다. 투사기는 불보다 **더** 중요했다. 왜 그런가? 투사기가 없었다면 선사시대의 인권혁명은 절대 일어날 수 없었을 테니까.

•••

인간에게는 침팬지나 고릴라와 한 가지 두드러지는 차이가 있다. 우리와 가장 가까운 생물학적 인척과 달리 사람은 **평등주의자**다. 예를 들어 고릴라들은 무리마다 엄하게 무리를 통치하는 '실버백silverback' 이라는 지배자 수컷이 있다. 이 수컷이 무리가 이동하는 시기와 장소를 결정하고 명령을 내린다. 그리고 이 수컷만 무리 속의 암컷들과 짝짓기를 할 수 있다. 암컷들도 각자 서열이 있어 맨 위에 우두머리 암컷이 있다. 태어날 때 성비는 1대 1이고 실버백은 짝이 여럿이기 때문에 대다수의 수컷은 짝 없이 지내야 한다.

침팬지는 고릴라와 조직 구성이 전혀 다르지만 그래도 역시 사회구조는 전제적이다. 침팬지는 큰 무리를 지어 사는데 수컷과 암컷의 비율이 거의 같다. 그리고 수컷은 수컷대로 암컷은 암컷대로 각각 서열이 있다. 수컷은 암컷에 비해 몸집이 훨씬 크고 힘이 세기 때문에 암컷은 예외 없이 성장한 수컷에게 복종한다. 우두머리 수컷은 돌아다니며 모두를 괴롭히고, 두 번째로 높은 수컷은 우두머리 수컷만 빼고 나머지 모두를 괴롭히는 식으로 내려간다. 서열이 높은 수컷일수록 짝짓기를 할 기회가 많고 새끼도 많이 낳는다.

침팬지의 위계를 결정하는 것은 주로 물리적 힘과 각 개체의 싸움 실력이다. 그러나 침팬지 수컷들은 힘을 합칠 줄도 알아 약한 놈 둘이 제휴하여 강한 놈 하나를 제압하기도 한다. 흔한 일은 아니지만 서열이 낮은 여러 마리가 '반란'을 일으켜 아주 고약한 우두머리 수컷에 대항하기도 한다.[101]

작은 규모로 사회를 이루어 사는 인간의 사회조직은 구조가 아주 다르다(약 1만 년 전까지도 우리 인간은 진화 역사에서 대부분의 기간을 이렇게 작은 집단으로 살았다). 침팬지와 달리 인간은 남녀가 결혼을 통해 웬만하면 평생 지속하는 끈끈한 유대를 형성한다. 그렇다고 엄격하게 일부일처제를 고수하는 것은 아니다. **일부다처제**에서는 남자가 아내 여럿을 거느리기도 하고 그 반대로 **일처다부제**도 가능하다. 그러나 수렵채집인들의 결혼 관습에 대한 진화의 역사를 재구성해보면 고대 수렵채집사회에서는 일부다처제가 아주 드물었다는 사실을 알 수 있다.[102]

젊은 인간 남자도 침팬지처럼 지위를 놓고 경쟁을 벌인다. 침팬지처럼 인간의 경쟁도 물리적인 위협이나 싸움의 형태를 띨 때가 많다. 그러나 인간은 싸우는 능력만으로 지배위계를 정하지 않는다. 이상한 말 같지만 고릴라나 침팬지 수컷과 달리 남자는 힘이 세고 공격적이라고 해서 멋대로 약한 사람들을 못살게 굴지 못한다.

인류학자 크리스토퍼 보엠Christopher Boehm이 『숲속의 평등Hierarchy in the Forest』(1999)에서 설명한 것처럼 수렵채집사회는 매우 평등하다. 대형 유인원과 달리 그들은 **역전된** 지배위계를 가지고 있다. 보엠은 보스가 되려고 하는 힘세고 공격적인 남자(이들은 거의 언제나 남자

　　　　5장 신은 인간을 만들었지만 샘 콜트는 인간을 평등하게 만들었다

다)를 '신흥강자upstart'라고 명한다. 신흥강자는 다른 제약이 없으면 아주 막강한 권력으로 자원을 지배하여 무리 속의 다른 모든 사람들에게 손해를 입힌다. 그래서 수렵채집사회는 이들의 출현을 억제하기 위한 꽤 다양한 사회적 메커니즘을 갖고 있다. 횡포를 부리려는 경향이 처음으로 감지되면, 집단은 가십이나 비판이나 조롱 등 아주 가벼운 제재를 가하기 시작한다. 리더 자리를 노리는 자가 명령을 내려도 사람들은 간단히 묵살해버리고 만다. 그래도 신흥강자가 단념하지 않으면 제재가 좀더 심각해져 추방하거나 아예 살해하기도 한다(살해라기보다는 사형이라고 하는 편이 나을 것 같다).[103]

발사식 무기가 없었다면 이런 평등주의는 진화하기 어려웠을 것이다. 침팬지 무리는 힘이 세고 공격적인 우두머리를 억제하거나 제거하기가 극히 어렵다. 수컷 여러 마리가 우두머리를 10분이나 20분 정도 때리고 물어뜯을 수는 있다. 그래도 우두머리는 어떻게 해서든지 빠져나갈 것이다. 잠자는 우두머리 수컷을 죽이는 일도 쉽지 않다. 공격을 받으면 깨어나 즉시 반격할 테니까. 어설프게 공격하다가는 심하게 다칠지도 모른다. 침팬지의 우두머리가 처형되는 경우가 없는 것은 아니지만, 사실 아주 드물다.[104]

우리 인간은 어떤가. 미국 사람들이 하는 말이 있다. "신은 인간을 만들었지만 샘 콜트는 인간을 평등하게 만들었다." 잘 아는 대로 새뮤얼 콜트Samuel Colt는 1830년대에 회전식 연발 권총을 발명했다. 사실 발사식 무기는 이 콜트의 평형장치Equalizer(이 단어에는 '권총'이라는 뜻도 있다-옮긴이)가 나오기 100만 년 전에 이미 남자(그리고 여자)들 세계에 평등을 선사했다. 돌(돌 던지기는 가장 오래된 사형 방식이었다)이나 아니면 그보다 더 좋은 창과 활로 무장한 응징자들은 세력을 규합하여 별다른 위험 없이도 신흥강자를 쉽게 처치할 수 있었다.

무기가 있으면 매복이나 기습을 통해 상대를 죽일 수 있기 때문에 '응징자avenger'는 힘을 합치지 않아도 혼자서 자신보다 훨씬 힘이 센 자를 암살할 수 있다. 남아프리카 !쿵족과 함께 지냈던 인류학자 리처드 리Richard Lee는 『도베 !쿵The Dobe !Kung』(1984)에서 그런 암살을 묘사한다.

> 어느 날 저녁 데베는 가우의 막사로 곧장 걸어들어가 아무 말 없이 가우에게 화살을 세 발 쏘았다. 한 발은 왼쪽 어깨에, 또 한 발은 이마에, 세 번째는 가슴에 쏘았다. 가우의 부족원들은 미동도 하지 않았다. 세 발의 화살을 맞은 뒤에도 가우는 여전히 앉은 채 공격자를 바라보았다. 그러자 데베가 창을 들어 그를 찌르려 했다. 그러나 가우가 말했다. "세 발이나 쐈잖아? 나를 죽이는 데는 그 정도면 되잖아? 뭘 또 찌르려는 건가?" 가우가 창을 피하려 하자, 가우 쪽 사람들이 나서서 데베의 창을 빼앗았다. 가우는 부상이 너무 심해 금방 숨을 거두었다.[105]

가우는 포악했기 때문에 그의 무리들은 그를 지켜줄 의사가 없었다. 앞서 그는 부족원 여럿을 죽였고 쓸데없는 싸움을 벌여 몇몇을 더 죽게 만들었다. 가우의 암살을 촉발시킨 것은 가우가 데베의 친구(그의 이름도 역시 데베였나)의 아버지 흐크소메를 죽인 사건이었다. 보엠은 이 구절을 인용하면서 이렇게 말한다. "가우는 앞서 살펴본 다루기 힘든 공격자에 딱 맞는 인물이다. 그는 집단을 확실하게 지배하기 때문에 부족원들은 그 문제를 쉽게 해결하지 못하지만, 원래 그들은 그를 제거하고 싶기 때문에 적에게 그 일을 떠넘긴다."

발사식 무기는 근접 무기보다 훨씬 더 강력한 평형장치다. 데베와 가우의 이야기에서 보듯, 발사식 무기가 있으면 적을 기습하기가 쉽다. 게다가 발사식 무기는 여럿이 힘을 모아 응징하는 데 훨씬 더 적합하다. 여러 명이 몽둥이나 창이나 칼을 휘둘러 한 명을 죽일 수 있지만, 공격하는 쪽의 인원이 두세 명을 넘어가면 서로가 서로에게 방해가 된다. 공격당하는 사람의 무술이 뛰어나면, 공격자들의 손발이 맞지 않는 점을 역이용하여 그들을 모조리 물리칠 수도 있다(사무라이 영화를 수도 없이 본 입장에서 말하지만 얼마든지 가능한 얘기다). 하지만 아무리 무술에 능하고 체력이 강인해도 열 명이나 열두 명이 사방에서 화살을 쏘아댄다면 별 도리가 없다.

리가 제시한 !쿵의 민족지 연구에는 집단 처형 장면도 나온다. 이 이야기는 악명 높은 /튀에 관한 것이다. /튀는 창 싸움에서 사내 한 명을 죽였다. /튀가 두 번째 사내를 죽이자, 무리는 그를 제거하기로 했다. 첫 번째로 그를 죽이려 한 사람은 /크사셰였다. 그는 막사 근처에 매복해 있다가 /튀에게 독화살을 쏘았다.

둘은 맞붙었다. /튀는 /크사셰를 찍어누르고 칼을 꺼내려 손을 뻗었다. 그때 /크사셰의 장모가 /튀를 뒤에서 잡고 /크사셰에게 소리쳤다. "달아나! 이자는 모두를 죽일 거야!" 그리고 /크사셰는 달아났다.

/튀는 화가 치밀어 막사에 있는 사람들을 무차별 공격하기 시작했

다. 그는 한 여자의 얼굴을 찌르고 남편을 죽였다.

> 모두 몸을 숨겼고 일부는 /튀에게 화살을 쏘았다. 모두가 그를 죽이기로
> 했기 때문에 /튀를 돕는 사람은 아무도 없었다. 그러나 /튀는 여전히 몇
> 몇을 쫓아가 화살을 쏘았지만 더 맞추지는 못했다. … 그러자 그들은 모
> 두 그에게 독화살을 쏘아 고슴도치처럼 만들었다. 그리고 /튀는 길게 뻗
> 었다. 남자고 여자고 모두 그에게 다가가 그의 몸에 창을 찔렀다. 그가
> 죽은 뒤에도.

이 이야기에서 보듯 /튀는 무리를 위협하는 무서운 싸움꾼이었다. 처음
에는 한 패거리가 보낸 누군가가 매복했다가 그를 암살하려 했지만,
일이 뜻대로 되지 않자 결국 모두가 나서서 /튀를 쓰러뜨린 것이다.
　/튀 이야기는 선사시대에 수도 없이 반복되었던 사건에 대한 기술
일 것이다. 놀랍게도 1만 2,000년 전으로 거슬러가는 스페인의 동굴
벽화에서도 그런 장면을 확인할 수 있다.[106] 벽화는 분명 수많은 화살
을 맞은 사나이의 모습을 보여주고 있다. 그의 위쪽과 오른쪽에는 열
명의 사람들이 의기양양해서 활을 흔들고 있다(아마도 암살이 순조
롭게 성공하고 신흥강자 외에는 아무도 죽지 않아 안심한 모습인 것
같다).

•●•

발사식 무기의 살상능력 덕분에 사람들은 평등해졌다. 그것은 또한

남자와 여자를 대등하게 만들었다. 발사식 무기 덕분에 남자와 여자는 고릴라나 침팬지, 심지어 보노보의 수컷과 암컷보다 훨씬 더 평등에 가까워질 수 있었다. 고대의 인간사회도 현대사회처럼 성별에 따라 하는 일이 나뉘었다. 남자들이 큰 사냥감을 사냥하는 등 온갖 재미는 다 본 반면, 여자는 남아서 보통 식물 위주의 먹을거리를 채집하고 처리하고 조리하는 지루하고 노동집약적인 임무를 맡았다. 그러나 알게 모르게 남자와 여자가 하는 일은 조금씩 가까워졌다.

활(또는 콜트 6연발 권총)을 지닌 남자는 비슷한 장비로 무장한 다른 사람과 대등하기 때문에 물리적 힘에 대한 선택압의 강도는 줄어들었다. 살상무기의 발명으로 완력보다는 기술이 더 중요하게 되었다. 소년 다윗은 몸집이 작았지만 정확한 돌팔매질로 거인 골리앗을 쓰러뜨렸다. 이처럼 느슨해진 선택압의 결과로, 인간 남녀 사이의 크기와 힘의 차이는 대형 영장류에서 가장 좁혀졌다.

살상무기에 의해 물리적 힘이 큰 비중을 차지하지 못하게 되면서 그 비중에 대한 주안점은 사회적 지능에 대한 선택으로 이동했다. 공격적이고 포악한 신흥강자를 억제하는 가장 좋은 방법은 연합세력을 구축하는 것이다. 즉, 이상적으로는 집단 전체가 못되게 구는 놈은 죽어야 한다는 합의에 도달해야 한다. 합의를 도출하고 신흥강자의 친척에게 그를 제거해야 한다고 설득하려면 사회적 기술이 필요하다.

살상무기는 또한 남자나 여자 개인을 기습에 매우 취약한 존재로 만든다. 잠을 자다가도, 불가에서 음식을 먹거나 쉬다가도 예기치 못한 상태에서 살해당할 수 있다. 누구도 가우 같은 최후는 원치 않을 것이다. 가우가 당하는 순간에 그의 곁을 지켰던 사람들 중 그의 앞을 막아선 사람은 아무도 없었다. 그가 죽는 순간까지도 그들은 전혀 몸을 움직이지 않았다. 누구든 주변 사람이 나의 동지이기를 바란다. 그들이 내게 경고를 주고 내가 공격받을 때 나를 지켜주고 내가 살해당하더라도 복수해주기를 바란다.

그러므로 연합하고 제휴를 다지는 일은 살상무기에 의해 이루어지는 평등의식의 이면이다. 제휴하는 능력은 인간에게만 있는 것이 아니다. 침팬지도 정치적인 행동을 많이 한다.[107] 그러나 인간은 특히 십 수 명 이상의 **대**연합을 이끌어내는 데 소질이 있다. '사회적 두뇌' 가설에 따르면, 플라이스토세 동안 유달리 큰 인간의 두뇌가 진화할 수 있도록 촉진시킨 원동력은 사회적 성공과 번식의 성공률을 높이기 위한 개인 간의 치열한 경쟁이었다.[108] 일부 인류학자들은 이런 연대 구축의 일차적 도구가 언어였다고 생각한다. 언어는 또한 연대와 연합의 효율성을 향상시켰다.[109]

수렵채집사회는 평등한 편이지만 그렇다고 리더가 없는 것은 아니다. 그러나 리더는 추종자들을 위협하거나 강요에 의해 이끄는 것이 아니라 설득하고 합의를 유도해낸다. 동시에 리더는 전제주의에 대한 일말의 미련조차 갖지 않도록 스스로 경계해야 한다. 리더는 오만하지 않고 겸손해야 한다. 리더는 정직해야 하고 집단 활동으로 인한 노동과 위험과 보상을 배분하고 할당하는 데 공정해야 한다. 유능한 전사나 사냥꾼이 되는 것도 좋지만 더 중요한 것은 자기 자신보다 집단의 이익을 위해 그런 능력을 발휘하는 모습을 보여주는 것이다. 따라서 사회적, 정치적 능력을 갖는 것은 훨씬 더 중요하다. 그렇기 때문에 여자들은 수렵채집사회에서 중요한 역할을 맡고 높은 사회적 지위와 정치적 영향력을 획득할 수 있었다.[110]

••

그동안 우리는 우리의 조상과 우리의 친척인 유인원을 가르는 것이 무엇이었는가 하는 점에 초점을 맞추었다. 이제 이들 변화가 어떻게 우리 인간만 협력을 진화시키도록 만들었는지 살펴보자.

선사시대의 위대한 기술적 진보 하나를 예로 들어보자. 바로 발사식 무기의 진화다. 발사식 무기와 함께 또다른 핵심기술인 불을 다룰 줄 아는 능력을 갖게 되면서 오스트랄로피테쿠스 같은 인류의 조상은 우리가 비로소 인간이라고 부를 수 있는 호모에렉투스로 진화할 수 있었다. 호모에렉투스가 요즘 우리가 입는 옷을 입고 뉴욕 거리에 나타난다 해도 그는 별달리 시선을 끌지 못할 것이다.

멀리서도 목표물을 살상할 수 있는 무기를 발명하면서 우리 조상들은 수동적인 청소부에서 경쟁력을 갖춘 청소부로 그리고 마침내 사냥을 하는 존재로 진화의 길을 걸었다.

골수처럼 지방질이 풍부한 음식은 큰 뇌를 구성하는 데 필요한 물질을 제공했다. 뿌리나 덩이줄기 식물이나 구근처럼 탄수화물을 제공하는 지하 저장 식물과 단백질과 지방질을 제공하는 고기와 골수 등의 음식을 익혀 먹으면서 인간의 장은 작아졌고 에너지를 많이 소비하는 두뇌를 유지하는 데 필요한 칼로리를 확보할 수 있었다.

살상무기의 힘을 빌려 공격적이고 신체적으로 강력한 남자를 억제하고 제압할 수 있었던 우리의 집단적 능력 덕택에 인간은 평등주의를 진화시켰다. 남자들끼리 경쟁을 하는 데 필요한 대단한 근육이 필요 없어지면서 두뇌로 통하는 자원이 추가로 해방되었다. 또한 발사식 무기는 더 큰 두뇌에 대한 선택압을 증가시켰다. 첫째, 조준을 정확하고 능숙하게 하려면 신경회로가 더 정교해져야 했다. 둘째는 더 중요한 것으로, 연대를 이루고 유지하고 또 치밀한 집단행동을 이끌어내기 위해 사회적으로 복잡한 문제를 처리하려면 커다란 두뇌가 필요했다. 당연한 일이지만 우리의 큰 두뇌와 놀라운 인지능력은 협력의 진화에 다양한 결과를 낳았다.

플라이스토세 동안 사람들은 규모가 작은 수렵채집 무리를 이루어 살았다. 사회생활은 마주보고 교유하는 것이 기본이었고 모든 사람이 모두를 알았다. 탁월한 두뇌 덕분에 우리는 집단의 다른 구성원과 주고받은 모든 상호작용을 능숙하게 기억할 수 있게 되었다. 모든 성인成人들은 신뢰할 만한 사람인지 아닌지, 좋은 협력자인지 무임승차자인지에 대해 나름대로의 평판을 가졌다. 다시 말해 가령 매머드를 죽이거나 누군가를 제거하기 위해 팀을 조직하려 한다면 누구를 넣고 누구를 빼야 할지 서로 잘 알았다는 뜻이다.

인간은 협력집단에서 무임승차자를 찾아내 배제할 줄 알기 때문에, 협력자와 무임승차자는 결국 별도의 집단으로 분류될 수 있다. 앞 장에서 보았듯이, 그런 '유유상종 연합assortative association'은 협력을 빠르게 진화시킬 수 있다.

앞 장에서 다루었던 내용을 다시 반복하면, 우리의 큰 뇌는 문화를 가능하게 했고, 그로 인해 집단 **내**의 변이가 줄어들었다. 이는 협력하는 특성이 쉽게 진화할 수 있도록 집단 내 그리고 집단 간의 분산을 만들어냈다. 그러나 그것이 전부는 아니다. 인간의 사회생활에는 협력하는 특성이 진화에 유리하도록 운동장을 기울게 만든 다른 특징들이 몇몇 더 있었다.

예를 들어 협력성에서 집단 내 변이를 억압하는 한 가지 방법은 '도덕적 처벌'이다.[11] 물론 협력자는 이기적인 무임승차자에게 이용당하기 쉽다. 하지만 협력자들이 공익에 기여하기를 거절하는 사람들에 대해 화를 내고 제재를 가하게 되면 이야기가 달라진다. 이럴 때 도덕적 처벌이 개입한다. 도덕적 처벌이 아주 가혹하다면(그리고 살상무기가 있어 그런 자들을 처형할 정도로 처벌의 수위가 높다면), 합리적인 무임승차자라도 공익에 기여하는 편이 손해를 줄이는 방법이라고 계산하게 된다.

그리고 도덕성을 갖춘 협력자들은 비협력자들에게 마땅히 할 일을 하도록 압력을 가해야 하고 집단은 그런 협력자들을 넉넉히 확보해야 한다. 도덕주의자들의 수가 충분하지 않으면, 협력하는 분위기는 깨지고 만다(그리고 도덕주의자 스스로도 이용당하는 것이 싫어서 기여를 그만두게 된다). 그리고 협력을 이룬 집단에서 도덕적 처벌은 모두가 똑같이 공익에 기여하도록 만드는 사회적 규범을 강화한다(자발적으로 기여하는 사람도 있지만, 그렇게 하지 않으면 자신이 손해를 보게 되니까 어쩔 수 없이 기여하는 사람도 있다). 다시 말해 협력자는 더이상 무임승차자에 비해 불리한 입장에 있지 않다. 도덕적 처벌은 기본적으로 모든 사람을 집단 내에서 똑같은 입장으로 만들고 따라서 집단 내에서 불필요한 경쟁을 하지 못하게 만드는 일종의 '균등화 메커니즘'이다.

마지막으로 알아두어야 할 것이 있다. 협력하는 특성의 진화는 집단 간의 경쟁이 아주 치열할 때 탄력을 받는다는 사실이다. 집단 간의 경쟁에서 가장 극단적인 형태는 물론 전쟁이다. 동물의 세계에서 대규모 전쟁을 벌이는 유기체는 딱 두 가지 집단밖에 없다. 인간과 개미다.[112] 집단 구성 원리는 전혀 다르지만 거대하고 매우 협력적인 사회를 구축하고 있다는 점에서 두 집단은 닮았다.

개미의 전투도 가끔 초대형일 때가 있다. 그러나 자연 속의 그 무엇도 현생인류인 호모사피엔스와 같은 규모로 싸우는 종은 없다. 다음 장에서는 인간이 어쩌다 그렇게 놀라울 정도로 호전적이 되었는지 알아볼 것이다.

6장　인간의 전쟁 방식

파괴적 창조의 힘으로서의 전쟁

　　　　　뉴기니라는 큰 섬은 지구상에서 가장 험악한 지형을 가진 곳 중 하나다. 돌아다니기가 힘들어 수백 년 동안 해안에서만 살았던 이곳 주민들은 내륙이 첩첩산중이고 그 외에는 아무것도 없다고 생각했을 정도다. 1930년대에 비행기가 섬 위를 날고 채굴자들이 접근하기 힘든 산등성이에서 금을 찾기 시작하고 나서야 서양인들은 놀라운 사실을 알게 되었다. 이들 최초의 탐험가들이 뾰족뾰족한 산맥과 산맥 사이에서 비옥한 계곡들을 발견한 것이다. 그리고 그 계곡에는 100만 명이 넘는 사람들이 여전히 석기시대의 생활을 하며 살아가고 있었다.

　이 섬에서 연구가 가장 잘 이루어진 곳은 뉴기니 중부의 엥가다. 엥가의 여자들은 감자를 심고 돼지를 기른다. 반면에 남자들은 전쟁이 주업이다. 전혀 과장이 아니다.

엥가족의 전쟁을 처음 연구한 사람은 호주의 인류학자 머빈 메기트Mervyn Meggit였고, 최근에는 미국의 인류학자 폴리 위스너Polly Wiessner도 연구에 뛰어들었다.[113] 메기트는 1955년에 뉴기니 중부에서 엥가족 중 하나인 마에엥가Mae Enga들을 대상으로 현장조사를 시작했다. 중부 고원지대는 호주 식민당국의 통치를 받고 있었기 때문에 어느 정도 평화를 유지하던 때였다(불행하게도 그 평화는 오래가지 않았다). 그러나 그의 일차적 관심은 호주인들이 들어오기 전에 그들이 벌였던 전쟁이었다. 당시 마에엥가는 3만 명을 헤아렸다. 그들은 '문족門族, phratry'이나 부족tribe 단위로 나뉘어 있었다. 보통 부족은 다시 일고여덟 개의 씨족clan으로 나뉘었는데, 씨족은 300~400명 정도의 인원이 2~5제곱킬로미터의 영토를 차지하고 있는 독립적인 정치 단위였다. 이들은 아주 작은 규모의 사회였다.

전쟁은 두 씨족 간의 일이었다. 다른 씨족이 둘 중 어느 한쪽의 편을 드는 경우는 흔치 않았다. 같은 씨족 내의 두 집단이 서로 죽고 죽이는 싸움을 벌일 때도 있었다. 그리고 마에엥가들은 간혹 '의례적 대전Great Ceremonial War'을 벌이기도 했다. 이것은 일종의 토너먼트 전투로, 부족 전체가 참여하거나 동맹을 맺은 부족들이 두 패로 나뉘어 벌이는 싸움이었다. '의례적 대전'은 말 그대로 의례를 갖춘 행사여서 서로 싸웠던 사람들끼리 전쟁을 끝내고 나면 귀중품을 교환했고 이어서 성대한 축제를 벌였다.[114] 그러나 가장 흔한 형태의 전쟁은 씨족 간의 전쟁이었다. 그보다 작은 단위인 씨족 내부 분파 간 전쟁이나 그보다 큰 단위인 부족 간의 전쟁은 흔하지 않았다.

전쟁의 강도는 매우 높았다. 메기트에 따르면 남자들의 약 35퍼센트가 전사하거나 전쟁에서 입은 부상으로 죽었다. 마에엥가의 사망 요인 중 가장 큰 비중을 차지하는 것은 전쟁이었다. 병이나 사고로 때 이른 죽음을 맞이하는 사람은 4분의 1 정도였고 늙어 죽는 비율은 15퍼센트밖에 안 되었다(이들 비율의 합이 100이 안 되는 이유는 매기트가 사망 원인을 추론하지 못한 사례의 비율이 26퍼센트였기 때문이다).

전쟁이 끊이지 않았기 때문에 이들 사이에는 늘 공포 분위기와 서로 의심하는 풍조가 형성되어 있었다. 사람들은 대부분 씨족의 영토를 벗어나지 않고 평생을 몇 제곱킬로미터 반경 내에서 보냈다. 메기트는 이렇게 쓴다.

과거에는 자신의 씨족 영토를 벗어나 활동하는 것 자체가 위험한 일이었다. 일반적으로 남자들은 재산을 분배한다든지 거래를 하거나 흥정을 벌인다든지 싸움에서 친구나 친척을 돕는 등 어쩔 수 없는 경우에만 영토를 벗어났고 그럴 때에도 무장한 채 집단으로만 움직였다. 남자들이 사교적인 목적으로 이웃 씨족을 방문하는 일은 드물었는데, 함부로 돌아다니면 매복 기습을 당하거나 살해될 염려가 있고 또 그런 행위가 마에족들 개인의 사생활이나 집단의 안전을 해칠 수 있기 때문이었다. 아무리 가까운 혈족이라도 다른 씨족의 집에 불쑥 나타나면 첩자로 의심받기 딱 좋았다. 혹시나 울타리나 도랑이나 비밀 통로처럼 씨족의 방위와 관련된 정보나 돼지우리의 위치 등이 외부에 알려지면 한밤에 기습이나 약탈을 당할지도 모를 일이었다.

씨족 간의 전쟁, 특히 다른 부족에 속한 씨족과의 전쟁은 의식화된 '의례적 대전' 토너먼트와는 많이 달랐다. 메기트에 따르면 그 뚜렷한 특징은 다음과 같았다.

(a) 적의 영토를 정복하여 완전히 패주시킬 목적으로 벌이는 기습이나 침입, (b) 적의 사기를 꺾을 목적으로 (숭배물이나 집이나 제례터나 나무나 농작물이나 돼지 등의) 재산을 일부러 철저히 망가뜨리는 일, (c) 혈족이나 인척이라는 이유로 폭력의 강도를 조금 낮추고 중재나 화해를 받아들이도록 만드는 보이지 않는 압력을 아무렇지도 않게 무시하는 일, (d) 간혹 비전투원 신분이라는 사실을 인정하지 않는 일, (e) 쓰러진 적의 신체를 절단 내는 일, (f) 그리고 이런 대치 상태를 장기화시키는 일.[115]

다시 말해 씨족 간의 전쟁은 항상 전면전의 성격을 띠었다. 그리고 패자에게 돌아오는 것은 처참한 결말이었다. 메기트가 조사한 자료에서 최종 결과를 판별할 수 있는 34회의 전쟁 중 6회는 패한 집단이 모두 쫓겨나 그들을 받아줄 의사가 있는 친구나 친척이 있는 다른 씨족에 뿔뿔이 흩어져 흡수되는 것으로 끝났다. 또 승리한 집단이 보유 토지를 늘린 경우는 19회였고, 나머지 9회에서는 전투가 교착상태에 빠져 어느 쪽도 영토를 늘리지 못했다.

이처럼 마에엥가들은 매우 치열하고 사상자가 속출하는 전쟁을 벌였지만, 놀랍게도 이런 갈등은 문화진화로 이어지지 않았다.

이언 모리스Ian Morris는 많은 논란을 일으켰던 『전쟁의 역설War! What is It Good For?』에서 '생산적인' 전쟁과 '비생산적인' 전쟁을 구분한다. 생산적인 전쟁은 더 크고 안전하고 보다 번창하는 사회를 낳는다. 비생산적인 전쟁은 그런 사회를 파괴한다. 토머스 홉스Thomas Hobbes가 그의 『리바이어던Leviathan』에서 지적한 대로 가장 비생산적인 전쟁 방식은 "만인의 만인에 대한 투쟁"이다.

> 그런 상태에서는 결과가 불확실하기 때문에 열심히 일해야 할 이유가 없다. 따라서 토지의 경작도 항해도 바다 건너 들어오는 상품도, 어떤 편리한 건물도, 많은 힘을 필요로 하는 것을 움직이거나 제거하는 어떤 도구도, 지구 표면에 대한 어떤 지식도, 어떤 시간에 대한 계산도, 예술도, 학문도, 사회도 없다. 그리고 무엇보다 가장 나쁜 것은 폭력에 의한 죽음에 대한 끊임없는 두려움과 위험 그리고 고독하고 가난하고 비루하고 잔인하고 짧은 인간의 삶이다.

모리스의 구분은 전쟁을 고려함에 있어 좋은 방법론을 제시한다. 나도 여기서 그의 방법론을 채택했다. 물론 그가 책에서 주장하는 모든 내용에 동의하는 것은 아니다. 특히 무엇이 전쟁을 '생산적인 것'과 '비생산적인 것'으로 나누는지에 내해서 나는 조금 다른 생각을 갖고 있다. 이 문제는 이 장 뒷부분에서 설명하겠다. 또한 나는 모리스가 자신의 책을 통해 메시지를 전달하는 방식 자체가 비생산적이라고 생각한다.

　'전쟁, 무엇에 좋은가?'(이언 모리스 저 『전쟁의 역설』의 원제-옮긴이)라는 제목부터가 그렇다. 나뿐 아니라 대부분의 사람들은 전쟁을 아무 짝에도 소용없는 행위로 여긴다. 전쟁은 악이다. 때로는 차악次惡일 때도 있다. 전쟁을 하지 않으면 죽거나 노예가 되거나 문화적 정체성이 말살될 수밖에 없을 때, 사람들은 대부분 싸우기를 선택한다. 그러나 어쩔 수 없어 그런 선택을 한다고 해도 좋은 점은 전혀 없다.

　모두가 그렇게 생각하는 것은 아니다. 전쟁을 찬양하면서 '완력에 의한' 외교정책을 옹호하는 사람도 있다. 그런 정책은 카를 폰 클라우제비츠Carl von Clausewitz의 유명한(악명 높은) 말대로 전쟁을 "다른 수단을 이용해 수행하는 정치적 교섭의 연장"으로 사용한다. 미국에서 이런 집단으로 가장 유명한 부류는 소위 신보수주의자, 일명 '네오콘'이다. 이들은 특히 조지 W. 부시 행정부 시절(2001~08)에 막강한 영향력을 행세했다. 그러나 보수, 진보 할 것 없이 군국주의와 유토피아 이데올로기를 융합하는 정책을 지지하는 사람들도 있다.

　이런 입장을 두둔한 대표적 인물이 클린턴 행정부 시절에 국무장관을 지낸 매들린 올브라이트였다.

외교 수단을 동원하면서도 한편으로 무력을 준비하는 것은 〔이라크에 대해〕 무력과 그곳에 있는 우리의 군대를 사용할 수도 있다는 위협이다. 그러나 우리가 무력을 사용해야 한다면 그것은 우리가 미국이기 때문이다. 우리는 없어서는 안 될 나라다. 우리는 당당하고 다른 나라들보다 앞을 멀리 내다본다. 그리고 우리는 여기서 우리 모두에게 가해지는 위험을 본다.

올브라이트는 또한 뚜렷한 정치적 목적도 없이 보스니아에 군대를 파견해서는 안 된다고 생각한 합참의장 콜린 파월에 대해 답답해하며 또 한번 유명한 발언을 했다. "쓸 수 없다는 타령만 할 거라면 막강한 군사력을 가져봐야 무슨 소용인가?"

그런 견해가 미국 최고 정책입안자의 입에서 나올 때(올브라이트는 그들 중에서도 가장 거침없었던 인사였다는 점에서 이례적이다), 미국 내에 의미 있는 소수를 비롯한 많은 사람들이 미국을 세계평화에 위협적인 존재로 생각한다는 것은 조금도 놀라운 일이 아니다. 완력에 의한 외교정책을 옹호하는 사람들과 반전을 내세우는 반대편 사이에 벌어지는 정서적으로 민감한 논쟁을 생각할 때,[116] 인간사회의 진화에서 전쟁의 역할을 냉정하게 과학적으로 분석한다는 것은 보통 어려운 일이 아니다.

그러나 협력이 진화하는 방식을 이해하려면 그렇게 해야만 한다. 나는 전쟁에 처음으로 정량분석을 들이댄 루이스 프라이 리처드슨 Lewis Fry Richardson의 말에 호소할 수밖에 없다.

이 책(『사투의 통계학Statistics of Deadly Quarrels』—옮긴이)은 … 전쟁과 평화에 관한 생각을 바로잡기 위한 것이다. … 비난은 아예 삼가는 것이 가장 좋아 보였다. 분개하기는 아주 쉽고 또 그렇게 하면 기분이 좋아져 그와 반대되는 어떤 사실에도 귀를 기울일 수 없게 되기 때문이다. '이해하면 다 용서된다'는 잘못된 교훈을 받아들이는 바람에 내가 윤리를 저버렸다고 독자들이 거부감을 갖는다면, 그것은 '지나치게 비난하면 제대로 이해할 수 없기' 때문에 윤리적 판단을 일시적으로 유보하는 것일 뿐이라고 대답하겠다.[117]

다시 한번 강조하지만 내가 전쟁을 가리켜 '창조적'이다 또는 '생산적'이라고 하는 것은 전쟁을 찬양하기 위한 것도 아니고 전쟁이 어떤 의미에서 좋을 수도 있다고 주장하기 위한 것도 아니다. 내가 말하는 '창조적'이라는 뜻은 전쟁이 대규모의 협력적인 사회를 만들기 위한 선택압 중 하나였다는 말이다.

그렇다면 살상을 유발하는 집단 간의 갈등이 어떤 조건에서 창조적이 되고 어떤 조건에서는 파괴적이 되는가? 여기서 우리는 다시 한번 다수준 선택론에 눈을 돌려야 한다. 집단 간의 경쟁이 협력을 조장하고 집단 내의 경쟁이 협력을 파괴하는 것처럼, 사회 간에 벌어지는 **외부 전쟁**은 파괴적 창조의 힘이 되는 경향이 있고 사회 내에서 벌어지는 **내부 전쟁**은 단순히 파괴적이거나 이언 모리스의 표현대로 비생산적인 경향이 있다.

너무 단순한 결론 같지만, 단순한 개념이 대부분 그렇듯 이런 결론은 어떤 중요한 복잡성을 감추고 있다. 전쟁이 외적인가 내적인가 하는 점은 그것이 생산적인지 아닌지 판별하는 첫 단계일 뿐이다. 집단 간의 전쟁은 많은 군인과 민간인의 목숨을 앗아가는 유혈사태로 이어지는 경우가 많다. 그러나 전쟁의 성격이 **불분명**하다면 그것은 문화적 집단선택의 힘이 되지 않을 것이다. 이것은 아주 중요한 문제다. 즉, 전쟁을 창조적으로 만드는 것과 얼마나 많은 사람이 죽었는가는 아무런 상관이 없는 문제다. 중요한 것은 문화의 진화에 미치는 영향이다. 전쟁으로 인해 다른 문화보다 더 뛰어난 문화적 특성이 나타날 때에만 전쟁은 창조적 진화의 힘이 된다.

문화적 집단선택은 여러 가지 방법으로 작동할 수 있다. 극단적인 선택은 단순한 종족말살이다. 패한 집단은 학살당한다. 그 결과 패한 집단의 두뇌에 '존재하던' 문화적 특성은 제거된다. 동시에 그들의 집합적 제도도 사라진다. 승리한 집단은 패자들의 영토로 세력을 넓히거나 그곳에 식민지를 건설한다. 어느 쪽이든 승리한 집단의 문화적 특성은 패자의 희생을 토대로 확산된다. 야만적이고 추하지만, 이것이 문화가 진화하는 한 가지 방법이다.

그러나 또한 문화의 진화는 보다 온건한 형태를 취하기도 한다. 종족말살의 한 가지 대안은 **문화말살**이다. 이것은 패한 집단이 물리적으로 파괴되는 것이 아니라 승자의 문화에 강제로 동화되는 경우를 말한다. 다른 종교로 개종하고 정복자의 언어를 배우고 그들의 사회규범과 제도를 채택하는 것은 정신적으로 받아들이기 힘든 충격이다. 그래서 실제로 많은 집단선택이 자신의 문화를 포기하기보다 차라리 싸우다 죽는 쪽을 택하고 있다는 사실을 역사는 보여준다. 그러나 문화말살 정책에 복종하기만 하면, 적어도 목숨은 부지할 수 있다.

하지만 이보다 더 온건한 형태의 문화말살도 있다. 실제로 정복자가 된 제국이 패자에 대해 문화적 파괴정책을 시행하는 경우는 매우 드물다. 그보다는 패자가 승자의 문화에 점진적으로 동화되는 경우가 대부분이다. 그리고 그런 동화는 대부분 자발적이다. 수준 높은 문학이나 예술 등 제국의 권위 있는 문화 때문에 그리고 어떤 경제적 이해관계 때문에, 복속된 백성들은 제국의 문화를 받아들이는 편이 합리적이라고 판단한다. 그 과정에서 정복당한 쪽은 승자에게 흡수되고 시간이 갈수록 그들과 완전히 동화될 수도 있다. 로마시대의 갈리아 지방이 대표적인 사례다. 변방의 브르타뉴 지방만 예외일 뿐 갈리아에서는 기존의 켈트어가 완전히 사라지고 라틴어로 대체되었다. 좀더 가까운 예로는 17세기와 18세기의 프랑스가 있다. 역사학자 빅터 리버먼Victor Lieberman이 『이상한 평행선Strange Parallels』에서 쓴 것처럼, 루이 14세(1643~1715)의 궁정은 "유명 화가, 조각가, 음악가, 극작가 들을 베르사유로 불러들이고 미술과 과학과 프랑스어를 위한 왕립아카데미를 창설함으로써" 프랑스의 문화적 통일성을 적극 추진했다.[118]

문화적 선택에는 정복이 전혀 필요 없는 더욱 온화한 형태도 있다. 인간은 영리하고 모방 능력이 아주 뛰어나다. 어떤 사회든 다른 사회에 뒤처졌다고 판단되면 자아성찰을 하게 마련이다. 정치가와 지식인은 '무엇이 잘못되었는지' 자문하게 된다. 결국 그 사회는 변화가 필요하다는 집합적 합의에 도달하게 된다. 1980년대 말과 1990년대 초에 러시아는 계획경제를 버리고 시장주도형 경제체제로 전환했다. 중국은 러시아보다 조금 먼저 그렇게 했고 실제로 체제 전환에 어느 정도 성공했다.

이런 시나리오의 공통적 특징은 성공한 사회의 문화적 특성이 그렇지 못한 사회의 문화적 특성을 잠식하며 확산된다는 사실이다. 그 과정에는 잔혹한 종족말살부터 평화적이고 자발적인 제도 채택에 이르기까지 모든 방법이 골고루 동원된다. '파괴적'이라고 해서 꼭 사람들을 죽이는 것으로 끝나는 것은 아니다. 파괴되어야 할 것은 사회를 실패하도록(비협조적이 되도록) 만들고 내부적인 평화와 풍요를 방해하는 문화적 특성이다.

인간의 역사에서 보다 참혹한 형태의 선택이 점차 온화한 선택에 자리를 내준다는 사실은 매우 인상적이다. 이런 사실은 어떤 낙관론의 근거가 되기도 한다. 이 문제는 마지막 장에서 다루겠다. 그렇기는 해도 장구한 인간의 역사를 줄곧 지배한 것은 잔인한 형태의 집단 간 선택이었다. 그 반대였다면 좋았겠지만 이 같은 사실을 외면하면 사회적 진화가 실제로 어떻게 작동하는지를 제대로 이해할 수 없다.

그러나 앞서 경고한 대로 전쟁은 (역설적이게도) 모호하다. 전쟁이 늘 우리의 예측대로 진행되는 것은 아니다. 전쟁이 어떻게 문명을 창조했는지 이해하려면, 그 창조 과정이 통하지 **않았던** 곳, 즉 수세기 동안 격렬한 갈등에도 불구하고 문화의 진화가 한동안 얼어붙었던 곳을 살펴봐야 한다.

••

뉴기니로 돌아가 엥가족의 끝 모를 전투를 다시 들여다보자. 부족 간의 의례적 전쟁은 철저히 통제된 것이어서 어느 한쪽 부족이 통째로 전멸되는 일은 없었다. 그리고 마에엥가의 전쟁은 몇 제곱킬로미터를 차지하고 사는 아주 작은 규모의 사회집단(300~400명)끼리의 싸움이었다. 한쪽 씨족이 다른 쪽을 무찔러 영토를 차지하면 패한 집단은 전멸되기도 한다. 그러나 이긴 쪽과 진 쪽은 문화가 정확히 같았다. 그들은 같은 엥가 사투리를 사용하고 전투에서 같은 무기를 사용했으며 같은 작물을 기르고 같은 방식으로 돼지를 길렀으며 같은 사회 규범을 따랐다. 요약하면 매 세대마다 남자의 3분의 1 이상과 상당수의 여자들이 살해되었고, 일부 씨족은 사라졌으며 이긴 씨족은 영토를 넓혔다. 하지만 전반적으로 볼 때 문화적 특성의 빈도에서 변화는 없는 것이나 다름없었다.

따라서 마에엥가의 전쟁은 문화적 변이의 중요성에 관해 놀라운 사실을 전해준다. 씨족에 대한 선택은 매우 강했지만 그런 강도는 중요하지 않다. 문화적 특징들에서의 변이는 거의 없었고 따라서 진화도 거의 없었다. 물론 어쩌다 새로운 의식儀式이 만들어지는 경우도 없지는 않았다. 현재 엥가에서 주식인 고구마는 대략 350년 전에 편입된 것이다. 대략 그 정도다.

문화의 진화가 느린 것은 마에엥가뿐 아니라 뉴기니 고산지 전체의 특징이다. 지형적으로 험한 산과 깊은 계곡이 많고 이 지역에서 사용되는 언어가 놀랄 만큼 많다는 것(1,000개 이상)을 보면 그럴 만도 하겠다는 생각이 든다.[119] 언어가 다양하다는 것은 문화집단의 멸종이 드물다는 뜻으로, 민족언어집단 간의 경쟁이 치열하지 않다는 방증이다.

지형적으로 볼 때 언어의 다양성이 매우 심한 곳은 외지인이 함부로 접근하기 힘든 울창한 열대 숲과 산악 지역이다. 열대 섬 뉴기니는 이 두 가지 특징을 다 가지고 있다. 언어적 다양성이 높은 또다른 산악 지역은 동남아 고지대와 카프카스 산악지대다. 역사언어학자들은 가족 언어가 다양하게 보존된 지역을 '잔존 지역residual zone'이라 부른다. 반대로 '확산 지역spread zone'은 언어가 널리 확산되는 경향이 있어 해당 지역에 있던 기존 언어를 몰아내 소멸시킨다. 보통 하나의 언어가 확산되면 그 언어가 그 지역의 대부분 또는 전부를 차지한다.[120] 따라서 확산 지역에서는 문화집단 간의 경쟁이 아주 치열하여 광범위한 지역에서 한 집단이 다른 많은 (문화)집단을 몰아낸다.

　따라서 유라시아 대초원이나 북아메리카 대초원처럼 광활하면서도 나무가 없는 곳이 확산 지역이라는 사실은 조금도 놀랍지 않다. 우리는 실제로 유라시아의 역사에서 대대적인 확산이 이루어졌던 시기를 잘 알고 있다. 그것은 정복의 물결이 현재 우크라이나 지방과 몽골 사이에 낀 수천 킬로미터를 휩쓸고 지나간 시기였다. 3,000년 전에 이 지역의 승자는 메디아어, 페르시아어, 스키타이어 등 이란어계 언어를 썼다. 이들 고대인들을 계승한 것은 중세에 동쪽에서 서쪽으로 세력을 확산시킨 터키와 몽골계 유목민족이었다. 마지막으로 근세 초에 러시아인들이 대평원의 북쪽 가장자리를 따라 동쪽으로 확산되었다. 그 결과 실제로 현재 유라시아의 스텝 벨트 안에 사는 사람들은 모두 이들 민족이 사용한 언어 중 하나를 말한다.

•••

방어전에서 영토가 갖는 의미는 군사軍史에서 비교적 논쟁의 여지가 없는 주제다. 그러나 영토 외에 공격/방어전의 균형에 영향을 주고 그로 인해 문화적 집단선택의 힘에 어떤 영향을 주는 요소는 무엇인가? 군사학자들은 답을 안다고 생각할지 모르겠지만 사실은 그렇지 않다. 아니 오히려 그들은 너무 많은 답을 제시하는데, 때로 상충된 의견을 제시하거나 완전히 터무니없는 주장을 펼칠 때도 있다.

그들의 첫 번째 오판. 국가 단위가 아닌 집단 간의 전쟁은 그다지 심각하지 않고 심지어 어떨 때는 약간 우스꽝스럽다고 그들은 생각한다. 『원시전쟁—그 실제와 개념Primitive War: Its Practice and Concepts』 (1949)으로 한 세대를 풍미하며 전쟁을 연구하는 인류학자들[121]에게 상당한 영향력을 행사했던 미국의 인류학자 해리 터니-하이Harry Turney-High는 호주 원주민들의 전쟁을 이렇게 설명한다.

호주의 원주민들은 모두 몰려나와 전열을 갖춘 다음 함성을 지르고 상대방을 모욕하고 위협하면서 비교적 안전한 거리에서 돌 같은 것을 던진다. 한두 명 정도가 불구가 되거나 죽는 경우도 없지 않지만 그런 일은 어쩌다 있는 일이다. 심심풀이로 시작한 싸움이 아니라 해도 그런 불상사가 생기면 양쪽은 보통 흩어진다. … 원시전이 대부분 그렇듯 호주인들의 대결은 긴장을 해소하는 장치에 지나지 않았다.[122]

긴장 완화 장치라고? 마에엥가 전쟁을 조사하면서 우리는 이 종족 집단에서 남자들 3분의 1 이상이 전쟁으로 죽는 것을 보았다. 늙어 죽는 사람보다 두 배 많은 수치다. 호주 원주민에 관한 인종학적 자료도 비슷한 비율을 보인다. 예를 들어 요즘 우리가 욜릉구Yolngu족으로 알고 있는 호주 북동부 지방의 무린긴Murngin족은 남자들 중 28퍼센트가 전쟁에서 죽었다.[123]

터니-하이와 그의 뒤를 잇는 많은 인류학자들이 미처 깨닫지 못한 사실이 있다. 규모가 작은 사회에서는 단 한 명이 죽어도 심각한 타격이 될 수 있다는 점이다. 보통 마에엥가족 전사의 수는 약 100명 정도다. 전투가 벌어질 때마다 두세 명씩 잃는 일이 반복되다 손실률이 10~20퍼센트에 이르게 되면, 씨족의 존재 자체가 위협받기 시작한다.

규모가 작은 사회에서 전쟁은 아주 다른 두 가지 형태를 취할 수 있다. 터니-하이의 인용 부분에 나오는 매우 의례화된 전투는 마에엥가의 '의례적 대전'과 비슷하다. 그러나 앞서 보았듯이 마에엥가는 매우 잔인하고 처절한 전쟁을 자주 벌였다. 그리고 전쟁의 목적은 적으로 삼은 씨족에 대한 완전한 승리였다.

유럽인들이 아프리카와 아시아와 아메리카의 여러 해안에 발을 디뎠던 대항해의 시대에, 그들은 아주 낯선 전쟁 방식과 마주해야 했다. 유럽인들은 대부분 토착민들의 무기와 전술과 훈련을 우습게 여겼다. 그러나 인류학자 로런스 킬리Lawrence Keeley가 『원시전쟁War before Civilization』(1996)에서 밝혀낸 것처럼, "원시부족 전사와 문명세계의 군인이 벌이는 전쟁의 역사를 살펴보면 서양인들의 군사적 호언장담에 고개를 갸웃하게 된다." 유럽인들과 '원시' 전사의 수많은 충돌을 검토한 뒤에 킬리는 이렇게 결론을 내린다.

대부분의 경우 문명세계의 군인들은 원시 전사들의 전술을 택했을 경우에만 그들을 무찔렀다. 유럽인들의 팽창의 역사에서 군인들은 원시적인 적과 싸워 이기기 위해 자신들의 문명화된 기법과 무기를 수시로 포기해야 했다. 그들이 채택한 비정통 전쟁 기술은 규모가 작고 기동성이 높은 단위부대로, 대포 대신 가볍고 작은 무기를 사용하고, 전투대형을 개방하고 소규모 전투를 많이 벌이며, 매복과 기습을 늘리고 마을을 급습하며, 거주지나 음식저장소나 가축이나 운송수단 등 원주민의 경제적 토대를 파괴하고, 적 진영 남자들의 힘을 빼는 작전을 쓰며, 문명국의 뛰어난 병참을 최대한 이용하고, 원주민들을 정찰대와 외인부대로 널리 활용하는 것 등이었다.[124]

결국 문명국가는 원주민 전사들을 예외 없이 제압했지만, 그들이 이길 수 있었던 것은 무엇보다 대규모 사회가 소규모 사회를 상대로 싸웠기 때문이었다. 대형 국가는 부족사회보다 사람과 물자 등 자원이 훨씬 많고 조직력이 탄탄하며 지구력도 강하다. 그들은 무자비하게 "원시 전사들을 짓뭉갤" 정도로 군사적 우위를 점했다. 현대에 원시전을 구사하는 게릴라들도 수적으로나 기술적으로 월등한 정부군을 상대로 전투를 벌이는 짓은 무조건 피한다.

원시 전사도 현대의 게릴라도, 무차별 공격보다는 기동력, 잠입, 기습 같은 방식에 의존한다. 앞 장에서 원격 무기가 몸집이 큰 포식자를 막고, 달아나는 먹잇감을 쓰러뜨리고, 사회적 위계를 평정하는 데 어떤 역할을 했는지 설명했다. 성능이 좋은 원격 무기는 또한 비정규전을 승리로 이끄는 데 결정적인 역할을 했다. 그런 무기를 잘 다루면 전략적인 기습을 감행하고 적진을 빠져나오기가 쉬웠다. 게릴라전에서 가장 위력적인 무기가 경輕박격포인 이유도 그 때문이다. 마오쩌둥毛澤東은 그의 전술지침서 『유격전遊擊戰』에서 게릴라 부대에게 해당 지역에서 만든 박격포를 구비할 것을 권했다. 아일랜드 공화군 등 많은 반란군들은 그렇게 손수 제조한 박격포를 사용했다.

상식적으로 생각하면 원격 무기는 비정규전뿐 아니라 어떤 유형의 전투에서도 두루 애용되는 것이 마땅하다. 하지만 의외로 터니-하이는 그렇게 생각하지 않는다.

우리는 이런 종류의 언급을 자주 접하게 된다. 예전에는 싸움이라고 하면 육박전이었지만, 요즘은 원격 무기를 쓴다는 것. 물론 군인이라면 이 것이 얼마나 터무니없는 말인지 너무도 잘 알 것이다. 싸움은 그때나 지금이나 늘 육박전이다. 화기는 적과의 싸움을 끝내는 충격의 예비 단계일 뿐이다. 결국 끝내기는 육박전이다. 전투는 몸을 부딪치는 일이다. 전 세계 어디 할 것 없이 이것은 군사 원칙의 기본이다.[125]

이 구절은 정말 놀랍다. 그런데도 한 걸음 더 나아간다. 충격 무기 중 어떤 것이 가장 중요한지 물은 뒤, 터니-하이는 다음과 같은 답을 내놓는다.

투창, 장창, 미늘창, 착검한 소총이라고 해두자. 이런 것들은 인간이 만든 어떤 전쟁 발명품보다 더 많은 인간을 죽여왔다. 어쩌다 1914~18년에 벌어진 세계대전에 참전했던 퇴역군인, 특히 비전투부대 퇴역군인들이 총검을 우습게 말하는 것을 들을 때가 있다. 군의관은 병원이 총상을 입은 병사들로 가득한 반면, 총검에 찔린 상처를 치료하는 경우는 거의 없었다고 말한다. 그런 빌언은 오히려 총검에 대한 찬사다. 총검에 찔린 사람은 의료진의 치료도 소용없을 정도여서 현장에서 매장되었기 때문이다. 총검의 가치를 떨어뜨리기 위해서는 제2차 세계대전이 필요했다.

하지만 그런 가치 폭락은 영원하지 않을 것이다.

노련한 인류학자가, 그것도 제2차 세계대전 기간에 종군 경험까지 있는 사람이 어떻게 이런 글을 썼는지 어이가 없다. 군사학자들은 현대전에서 사상자의 절대 다수가 화기에 의한 피해자라는 사실에 대체로 동의한다.[126] 한 가지 이견이 있다면 더 많은 적을 죽인 무기가 대포인가 아니면 권총이나 소총이나 기관총 같은 개인화기인가 하는 점뿐이다. 그에 대한 답은 때에 따라 달라진다. 예를 들어 영국의 군사학자 리처드 홈스Richard Holmes의 견해를 보자.

1775년부터 무기는 더 강력해졌고 치사율이 높아지면서 사상자와 중상자가 모두 증가했다. 1850년 이전에는 전쟁터의 사상자 중 절반이 대포에 희생된 병사들이었다. 19세기 중반에 원추형 탄환의 등장으로 소형화기의 유효사거리와 정확도와 파괴력이 크게 증가했다. 남북전쟁 당시 사상자들은 대부분 소총 화기의 희생자였다. 제1차 세계대전에서는 사격 속도와 정확성을 높인 주퇴장치의 개선, 간접사격 기법과 고성능 폭약과 포탄의 발전으로 대포는 다시 한번 전장에서 가장 파괴적인 무기로 등극했다.[127]

터니-하이는 이런 학문적 합의가 틀렸다는 사실을 입증할 어떤 증거도 제시하지 않는다. 그러나 제1차 세계대전에서 총검이 맡았던 역할에 대한 의문은 역사학자들뿐 아니라 미국의 존 F. 오라이언John F. O'Ryan 장군 같은 군사전문가의 큰 관심을 끌었다. 그리고 그가 수집한 데이터 덕분에 우리는 이 문제를 풀 수 있게 되었다. 첫째로, 오라이언은 육군성의 공식보고서를 보고 군병원에 입원한 26만 6,112명의 장병들 중 총검에 부상을 입은 사례는 245건에 지나지 않는다는 사실을 발견했다. 총검은 부상 원인 순위에서 '권총 탄환' 바로 다음이고 '낙하 물체' 바로 위였다. 이처럼 총검은 '낙하 물체'보다 심각한 부상을 야기하지만 큰 차이는 없었다. 물론 이 자료만 가지고는 전장에서 얼마나 많은 병사들이 병원에 실려갈 사이도 없이 총검에 의해 목숨을 잃는지 확실히 단정할 수 없다.

이 질문에 답하기 위해 오라이언은 그의 사단에 속한 중대원들을 상대로 전수조사를 벌였다. 그가 장사병으로부터 입수한 수많은 증언에 따르면 총검으로 부상을 입거나 사망한 경우는 극히 드물었다. 적과 지근거리에 이르면 병사들은 보통 소총을 쏘거나 수류탄을 던진다. 그러면 총검을 사용할 기회가 오기 전에 적은 보통 항복하거나 도주한다. "사단의 장교와 사병의 진술을 종합해볼 때 총검은 대개의 경우 심리적 무기다."[128]

그래서 현대전에 관한 한 터니-하이의 주장은 명백히 잘못되었다. 현대전에서는 육박전이 흔하지 않다. 가장 중요한 군사기술은 어떻게 해야 먼 거리에서 적을 죽일 수 있는가 하는 점이다. 19세기 후반에 잠깐 예외가 있었지만 근현대에 들어와 대부분의 전쟁을 승리로 이끌어준 것은 대포였다. 러시아 속담대로 "대포는 전쟁의 신이다."

•●•

터니-하이의 견해가 시대착오적이라고 치부하기는 쉽다. 문제는 최근까지도 군대의 역사가 유럽 중심으로 쓰였다는 사실이다. 충격 무기에 대한 원격 무기나 게릴라 작전에 대한 정규전의 상대적 중요성에 관한 문제는 유럽의 증거만 사용할 것인가 아니면 전 세계를 대상으로 할 것인가에 따라 전혀 다른 답이 나올 수 있다. 안타깝게도 역사가들은 종종 고의로 범위를 유럽으로 제한한다. 내 생각에는 정말 쓸데없지만, 미국 역사가 빅터 데이비스 핸슨Victor Davis Hanson의 저서 제목을 그대로 빌리자면 '서구의 전쟁 방식Western Way of War'이라고 하는 군사軍史의 한 갈래가 있다.

'서구의 전쟁 방식'이 월등하다고 치켜세운 사람은 존 키건John Keegan과 제프리 파커Geoffrey Parker 같은 존경받는 군사학자였다. 특히 파커는 최근에 『케임브리지 전쟁사The Cambridge History of Warfare』의 서문에서 "이 책에서 채택한 방법론 때문에 저자들은 유럽중심주의에 대한 공격에 노출되었지만, 우리는 이에 대해 세 가지 방어책을 제시한다"라고 썼다. 그런 다음 그는 세계 전체를 제대로 다루는 것은 불가능한 일이며 어설프게 그런 시도를 했다가는 "용서할 수 없는 왜곡"을 범하게 될 것이라고 지적했다. 결국 "좋든 나쁘든 지난 2세기 동안 서구의 전쟁 방식은 전 세계를 압도했다."[129]

이 마지막 주장을 부인할 사람은 없을 것이다. 문제는 2세기라는 기간이 진화적 관점에서 볼 때 그렇게 긴 시간이 아니라는 사실이다. 서기 1500년 이전에 유럽은 문명의 변방이었다. 전부는 아니지만 군사기술의 중요한 발전은 대부분 유라시아의 다른 여러 지역에서 이루어졌다. 요즘 역사학자들이 '서구의 승리'[130]에 깊은 인상을 받아

‘유럽의 위대성’의 뿌리를 유럽의 중세사와 고대사에서 찾으려는 것
도 어찌 보면 당연해 보인다. 그러나 그런 결론부터 낸 다음 그것을
뒷받침할 증거를 찾는 편향된 역사적 방법론은 매우 위험한 발상이
다. 그렇다고 해서 예를 들어 『케임브리지 전쟁사』에 쓰인 내용 모두
가 터무니없다는 말은 절대 아니다. 이 책에 기고한 저자들과 편집자
는 모두 학문적으로 대단한 업적을 이룬 역사학자들이다. 그런데도
이들은 몇 가지 점에서 중요한 오해를 하고 있다. 특히 화약이 발명
되기 전까지의 기간을 다룰 때는 더욱 그렇다.

예를 들어 고대와 중세에 소형 무기를 들고 지근거리에서 싸우는
전투는 가장 결정적 종류의 전쟁이었다고 파커는 주장한다. ‘서구의
전쟁 방식’의 기원은 그리스의 중장보병 호플리테hoplite라고 파커를
비롯한 이 책의 공저자들은 주장한다. 이후 “서구사회의 전쟁은 서구
인들이 전 세계를 지배하도록 만들어준 독특한 경로를 밟았다.”[131] 핸
슨의 책 『서구의 전쟁 방식—고대 그리스의 보병 전투The Western Way of
War: Infantry Battle in Classical Greece』에서 핸슨의 원래 공식을 찾아 세부적
인 내용을 살펴보자.

그 고대 그리스인들에만 있는 것은 무엇이었을까? 그들이 세계 지
배라는 임무를 완수하는 데 필요한 놀라운 비결은 무엇이었을까? 핸
슨은 그리스인들이 “서구 전쟁의 핵심인 결정적 보병전”을 창시했
다고 주장한다. “기원전 5세기의 그리스인들은 매복이나 국지전이
나 장수들끼리의 대결이 아니라 모든 연령의 병사들이 무장한 채 잔
인하고 간결하고 파괴적인 방식으로 정면충돌하는 전술을 고안해냈
다.”

나는 도저히 동의할 수 없다. "파괴적인 정면충돌"에 의지하는 "결정적 보병전"으로 내 방식을 잘 아는 적과 맞붙었다가는 패하기 딱 좋다. 핸슨의 주장과 보병 전쟁에 대한 예찬의 가장 큰 문제점은 그가 내세운 증거가 세계의 아주 작은 귀퉁이에서 나왔다는 점이다. 그의 주장은 유럽 중심적일 뿐 아니라 헬레니즘 중심적이다.

그리스군의 전투는 거의 모두가 직접 맞붙는 방식이었다. 그리스의 도시국가인 폴리스의 군대는 다른 폴리스의 군대와 부딪쳤다. 그리스군이 다른 문명권의 군대와 맞붙었던 경험 중 가장 중요한 사건은 기원전 5세기 전반에 벌인 페르시아와의 전쟁이었다. 그런 다음 150년 뒤에는 알렉산더가 이끄는 마케도니아와 그리스가 페르시아를 침공했다.

호플리테 전쟁에 관한 핸슨의 생각은 전적으로 그리스인들이 직접 남긴 기록을 근거로 한 것이다. 그러나 프로 인류학자나 역사가라면 사람들이 스스로에 대해 남긴 기록을 곧이곧대로 믿어선 안 된다는 것 정도는 누구나 안다. 당연한 일이지만 그리스인들은 그들이 가장 훌륭하고 가장 잘 싸우며 그들의 전투 방식이 가장 탁월하다고 생각했다(비겁한 적이 공평하지 못한 전술로 승리를 거두었을 때만 빼고).

안타깝게도 페르시아인들은 기록을 거의 남기지 않아 우리로서는 그들의 입장을 알아내기가 어렵다. 하지만 우리가 그들에게 물었을 때 어떤 답이 나올지는 짐작하기가 그리 어렵지 않을 것이다. 우리가 크세르크세스를 되살려낼 수 있다면, 그는 자신이 분명 인도에서부터 마케도니아(당시에는 페르시아 제국의 일부였다)까지 뻗어 있는 거대한 제국을 통치했다는 사실을 지적할 것이다. 이 외에도 관심을 가져야 할 중요한 지역은 얼마든지 있다. 이집트도 그렇다. 어쨌든 페르시아의 입장에서 볼 때, 멀고 다루기 아주 까다로운 그리스(그곳에는 독립적인 폴리스가 700개 정도 있었을 것이다)를 정복한다는 것은 희생에 비해 대가가 따르지 않는 일이었다. 500년 뒤에 로마제국은 비슷한 이유로 게르마니아와 스코틀랜드의 정복을 포기했다.

그리스에서 펼친 페르시아의 군사작전은 두 가지 어려움을 겪었다. 하나는 그리스인들이 본국과 가까운 곳에서 싸운 반면 페르시아 군대는 아주 긴 보급사슬의 끄트머리에서 싸워야 했다는 점이었다. 아테네는 침략군을 격퇴하기 위해 군대를 소집하면서 병사들에게 각자 필요한 식량을 지니도록 했지만, 페르시아군은 침공 준비를 위한 보급품을 조달하느라 몇 해씩 보내야 했다. 둘째로 페르시아 기병에 맞서 그리스의 험난한 산악 지역을 방어하는 데에는 사실 중장보병이 훨씬 더 적격이었다. 핸슨의 주장에도 불구하고, 그리스는 결정전에서 페르시아군을 궤멸하려 하지 않았다. 그들은 통로가 좁은 지형을 방어하는 것에 만족했다. 다행히 그리스에는 그런 지형이 많았다. 테르모필레Thermopylae('뜨거운 문') 계곡은 그중 가장 유명한 장소였을 뿐이다.

이런 이점에도 불구하고 페르시아와 맞선 그리스의 전적은 기복이 심했다. 이길 때도 있었지만 질 때도 있었다. 그리고 잊지 말아야 할 것은 페르시아인들이 군사적으로 중요한 목적을 이루었다는 점이다. 즉, 이오니아의 반란과 에레트리아와 아테네를 지원한 데 대한 응징으로 그리스의 두 도시를 철저히 파괴한 것이다. 그래서 방어 역할에서도 그리스의 호플리테는 인기 있는 역사 기록이나 핸슨의 책에서 그려진 것만큼 인상적이지 않았다.

그러나 '서구의 전쟁 방식'이 세계의 지배로 가는 경로로 상정되었다는 것을 떠올려보자. 그런데 고개를 지키는 정도로는 제국을 정복할 수 없다. 페르시아인이 그리스인에 비해 제국을 건설하는 능력이 **훨씬** 뛰어났다는 것은 논쟁의 여지가 없는 분명한 사실이다. 아테네나 스파르타처럼 그리스에서 가장 큰 폴리스조차도 인구가 몇 만 명밖에 안 되었다. 이와 달리 페르시아 제국은 500만 제곱킬로미터에 달하는 광대한 영토에 3,000~4,000만 명의 인구가 거주하고 있었다. 페르시아인들이 어떻게 세계 역사상 최초로 이런 초대형 제국을 건설할 수 있었는지는 간단히 답하기 어렵다. 그러나 그들은 매우 강력한 군대를 보유했고 그들이 좋아하는 전투 방식은 보병을 앞세운 공격이 아니라 원격 무기를 이용하여 멀리서 적을 사살하는 기병이 주축이었다. 헤로도토스가 말한 대로 페르시아인들이 젊은이에게 맨 처음에 가르치는 두 가지는 말 타는 법과 활 쏘는 법이었다(세 번째는 진실을 말하는 것).

책략을 쓸 여유가 있는 지형에서는 말을 탄 궁수가 창이나 칼 같은 근접 무기를 휘두르는 보병보다 월등히 유리했다. 기마병은 필요할 때 활을 쏘고, 보병이 달려들면 달아나다가 쫓아오는 적이 지쳤을 때 말을 돌려 반격했다.

기원전 53년에 벌어진 카레 전투Battle of Carrhae는 이런 형태의 전쟁의 이점을 잘 보여주는 사례로, 보병을 앞세워 침략한 로마군과 그에 맞선 파르티아 기병 간의 싸움이었다. 파르티아군은 수적인 열세에도 불구하고 승리했다. 그들은 말 그대로 화살 수백만 대를 쏘아 로마군을 궤멸시켰다. 처음에 로마군은 시간이 지나면 파르티아군의 화살이 동날 것이라 예상했지만 화살을 잔뜩 짊어진 낙타 행렬이 도착하는 장면을 보면서 모든 희망이 수포로 돌아갔다는 사실을 깨달았다. 로마인들은 궁수들의 화살 세례를 막는 방법을 알고 있었다. 그들은 방패로 테스투도testudo(거북) 진형을 만들어 화살이 들어올 틈 하나 없는 장벽 뒤에 몸을 감췄다. 그러나 파르티아군에게는 카타프락트cataphracts라는 중무장 기병대가 있었다. 이들은 기병과 말을 모두 비늘갑옷으로 감싼 최정예 기병대였다. 이들 중무장 기병들은 테스투도를 직격하여 진형을 무너뜨렸고 로마군을 폭풍우 같은 화살의 무차별 사격에 노출시켰다. 이 전투로 로마군 2만 명이 사망하고 1만 명이 포로로 잡혔다.

'서구의 전쟁 방식'을 지지하는 사람들은 근접 무기로 수행하는 '결정전'을 예찬했지만 솔직히 그들이 무슨 근거로 그런 주장을 하는지는 이해하기 어렵다. 사실 진짜 서구식 전쟁 방식은 이런 망상과는 아무런 관계가 없다. 미국의 보병이 착검한 총검으로 탈레반 전사들을 공격하는 모습을 상상할 수 있는가? 진정한 서구의 전쟁 방식은 군대를 멀찌감치 뒤로 물리고 월등한 기술력을 바탕으로 원거리에서 적을 사살하는 것이다.

화약이 나오기 전에도 원격 무기는 육박전보다 훨씬 더 효율적이었다. 크레시 전투와 아쟁쿠르 전투에서 수적으로 월등한 프랑스 기병을 패퇴시킨 영국의 궁병들을 떠올려보면 알 수 있는 일이다. 중세에 가장 가공할 무기는 석궁으로 파괴력이 너무도 강해 역대 여러 교황들까지 나서서 기독교도가 다른 기독교도에게 이 무기를 사용하는 것을 금지시켰을 정도였다. 결국 백년전쟁은 프랑스의 승리로 끝났다. 프랑스군이 칼과 도기로 영국군을 공격하려는 시도를 포기했기 때문이었다. 대신 그들은 적진을 초토화시킬 수 있는 새로운 장거리 무기를 사용했다. 대포였다.

현대전에서는 대부분 양쪽이 멀리 떨어진 상태에서 전투를 벌이기 때문에 서로를 볼 수조차 없다. 최장거리 무기인 프레데터 드론을 조작하는 사람은 몇 킬로미터 밖에서도 적을 사살할 수 있다. 그보다 훨씬 값이 싼 장거리 무기인 사제 폭탄은 이라크와 아프가니스탄에서 미군과 그들의 동맹군들에게 막대한 피해를 입히고 있다.

•••

앞 장에서 몸집이 큰 포식자를 막고, 달아나는 먹잇감을 쓰러뜨리고, 사회적 위계를 평정하는 데 원격 무기가 어떤 역할을 했는지 설명했다. 불의 지배와 함께 원격 무기는 말 그대로 우리를 인간으로 만들었다. 원격 무기는 또한 소위 '인간의 전쟁 방식'을 정했다. 인간의 전투는 기동성을 동반한 원거리 타격 능력이 큰 특징이다. 이것은 특히 검치호랑이와 매머드를 비롯하여 플라이스토세 초원을 누비던 몸집 큰 맹수들에게 효과가 있었다. 충격전에 매우 능한 이들 맹수는 발사식 무기를 자유자재로 사용하는 발 빠른 인간에 의해 멸종의 길로 내몰렸다.

그런 유동적인 전쟁 방식은 또한 고대의 전쟁이든 현대 게릴라전이든 인간에 대한 인간의 폭력에서도 가공할 위력을 발휘했다. 현대의 정규군도 대포와 폭격기와 유도미사일과 프레데터 드론 등 원거리에서 적을 사살하는 능력에 의존한다. 분명코 인간이 발명한 무기의 살상력은 석기시대부터 원자력 시대까지 천문학적 규모로 증가해왔다. 그런 극적인 기술적 변용이 사회의 진화에 영향을 안 끼칠 리 없었다.

실제로 그랬다. 전쟁을 일으키는 능력이 대폭 증가했던 시기는 역사에서 여러 차례 있었다. 앞으로 이어질 장에서는 사회끼리의 경쟁과 사회적 진화에 대한 그런 '군사적 혁명'의 결과를 추궁할 것이다. 특히 우리의 관심을 끄는 부분은 방어에서 공격으로 전열을 바꾸게 만든 혁신이다.

갑옷과 손에 쥐는 무기의 개량도 중요한 결과를 가져다준다. 그러나 사회학도들은 '인간의 전쟁 방식'의 핵심인 그런 기술, 즉 거리를 늘리고 기동성을 높여주는 도구에 각별한 주의를 기울여야 한다. 이것들은 공격적인 전쟁에서 파괴력을 한층 높이는 기술이고 따라서 사회를 진화시키는 보다 강력한 힘이다. 쏘고 달리는 우리의 능력에서 어떤 중요한 분기점이 없었다면 역사상 위대한 제국은 절대로 나타나지 않았을 것이라고 해도 전혀 과언이 아니다.

7장 신격화된 왕의 탄생

알파 메일의 반격

하와이 제도를 처음 본 유럽인은 제임스 쿡 선장이 이끄는 영국 탐험선단의 대원들이었다. 쿡은 앞선 탐험에서 호주를 '발견'한 적이 있었다. 이들 18세기 영국 선원들은 우리보다 훨씬 더 위계가 엄격한 사회에서 살았다. 그러나 그들조차도 하와이에서 벌어지는 불평등에는 혀를 내둘렀다. "하층민을 대하는 추장의 권위는 … 아주 포악해보였다."[132]

위의 인용 부분은 쿡의 3차 항해(1776~79년) 중 대부분의 기간을 영국왕실군함 레절루션호에서 소위로 복무한 제임스 킹James King이 쓴 것이다. 하지만 그는 쿡이 하와이에서 살해되고 그의 뒤를 이은 찰스 클러크Charles Clerke마저 결핵으로 죽자 결국 요선僚船 디스커버리호의 함장에 임명되어 3차 항해를 끝냈다. 영국으로 귀환한 뒤, 킹은 하와이 제도의 지리와 원주민들을 상세하게 묘사한 책을 펴냈다. 그의 눈에 비친 하와이는 신분차별이 엄격한 사회였다.

오화이의 에리타부〔하와이의 왕〕테리오부의 막강한 권력과 높은 지위는 그가 카라카쿠아에 처음 도착하자마자 그를 맞았던 사람들의 태도로 보아 아주 명백했다. 모든 원주민들은 각자 집의 입구에서 머리를 조아렸다. 그에 앞서 이틀 동안 카누는 **금기시되어** 제재가 풀릴 때까지 밖으로 나가는 것이 금지되었다. … 하층민에 대한 에리〔추장〕의 권력은 절대적인 것 같았다. 우리가 머무르는 동안 이런 일은 수시로 일어났는데 이미 언급한 대로다. 한편 사람들은 추장에게 무조건 복종했다. 이런 굴종적 태도는 틀림없이 그들의 몸과 마음을 비굴하게 만드는 데 대단한 영향을 미쳤을 것이다.[133]

또한 (현대식 용어로 말하면) 성 불평등은 탐험대가 들렀던 다른 폴리네시아 군도 어느 곳보다 하와이가 확실히 더 심했다고 킹은 지적했다.

일러두지만 문명의 수준을 가장 잘 측정할 수 있는 여성에 대한 존중의 정도로 보자면 이들은 다른 섬 주민들에 비해 크게 못 미친다. 여기 여성들은 남성들과 함께 식사할 특권도 빼앗겼을 뿐 아니라 제일 좋은 음식도 그들에겐 **금기**여서 먹을 수가 없다. 여성들은 돼지고기, 거북이, 여러 종류의 물고기, 몇 가지 종류의 바나나도 먹을 수 없다. 어떤 가난한 소녀가 우리 배에 탔을 때 이런 금기 식품 한 가지를 먹었다는 이유로 흠씬

두들겨 맞았다는 얘기도 있었다.[134]

21세기 미국 같은 현대 서구사회도 평등 문제라면 농경 이전의 인간사회에 한참 못 미친다. 그러나 미국이 불평등한 첫 번째 이유는 극심한 빈부격차 때문이다. 테네시주 멤피스의 빈민가에서 성장한 흑인 청년은 가난할지는 몰라도 법적 권리로 따지자면, 적어도 이론상으로는, 억만장자 빌 게이츠와 동등하다. 노예제도가 폐지되고 특히 1960년대의 민권운동 이후로 미국사회는 계층, 인종, 민족, 성별을 기반으로 한 모든 형태의 '구조적' 불평등을 없애기 위해 한마음으로 노력해왔다(덕분에 1960년대 이후로 구조적 불평등은 완화되었지만, 그 사이에 경제적 불평등은 심화되었다).

농업을 도입한 이후 형성된 첫 번째 대규모 복잡사회('고대국가')는 수렵채집사회나 지금의 우리 사회보다 훨씬, 훨씬 더 불평등했다. 고대국가의 귀족은 평민보다 훨씬 더 많은 권리를 누린 반면, 평민은 의무에 시달렸고 노예제는 흔했다. 사회위계의 정상에 있는 통치자는 '신격화'되어 살아 있는 신으로 추앙받았다. 무엇보다 차별의 극치는 백성의 자유나 인권뿐 아니라 그들의 목숨까지 빼앗는 인신공양이었다.

하와이는 인신공양뿐 아니라 모든 면에서 다른 어떤 폴리네시아 사회보다 더 불평등했다. 킹 선장은 일기에 이렇게 쓰고 있다.

원주민들의 말에 의하면 이곳은 우리가 들렀던 다른 어떤 섬들보다 인신공양이 더 잦았다. 이 끔찍한 의식은 전쟁이 시작된 직후에 그리고 큰 전

　　　　　　　　　　　　7장 신격화된 왕의 탄생

투나 어떤 계획을 알리는 행사 직전에 치러진다. 뿐만 아니라 어떤 유력한 추장이 죽어도 그 지위에 따라 한 명 이상의 토우토우towtow[아래 참조]를 희생시킨다. 테리오부가 죽으면 남자 열 명이 죽어야 한다고 들었다. 그래도 조금이나마 이 의식의 공포를 덜어주는 것이 있다면, 불운한 희생자들에게 그들의 운명을 미리 알려주지 않는다는 것 정도다. 거꾸러뜨릴 사람이 결정되면 장소와 상관없이 몽둥이로 살해해서 죽인 다음 의식을 치르는 장소로 보낸다. 그리고 그곳에서 나머지 의식을 마무리한다.

유럽 탐험가들의 진술 이외에도 많은 자료들을 바탕으로 한 현대의 연구서들이 킹의 진술을 확인해주고 있다.[135] 유럽인들과 접촉하기 전인 18세기 말에 하와이는 네 개의 왕국으로 나뉘어 있었는데 각각은 하와이, 마우이, 오하우, 카우아이 등 큰 땅덩어리와 인근의 작은 도서를 거느리고 있었다. 조금씩 다르기는 해도 이들 왕국은 세 계급으로 나뉘어 있었다. 제일 높은 계급은 '알리aliʻi'로 추장 계급이었다(킹은 이들을 **에리**Eree로 표기했다). 여기에는 왕과 여러 등급의 추장과 사제와 그들의 가족이 포함되었다. 이들 엘리트들은 왕국의 모든 땅을 소유했지만 일은 하지 않았다.

두 번째 계급 **노아**noa는 지배계급이 소유한 땅에서 일을 하는 평민들이었다. 하와이 원주민의 대부분은 이 계급에 속했다. 그들은 공물과 노동을 바쳐 엘리트들을 받들었다. 평민들은 장시간 뙤약볕에서 일했기 때문에 '벌게진 사람' 또는 '불쏘시개'라 불렀다. 엘리트와 평민은 서로 결혼할 수 없었다. 유일하게 예외를 허락하는 경우는 추

장이 평민 출신 중 뛰어나게 아름다운 여자를 택해 첩으로 삼을 때뿐
이었다. 그래도 이들은 결코 정식 부인이 되지 못했다.

최하위층은 킹이 '토우토우'라고 말한 **카우와**kauwa였다. 카우와는
'노예'나 '버림받은 자outcast'라는 뜻이다. 카우와 계급은 전쟁의 사원
에서 치러지는 인신공양 의식에 제물로 바쳐진다. 그들의 얼굴에는
특별한 문신이 그려 있는 경우가 많다. 제물을 바쳐야 할 일이 생기
면 추장의 가신들이 갑자기 카우와를 꼼짝 못하게 붙든 다음 죽였다
고 킹은 일기에 썼다. 하지만 킹의 주장대로 그들의 운명에 대해 "미
리 알려주지 않는다"는 것은 가망 없는 일이었는데, 이들은 늘 그런
운명을 안고 살았기 때문이다.

하와이의 주요 엘리트들이 평민과 다른 이유는 꼭 재산이 많고 특
권과 권력을 가졌기 때문만은 아니었다. 그들의 서열이 높은 이유는
그들이 집단 전체를 행복하게 만드는 데 꼭 필요한 **마나**mana를 지니
고 있기 때문이다. 마나는 신들로부터 흘러나오는 영적 에너지로 엘
리트들은 그 마나를 운반하는 자들이다. 지배자의 급수가 높을수록
그에게 집중되는 마나가 더 많아진다. 왕은 "마나 분배 네트워크"의
구심점이다. 미국의 인류학자 패트릭 커크Patrick Kirch는 이렇게 쓴다.
"지상의 신으로서 하와이의 신성한 왕은 사회의 재생산에 없어서는
안 될 존재다. 왕은 또한 평민들의 생사여탈권을 가지고 있으며 인신
공양의 의식을 통해 그런 권리를 자주 행사한다."[136]

마나가 원활하게 공급되도록 하는 일은 왕의 중요한 역할이었는
데, 그런 의미에서 매우 공을 많이 들인 의례는 그런 마나가 중단 없
이 흐르도록 해주었다. 그리고 **카푸**kapu(금기)는 모든 하와이 원주민

들의 일상을 지배했다. 예를 들어 카푸는 남녀가 함께 식사하지 못하도록 했고 심지어 음식도 따로 조리하도록 규정했다(킹 선장의 일기에 적힌 대로 여성들은 좋은 음식을 먹을 수 없었다). 그러나 의례로 규정한 관행 중 가장 복잡한 체계는 지배자의 거주지와 복장과 신체에 관한 규정이었다.

하와이 원주민 출신 역사가 데이비드 말로David Malo(1793~1853년)는 이렇게 말한다. "타부 추장이 식사를 할 때, 그의 면전에 있는 사람은 무릎을 꿇어야 했다. 누구라도 무릎을 폈다가는 사형에 처해졌다."[137] 왕이나 지위가 높은 추장이 오는 것을 보면 "평민들은 고개를 떨어뜨리고 감히 쳐다볼 생각을 못한다. 그리고 20~30미터 정도 멀어질 때까지 그 자세를 유지해야 한다"(쿡의 뒤를 이어 잠깐 지휘를 맡았다가 죽은 클러크 선장의 일기에도 이런 내용이 들어 있다). 누구라도 고개를 들었다가는 그 자리에서 처형되었다.

패트릭 커크는 이렇게 단정한다. "유럽 사람들과 처음 접촉할 당시, 하와이 사람들은 폴리네시아 사람들 중에서도 추장직과 서열에 대해 좀더 고루한 생각을 가졌고 그런 생각을 과장하여 해석했다. 그런 그들의 논리적 과장은 그들의 지배자, 즉 왕을 신성한 존재로 받드는 형태로 나타났다. 이것은 종래의 폴리네시아 서열제도가 양적으로 확장된 것일 뿐 아니라 하와이 사회가 새로운 영역으로 들어가게 된 진정한 질적 변화였다."[138]

다른 모든 고대국가들도 커크가 하와이 왕국을 설명한 극단적인 형태의 불평등과 같은 질적 변화를 겪었던 것 같다. 캐나다의 인류학자 브루스 트리거Bruce Trigger는 고대 7대 문명을 조사한 내용을 바탕으로 그들이 모두 노예제도와 신격화된 왕과 인신공양 풍습을 가지고 있었다고 결론지었다. 세부적인 내용은 조금씩 다르다. 이집트와 메소포타미아 지방에서 인신공양은 일차적으로 국가를 형성하던 초기에 시행되다가 이후로는 점차 드물어졌다. 북중국과 마야 저지대, 멕시코 분지, 페루, 나이지리아 남서부 등 다른 고대 문명 다섯 곳에서 인신공양은 정기적인 행사였다.[139] 일반적으로 볼 때 고대국가들은 모두 극도로 불평등했다.

인간사회에 변화의 바람이 분 것은 농사를 시작하면서부터였던 것 같다. 농작물을 심고 가축을 기르는 것도 처음에는 사회구조에 별다른 영향을 미치지 못했다. 소규모 농경사회는 소규모 수렵사회만큼이나 평등했다. 그리고 규모가 작은 농업 집단은 위계에 계속 저항했기 때문에 부와 신분과 권력에서 큰 차이가 나지 않았다. 예를 들어 앞 장에서 설명한 마에엥가에는 남과 여, 노인과 젊은이 사이에 불평등이 존재한다. 그러나 성인 남자들은 근본적으로 모두 평등하다. 노예제도도 없고 다른 사람에 대해 생사여탈권을 휘두르는 신격화된 지배자도 없다.

반면에 문명화의 길로 갔던 사회, 즉 규모가 커지고 도시를 갖게 되고 문자를 개발하고 광범위한 분업을 이루어 결국 국가로 올라선 사회는 매우 불평등하고 심지어 전제적이 되었다.

이 부분은 선뜻 납득이 가지 않는다. 우리의 진화 역사에서 90퍼센트가 넘는 기간 동안 인간의 사회적 진화의 전반적인 추세는 평등화를 지향하여 우리의 친척인 영장류에서 나타나는 사회적 위계를 버렸다. 그러나 농업문화를 채택한 후 불과 수천 년 뒤에 인간은 엄격한 평등주의를 포기하고 전제주의를 받아들였다. 왜 그들은 이런 변화에 동의했을까? 물론 자유롭게 선택했다기보다는 거의 강요에 의한 것이었음이 확실하다. 하지만 수렵채집인들의 평등 개념은 사라지지 않았다. 전제주의 국가에 살고 있는 사람을 포함하여 인간은 여전히 공정함과 평등을 소중히 여긴다. 아주 오래된 노래나 속담을 들어보면 평범한 사람들이 그들의 전제군주에 대해 어떤 생각을 가졌는지 엿볼 수 있다. 노랫말이나 속담에 담긴 속뜻은 결코 칭찬이 아니었다. 유럽인과 접촉하기 전부터 불렸던 어떤 하와이 노래는 왕을 평민을 잡아먹는 사람으로 그린다.

> 내 추장은 내륙으로 가는 한 마리의 상어,
> 지상의 모든 것을 먹어치울 수 있는 매우 막강한 상어.
> 추장은 아주 새빨간 아가미를 가진 상어,
> 목 메이지 않고 섬을 집어삼킬 수 있는 목구멍을 지녔지.[140]

지금의 잠비아에서 반투어를 쓰는 벰바족은 주로 악어 씨족에 속한 최고위 여인의 아들 중에서 왕을 뽑았다. 하와이와 마찬가지로 벰바족의 왕은 평민으로부터 공물과 노동을 강제로 받아냈고 자신의 생명력의 저수지를 보존하기 위해 관례에 따른 금기를 준수하도록 만들고 그를 거역하는 자는 누구나 불구로 만들 수 있었다. 평민들이 하는 말이 있었다. "악어족은 평민들을 이빨로 찢어놓는다."

평민을 '잡아먹는' 고대국가 지배자의 이런 이미지는 전 세계 곳곳에서 반복적으로 나타난다. 고대 인도에서 왕(라자)은 "농부를 탐식

하는 자"(비샤마타)라고 불렸다.[141]

　그러나 아마도 고대국가에서 지배자를 바라보는 평민들의 시선을
가장 잘 보여주는 자료는 『시경詩經』일 것이다. 고대 중국의 시가를
모은 『시경』에는 300편 이상의 민요와 서정시와 찬가가 실려 있다.
하나같이 적어도 2,500년이 넘은 작품들로 중국이 최초로 통일되기
몇 세기 전의 것들이다. 그중 하나를 소개하면 이렇다.

　　碩鼠碩鼠　큰 쥐야, 큰 쥐야

　　無食我黍　내 곡식을 먹지 마라!

　　三歲貫女　삼 년이나 섬겼는데도

　　莫我肯顧　내 사정은 조금도 안 봐주는구나

　　逝將去女　이제 곧 너를 떠나서

　　適彼樂土　저 복된 땅을 찾아가련다

　　樂土樂土　복된 땅이여! 복된 땅이여!

　　爰得我所　내 살 곳을 찾으리라

　　碩鼠碩鼠　큰 쥐야, 큰 쥐야

　　無食我黍　내 곡식을 먹지 마라!

　　三歲貫女　삼 년이나 섬겼는데도

　　莫我肯德　내 덕을 전혀 모르는구나

　　逝將去女　이제 곧 너를 떠나서

　　適彼樂國　저 복된 나라를 찾아가련다

　　樂國樂國　복된 나라여! 복된 나라여!

爰得我直 내 살 곳을 찾으리라

碩鼠碩鼠 큰 쥐야, 큰 쥐야

無食我苗 내 곡식을 먹지 마라!

三歲貫女 삼 년이나 섬겼는데도

莫我肯勞 내 수고를 전혀 모르는구나

逝將去女 이제 곧 너를 떠나서

適彼樂郊 저 복된 들을 찾아가련다

樂郊樂郊 복된 들이여! 복된 들이여!

誰之永號 누구를 길게 탄식케 하리오?[142]

이 시에 언급된 압제자들의 모습은 다소 우회적이다(농노가 기존 질서에 대해 불만을 너무 노골적으로 드러냈다가는 어떻게 될지 모르는 일 아닌가). 그리고 『시경』은 너무 오래전의 작품이어서 주석이 없으면 이해하기가 어렵다. 그러나 첫 부분을 보면 농사를 어렵게 만드는 해충에 관한 탄식이 아니라 부패한 관리들을 향한 하소연이라는 사실을 분명히 알 수 있다.[143]

농촌에 정착한 순간 평등했던 소규모 사회가 갑자기 고대국가로 바뀐 것은 아니었다. 폴리네시아인들이 하와이로 이주한 것은 서기 800년경이었고 고대국가가 출현하는 데는 그로부터 약 800년이 걸렸다.[144] 게다가 폴리네시아인들은 중앙집권적이고 위계적인 사회를 개발하는 데 필요한 문화적 요소를 이미 많이 갖추고 있었다. 농업이 태평양의 섬에 전해진 것이 기원전 1500년경이기 때문에,[145] 고대국가가 나오기까지 걸린 전체 '회임' 기간은 얼추 3,000년은 되어보인다. 다른 지역의 경우 농업을 채택한 뒤로 최초 국가가 발흥하기까지 걸린 기간은 이보다 훨씬 더 길었다.

우리가 잘 아는 것처럼 최초의 고대국가는 우루크 기Uruk period(기원전 4,000~기원전 3,100년)에 메소포타미아 남쪽과 이란 남서쪽에서 출현했다. 당시 메소포타미아 지방에서는 적어도 5,000년 동안 농사를 짓고 있었다. 남아시아, 동아시아, 메소아메리카, 안데스 등 문명발상지에서 농업을 채택한 이후 최초의 국가가 출현하기까지의 간격은 4,000~6,000년 정도다.[146] 5,000년이면 인간으로 따져 200세대에 해당하는 기간이다. 분명 소규모 농경사회가 고대국가로 진화하는 데는 오랜 시간이 걸렸다.

더구나 농경사회라고 해서 모두가 국가로 발전한 것은 아니다. 그런 지역 중에서도 뉴기니는 유독 특이하다. 뉴기니는 1만 년 전부터 농작물을 재배해왔다. 1만 년이면 서남아시아의 '비옥한 초승달 지대'에 최초의 농부들이 등장한 때만큼이나 이른 시기다. 그런데 뉴기니 고지대는 무려 **1만 년** 동안 변함없이 소규모 농경사회를 유지했다! 그 밖에 계급제도에 저항한 지역으로는 열대 아프리카와 남아메리카가 있다. 인도차이나 구릉지대부터 아프가니스탄 동부까지 계속 이어지는 산악지대에 기대어 사는 수많은 민족들도 고대 시절부터 제국에 둘러싸여 있었지만 국가 차원의 조직과 불평등을 진화시키지는 못했다.[147]

농작물 경작과 가축 사육을 기반으로 하는 생산경제는 부와 권력의 격차가 큰 대규모 복잡사회를 형성하는 데 없어서는 안 될 필요조건이다. 그러나 이런 과정이 물 흐르듯 자동적으로 진행되는 것은 아니다. 농경사회가 국가로 발전하기 위해서는 적어도 100세대가 필요한데, 현대 유럽인들에 의해 식민지로 전락하기 전까지 이런 전환에 저항한 지역도 한두 군데가 아니다.

사실 왜 99퍼센트에 이르는 사람들이 고대국가라는 강제적 제도에 저항했는지는 어렵지 않게 알 수 있다. 지배자가 되지 못할 바에야 평등사회에서 자유농민으로 사는 편이 훨씬 나았다. 리처드 스타이츠Richard Stites는 19세기와 20세기 러시아의 공상적 사회주의를 다룬 『혁명의 꿈Revolutionary Dreams』에서 러시아 농부 출신 혁명가들의 정치적 열망은 "단지 평화와 배불릴 수 있는 수수한 음식 그리고 이 모든 것을 한마디로 요약한 그들의 대표적 표어 볼랴volya[자유]에 대한 보편적 갈망이었을 뿐"이라고 지적했다. 새롭고 흥미로운 경제체제를 선전하려 했던 도시 지식인들로서는 유감스러운 일이었겠지만 그들은 간섭받지 않고 늘 그랬던 것처럼 농부로 지내기를 원했다. 이런 그들의 정서는 농업의 여명기까지 거슬러가도 크게 다르지 않았을 것이다. 의아한 것은 어떻게 그런 반대를 무릅쓰고 고대국가가 탄생할 수 있었는가 하는 점이다.

단서는 사회의 규모가 커지면 어김없이 권력과 부와 신분에서 커다란 격차가 나타난다는 사실에서 찾을 수 있다. 사회적 규모라는 말의 의미를 분명히 해두자. 전쟁과 평화의 문제에 관해 스스로 결정을 내리는 **독립적인** 정치 단위를 이르는 용어는 **정체**다. 300~400명으로 구성된 마에엥가족도 정체고 제임스 쿡의 탐험으로 알게 된 12~15만 명의 백성을 거느린 하와이 왕국도 정체다. 미국도 정체다.

문제는 정체의 크기다. 농경사회도 평등 상태를 유지할 수 있지만, 그것은 사람들이 수백 명의 작은 집단이나 아니면 기껏해야 수천 명 정도의 인원으로 협력할 때뿐이다. 정체의 크기가 수만 명이나 수십만 명을 넘어가면 위계적이고 불평등한 집단으로 바뀌게 되는 것을 피할 수 없다. 이 법칙에는 예외가 없다.

지난 1만 년 동안 큰 정체는 예외 없이 작은 정체와의 경쟁에서 이겼고 그 결과 오늘날 99.8퍼센트의 사람들은 인구가 100만 명이 넘는 나라에서 살게 되었다. 정체의 크기에는 확실히 무언가 특별한 것이 있다. 바로 집단의 경쟁력을 높여준다는 이점이다. 규모가 큰 정체가 세상을 접수하는 이유가 바로 그것이다. 그것은 우리가 4장에서 스포츠 팀과 관련해 만났던 원칙으로, 경제학자들은 이를 '규모수익체증'이라고 한다. 개인들은 혼자서 살거나 작은 집단으로 살 때보다 큰 집단을 이룰 때 더 잘 산다. 우리는 이 법칙이 돌 던지는 능력을 진화시킨 초기 인류에게 어떻게 적용되었는지 확인했다. 사냥꾼 한두 명으로는 사자를 쫓아버리기 어렵다. 그러나 열 명이나 열두 명이 힘을 합치면 별다른 위험 없이 사자를 물리칠 수 있다. 여럿이서 버펄로 한 마리를 잡으면 혼자서 여러 마리 토끼를 쫓는 것보다 더 많은 고기를 나눠 가질 수 있다. 큰 사냥감을 나누면 아무도 굶지 않는다. 여럿이 힘을 모으면 위험이 분산되고 운이 없는 날에도 모닥불에 고기를 올릴 수 있다.

대부분의 경우 규모수익체증은 어느 정도까지만 효력이 있고 집단이 너무 커지면 반대로 '규모수익체감' 현상이 나타난다. 100명이 모여 버펄로 한 마리를 사냥한다고 해서 열 명이 모여 사냥하는 것보다 더 잘 잡는 것은 아니다. 그 들소 한 마리에서 0.5톤의 고기가 나온다고 할 때, 열 명으로 나누면 각자 50킬로그램씩 가져갈 수 있다. 하지만 100명이서 나누면 겨우 5킬로그램씩밖에 돌아가지 않는다. 따라서 사냥꾼이 100명이면 열 명씩 조를 짜 각 조에서 버펄로를 한 마리씩 사냥하는 편이 낫다.

여기서 질문 한 가지. 10만 명의 문화집단에 대해서는 어떤 종류의 규모수익을 기대할 수 있을까? 100만 명은? 그런 집단들은 1만 명의 집단보다 얼마나 효율적인가? 일단 생산에서 규모에 따른 수익을 생각해볼 수 있다. 현대 경제에서는 규모가 큰 경제가 작은 경제보다 더 생산적이라고 생각할 만한 이유가 있다. 광범위한 분업 때문이다. 그러나 산업화가 이루어지기 전까지 생산은 요즘 우리가 보는 방대한 규모로 조직된 적이 없었다. 물량이 많은 생산도 가족 규모의 단위나 비교적 작은 작업장 안에서만 이루어졌다.

한동안 유행했던 '치수 전제주의hydraulic despotism'가 하나의 가설이 될 수 있겠다. 독일 사학자 카를 아우구스트 비트포겔은 대규모 관개용 운하와 홍수 조절 수단을 확보할 필요성 때문에 고대문명이 일어났다고 생각했다. 그런 계획을 실천에 옮기기 위해 중앙집권적인 통제력과 전문화된 관료조직을 갖추게 되고, 이 권력은 곧바로 민중을 억압하는 데 사용되었다.

1957년에 출간한 『동양의 전제주의─절대권력의 비교연구Oriental Despotism: A Comparative Study of Total Power』에서 내세운 비트포겔의 이론은 실증적 토대가 크게 부족하다는 문제점을 가지고 있었다. 우선 그가 말하는 '동양의 전제주의'는 대부분 춥고 습한 기후 덕택에 관개의 필요성을 느끼지 않았다. 그의 목록에 포함된 러시아 제국의 경우가 대표적이다. 러시아는 홍수 조절이 필요 없는 나라였다. 해마다 봄이 돌아오면 러시아의 강은 예측한 대로 범람원에 물을 넘치게 한 다음 잦아들었다. 이런 홍수는 통제할 필요가 없다. 범람원에 집만 짓지 않으면 된다.

메소포타미아처럼 관개농업에 의존했던 사회에서도 필요한 기반 시설은 모두 마을사람들이 힘을 모아 지역 단위로 세웠다. 거대한 국가적 장치 따위는 필요 없었다. 노벨 경제학상 수상자인 엘리너 오스트롬Elinor Ostrom의 연구 결과가 보여주듯, 무능하거나 부패하기 쉬운 국가의 관리가 개입하면 그런 '공유자원'을 효율적으로 활용하는 데 **해롭기**만 할 뿐이다.

규모가 큰 사회에서 얻을 수 있는 그 밖의 경제적 혜택에는 장거리 교역과 지역의 환경재해에 대처할 수 있는 능력 등이 있다. 고고학자 산더르 판데르레이우Sander van der Leeuw는 복잡한 문제를 해결할 필요성 때문에 규모가 큰 사회가 생겨났다고 생각한다. 복잡한 문제를 해결하려면 뛰어난 정보처리 능력을 갖춰야 하고 따라서 많은 수의 사람이 필요하다.[148] 어떤 문제를 해결해야 하는 집단이 있다고 하자. 가령 그들은 씨앗을 먹기 위해 수집만 할 것이 아니라 씨앗을 심어 농작물을 기르면 씨앗도 열매도 모두 얻을 수 있다는 사실을 알았다. 생산과정을 어떻게 짜야 하는가? 누가 어느 땅에서 기르고 언제 심고 언제 거두는가? 자라는 동안 어떻게 돌봐야 하는가? (어느 신에게 기도를 하고 어떤 종류의 제물을 바쳐야 하는가?) 지식이 증가하면 관개운하를 건설할 엔지니어, 희귀 자원을 발굴하고 수송할 무역상,

기도할 성직자 등 새로운 전문성이 요구되고 그렇게 되면 더 큰 집단이 필요하다. 그러나 집단의 규모가 커지면 새로운 문제가 생기고 그렇게 되면 생산과정을 관리할 관료의 위계를 만들어 풀어야 할지도 모른다. 다시 말해 판데르레이우 같은 이론가들은 수렵채집에서 농사로 전환하게 되면 문제 해결 능력과 사회의 규모 사이에 선순환이 만들어지고 그로 인해 점차 협력의 규모가 커지게 된다고 예상한다.

경제적 우위나 정보처리의 유리함이 큰 규모의 사회로 이전하도록 만드는 일차적 동력이라는 주장에는 선뜻 동의하기가 어렵다. 하와이 같은 우리가 직접적으로 알고 있는 고대형 국가는 복잡한 경제 체제도 없었고 어떤 종류의 문제를 해결하기 위한 전문화된 의사결정 절차도 갖고 있지 않았다. 추장은 전쟁과 의례에만 개입했고, 경제는 평민에게 맡겨놓아도 아주 잘 굴러갔다. 평민들이 단순히 경제적인 혜택에 대한 보상으로 그런 굴종적인(킹 선장의 설명에 따르면) 지위를 받아들였다고는 생각하기 어렵다. 소규모 사회에 사는 사람들은 수천 킬로미터를 가로질러 귀중한 상품을 나를 수 있는 장거리 교역의 네트워크를 완벽하게 조직할 수 있다. 그들은 또한 주기적으로 찾아오는 기근의 시기를 헤쳐나가기 위해 상호 지원과 의무의 네트워크를 구축한다. 중앙집권적인 전제정부 따위가 없어도 이런 문제는 얼마든지 해결할 수 있다.

고고학자들이 제시하는 또하나의 유력한 가능성은 첫 번째 중앙집권적인 사회가 신정정치라는 형태로 일어났다는 것이다. 신정정치는 사제라는 종교 전문가들로 구성된 대규모 의례를 중심으로 이루어졌다. 이런 견해에 따르면 종교 지도자가 이념적 권위를 장악할 경우 그는 경제적으로도 영향력을 행사할 수 있었다. 집단 축제 같은 집합적 의식을 치르려면 많은 음식이 필요하다. 사제는 그 사회 안에 있는 음식이나 그 밖의 자원을 재분배할 권한을 가졌다. 예를 들어 그는 농사가 잘된 지역에서 나온 식량을 수확에 실패한 지역으로 돌릴 수 있었다. 마지막 단계는 종교 지도자가 군사 기능까지 겸비하게 되는 것으로, 이를 통해 그는 결국 신왕神王으로 승격되었다.

이런 설명에서 핵심 단계는 첫 번째 설명이다. 종교 지도자는 백성들을 다스리는 데 필요한 권력을 얻어 그 권력을 아버지(때론 지위가 높은 어머니)에게서 아들로 대물림한다. 다시 말해 권력의 불평등은 어떻게 세습되었는가?

4장에서 살펴본 대로 작은 규모의 수렵채집사회는 리더가 있지만, 이들 리더가 권력을 획득하는 것은 어떤 일을 특별히 잘한 것에 대한 결과다. 인류학자들은 이것을 가리켜 '업적 기반의 불평등'이라고 한다. 더구나 수렵채집사회에서 리더의 권력은 매우 제한되어 있다. 보통 그 권력은 한 가지 분야, 즉 자신의 전문 분야에만 통한다. 사냥 행차를 이끌 수 있는 리더가 있는가 하면 무리 안의 갈등을 해결해주는 리더도 있다. 또한 리더는 솔선수범해야 하고 타인을 설득할 수 있어야 하기 때문에 그의 권력은 제한적이다. 리더는 추종자에게 자신의 명령에 복종하라고 강요할 수 없다. 누구든 실력으로 그 자리에 올라야 한다. 난데없이 나타나 허세를 부리고 사람들을 자기 마음대로 휘두르다가는 나머지 구성원들에게 처벌을 받는다. 평등사회는 99퍼센트가 힘을 합쳐 이런 폭군을 끌어내리는 역전된 지배위계를 신봉한다.

그러나 고대국가에서는 직접적이고 매우 극단적인 위계를 통해 한 명의 신흥강자(신격화된 왕)가 99퍼센트를 억압한다. 그는 처음부터 종교와 제례 기능을 활용할 수 있었을까?

부부 인류학자인 켄트 플래너리Kent Flannery와 조이스 마커스Joyce Marcus는 그들이 쓴 『불평등의 창조―인류는 왜 평등 사회에서 왕국과 노예제와 제국으로 나아갔는가The Creation of Inequality: How Our Prehistoric Ancestors Set the Stage for Monarchy, Slavery, and Empire』에서 그런 변천이 가능할 수 있었던 시나리오를 펼친다. 그들의 이론은 인류학자 사이먼 해리슨Simon Harrison이 수집한 민족지학 자료를 기초로 한 것이다. 1970년대에 해리슨은 아바팁Avatip을 연구했다. 아바팁은 뉴기니의 세픽 강변에서 농업과 어업으로 생계를 꾸려가는 공동체다. 아바팁 사회에는 두 가지 형태의 리더가 있다. 하나는 세속 정치가이고 하나는 제식 전문가다(1970년에 이 지역은 식민당국이 평화 유지를 책임졌기 때문에 군대를 이끄는 리더는 없었다). 아바팁에서는 세속의 리더와 종교의 리더가 보통 분리되어 있지만 해리슨이 연구하는 동안 그는 열여섯 명으로 구성된 혈족 중 하나인 말리야우Maliyaw가 두 가지 권력을 모두 장악하려 했던 사례를 본 적이 있었다. 그들은 모든 제식 권한을 독점하여 모든 권력을 장악하려 했다. 두 공저자는 이렇게 결론을 내린다.

아바팁 촌락을 다룬 해리슨의 연구는 루소의 가장 중요한 결론에 힘을 실어준다. 즉, 불평등은 사람들이 자신을 더 우월한 존재로 여기도록 만들고 따라서 그에 상응한 대접을 받으려는 노력에서 비롯되었다는 주장이다. 인구 증가와 집약 농업과 유익한 환경 같은 요인이 아무리 뒷받침되어도, 인간의 행위로 사회 논리를 애써 조작하지 않는다면 세습되는 불평등은 발생하지 않는다. 말리야우가 특권을 바란다면 다른 혈족으로부터 그런 특권을 빼앗아야 한다. 하지만 이런 상태를 지속시키려면, 예를 들어 자신들이 전설적인 조상이나 초자연적인 영적 존재의 후손이라고 갖다 붙이는 등, 결국 세계관 자체를 바꿔 스스로 정당성을 확보해야 한다.

우리는 아바팁이 유일한 경우라고 믿지 않는다. 우리는 사회의 한 분파가 우월성의 지위를 스스로 조작한 경우가 선사시대에 차고 넘칠 것이라고 의심한다. 인류학자들의 문제는 그 과정을 기록하는 방법을 찾는 것이다.[149]

고고학적 자료를 활용하면 불평등이 언제 어디서 일어났는지 추적할 수 있다. 두 가지 확실한 지표는 호화로운 장식의 무덤과 크고 정교한 사적私的 거주지다. 유골을 조사해도 무리 중 누가 다른 사람들보다 훨씬 좋은 음식을 먹고 더 건강하게 살았는지 알아낼 수 있다. 그런 지표를 토대로 우리는 몇 천 년 전에 농사를 지었던 메소포타미아, 이집트, 중국, 멕시코, 안데스 지방에서 부유하고 권력을 잡은 소수와 나머지 사람들 사이에 커다란 격차가 발생했다는 사실을 알고 있다. 어찌되었든 이들 지역에서는 일부 소수가 사회를 멋대로 재편하여 우월한 지위를 획득하는 데 성공했다. 이것은 모든 인류학자들이 인정하는 사실이다. 그러나 플래너리와 마커스가 생각한 것처럼 그것이 제식 권한의 독점을 통해 이루어졌을까?

이런 설명은 몇 가지 점에서 의심의 여지가 있다. 첫째, 이런 설명은 대다수 사람들이 그런 시도를 꿰뚫어보지 못하는 것으로 추정한다. 하지만 용량이 커진 인간의 두뇌는 일반적으로 우리를 짓밟고 우리 위에 군림하려는 자들의 술수를 미리 알아채고 저항하는 방향으로 진화했다. 야심을 가진 신흥강자가 나머지 사람들을 속이고 자신의 요구를 받아들이게 만들 수 있었다고 보기는 힘들다. 사실 플래너리와 마커스가 언급한 대로, 세속과 제식 영역 양쪽 모두를 지배하려던 아바팁 리더들은 질시의 대상이었고 따라서 늘 살해될 위험에 시달렸다. 아바팁에서는 역전된 지배위계가 아주 활성화되었던 것 같다!

물론 우리는 인간이 완벽하게 합리적인 계산으로만 움직이지는 않는다는 사실도 알고 있다. 우리는 계산과 감정과 내면화된 규범을 적당히 혼합하여 이를 근거로 행동하고 결정하는데, 때로는 이런 칵테일의 사소한 성분까지 따지고 계산한다.[150] 고대국가가 어느 정도 숙성기에 접어들었을 때쯤, 백성들은 아무런 의심 없이 대부분 지배자를 우리와 다른 사람으로 여겼다. 그들은 신의 후예였고 더 나아가 살아 있는 신이었다. 고대사회에서 종교는 평민과 지배 엘리트의 만연한 불평등을 정당화시켜주는, 그래서 평민이 신흥강자를 처단하기 위해 봉기하는 불상사를 막아주는 매우 중요한 수단이었다. 그러나 그런 제약은 결코 완벽하지 못했다. 위계가 복잡하게 짜인 사회에서 농민반란은 농민들이 자신보다 우월한 사람에게 복종하는 것만큼이나 피할 수 없는 현실이었다.

실제로 농민반란을 일으킨 주동자들은 압제자에 대한 항거를 정당화하기 위해 종교를 이용하는 것을 조금도 주저하지 않았다. 중국의 황건적의 난(서기 184~205년)이 그 대표적인 사례다. 난을 일으킨 장각張角과 그의 두 동생은 만민평등을 설파하는 도교적 신흥종교를 창시했다. 농민반란이 대부분 그렇듯 황건적도 결국 진압되었지만, 그 과정에서 결국 한나라는 무너졌고 장기간에 걸친 정치적 불안기가 시작되었다. (이 시기의 중국 역사를 좀더 알고 싶다면, 14세기 산문서사『삼국지연의』로 시작할 것을 권한다. 이 소설은 황건적의 난이 발발한 시기가 그 출발점이다. 전부 다 읽을 여유가 없는 사람들은 하다못해 초대작 영화〈적벽대전〉이라도 꼭 보기를 바란다. 이 영화는 소설의 마지막 부분만 따로 떼어 다루었다.『삼국지』의 저자로 여겨지는 나관중羅貫中은 원나라를 무너뜨린 또다른 농민반란인 홍건적의 난을 목격했을 것이다.)

다시 고대 전제주의의 기원으로 돌아가자. 플래너리와 마커스가 주장한 대로 전제주의는 정말로 종교적 권위를 등에 업고 성장했을까? 나는 그렇게 보지 않는다. 고대국가의 사회질서가 정당성과 영속성을 얻는 과정을 설명하는 데 종교가 도움이 될지는 모르지만, 애초에 사회적 복종이 어떻게 그리고 왜 발생했는지에 대해 종교는 아무런 설명도 제시하지 못한다. 농업이 시작되기 전, 수십만 년까지는 아니더라도 수만 년 전부터 인간사회는 약한 자를 못살게 구는 세력을 억제할 수 있는 아주 효과적인 사회규범과 제도를 갖추고 있었다. 그런데 왜 몇 천 년 뒤에는 그런 사회가 갑자기 신흥강자에게 정당성을 부여하는 제도로 대치되었을까? 오랜 세월에 걸쳐 이루어진 사회적 '실험', 즉 위로부터 새로운 도덕성을 억지로 강요하려는 시도를

7장 신격화된 왕의 탄생

살펴봤을 때 인간의 본성과 크게 어긋나는 규범과 제도는 아무리 그것을 열심히 선동하려 해도 '뿌리를 내리지' 못한다는 사실을 확인할 수 있다.

나는 소련에서 자랐다. 1917년 10월혁명 직후 소련 당국은 마르크스-레닌의 이데올로기를 앞세워 곳곳에서 수많은 문화적 혁명을 시도했다. 결혼을 폐지한 것도 그중 하나였다. 이 혁신은 '뿌리내리지' 못했다. 1940년대에 결혼은 다시 부활했다. 나의 성장기였던 1960년대와 1970년대에는 결혼하지 않은 채 자식을 낳고 사는 사람을 찾아보기 힘들었다.

이상한 일이지만 볼셰비키가 주도한 또다른 혁신인 부와 소득의 철저한 평준화는 훨씬 순탄했다. 소련 통치자들은 엄청난 정치력과 군사력을 장악했지만, 소련 말기에도 그들의 경제적 지위는 일반 사람들과 크게 다르지 않았다. 소련에서 엘리트 중 엘리트라고 할 수 있는 정치국 위원의 보수는 일반 노동자의 다섯 배에서 열 배 정도였다(오늘날 미국에서 이 정도 직책이면 1,000배 정도 받는다). 요즘은 러시아도 미국 못지않게 경제적으로 양극화되어 있지만, 평등정신만은 여전한 편이다. 그래서 신흥 거부들이 공정하고 합법적인 방법으로 재산을 모았다고 생각하는 사람은 거의 없다. 그래서인지 떠밀리다시피 망명한 보리스 베레좁스키Boris Berezovsky나 결국 투옥된 미하일 호도르콥스키Mikhail Khodorkovsky 등 '올리가르히oligarchs'는 대중의 동정을 받지 못했다.

남자와 여자가 장기간 결속을 맺어야 한다는 인간 본성에 관한 교의를 거스르는 문화혁신은 이행하기가 어렵다. 그러나 우리의 진화된 심리학의 결실인 불평등에 대한 반감**으로** 작동하는 또다른 혁신은 훨씬 순조롭게 진행되었다. 이런 점을 고려할 때 만연한 불평등을 정당화할 제도를 찬성할 때는 아주 그럴 듯한 이유, 즉 매우 강력한 선택압이 있어야 했다. 소규모 평등사회에서 살았던 최초의 농부들은 평등을 자발적으로 포기하지 않았다. 그들은 어쩔 수 없이 포기한 것이다. 어쩌다 그렇게 되었을까?

8장 과두제의 철칙

왜 권력은 반드시 부패하는가

나는 티글라트 필레세르, 막강한 왕, 지고의 라샤난 왕,
네 지역의 왕, 왕 중 왕, 군주 중의 군주, 지고의 신, 제왕 중의 제왕, 태
양신의 가호 아래 빛나는 지배자, 홀笏로 무장하고 권력의 띠를 둘러 인
류 위에 군림하여, 벨Bel의 모든 백성을 다스리는 자. 왕들의 찬미가 빛
나는 강력한 군주. 숭고한 군주, 아슈르는 그의 공복들에게 네 개 나라의
영토를 다스리도록 임명하여 왕의 이름을 널리 후세에 알리도다. 저지대
와 고지대 나라의 수많은 들과 산을 정복한 이, 정복왕, 이름만으로도 온
세상을 떨게 하리니. 그의 권력에 맞춰 벨의 도움으로 외국과 맞서 싸운 기
라성 같은 존재들. 그에 필적할 자 없나니 아슈르의 적들을 제압하도다.

아시리아 제국의 수도 아슈르에서 인류학자들이 발굴해낸 8각 점

토 기둥 네 개에 새겨진 설형문자는 이렇게 선언한다. 기원전 1114년에서 기원전 1076년까지 통치했던 티글라트 필레세르 1세Tiglath Pileser I는 겸손과는 거리가 멀었다. 그는 전형적인 고대국가의 왕이었다.

아시리아의 다른 왕들도 마찬가지로 과장으로 점철된 비문을 남겼다. 아시리아의 주요 도시 중 하나인 니므루드에서 발견된 검은 대리석 오벨리스크는 샬마네세르 3세Shalmaneser III(재위 기원전 859~기원전 824년) 앞에 무릎을 꿇고 공물을 바치는 다섯 왕의 이야기를 보여준다. 비문은 말한다. "나는 수많은 사나이들의 왕, 아수르의 왕자이자 영웅, 강력한 왕, 사방에 가득한 태양의 왕, 수많은 사나이들…의 왕 샬마네세르다." 목록은 계속 이어진다.

이처럼 죽은 지 오래된 고대의 왕을 찬미하는 문장을 발견하는 일은 역사가들로서는 하나의 횡재다. 이들 비문은 내용이 장황할 뿐 아니라 길이도 길어 영어로 번역하면 대충 10~30쪽 정도의 분량이 나온다. 이런 비문들은 아시리아와 지정학적으로 이웃하는 나라들과 백성과 통치자에 관해 많은 자료를 제시하지만, 내 관심은 고대 통치자들에 대한 정보로 좁혀진다.

아시리아 왕실의 선전용 텍스트는 기본적으로 주변 국가나 반란을 일으킨 지방에 대한 군사작전을 열거한 것들이다. 이것들은 군 입대를 독려하는 문구를 비튼 농담과 많이 비슷하다. "다른 나라로 여행하라! 새로운 백성을 만나라! 그들을 죽여라…." (아시리아의 비문에는 한 가지 덧붙여야 한다. "그들의 가죽을 벗겨 성벽 위에 펼쳐놓으라!") 티글라트 필레세르의 비문에 나온 몇 가지 전형적인 구절에서 설명한 기본 공식은 이렇다.

그때 나는 코무카로 들어갔다. 이 나라는 나의 주 아슈르에게 복종하지 않았고 마땅히 바쳐야 할 공물을 바치지 않았다. 나는 코무카를 남김없이 점령했다. 나는 그들의 재산과 자원과 귀중품을 약탈했다. 나는 코무카의 도시들을 불태우고 파괴하고 폐허로 만들었다. … 나는 티그리스강을 건너 도시 셰리샤 성채를 접수했다. 숲속에서 야수 같은 그들의 전사들을 궤멸시켰다. 그들의 송장은 티그리스강을 메우고 산꼭대기를 덮었다. …

모든 병사들을 나는 풀처럼 쓰러뜨렸다. 나는 그들의 신들을 빼앗았다. 재산과 자원과 귀중품을 노략질했다. 도시에 불을 지르고 파괴하고 뒤집어놓아 무더기로 쌓았다. 나는 그들에게 우리 제국의 무거운 멍에를 지웠다.

적군을 "풀처럼" 베어버리고 그들의 시신을 산보다 높이 쌓고 사람들에게 무거운 멍에를 지운다는 것은 이런 비문에 흔히 동원되는 수사적 표현이다. 티글라트 필레세르는 '멍에'라는 단어를 열일곱 번 사용한다. 이에 뒤질세라 살마네세르의 선왕先王으로 기원전 883~기원전 859년에 이 지방을 다스렸던 아슈르나시르팔 2세의 연대기에는 '멍에'가 스물다섯 번 나온다. 아슈르나시르팔("나는 왕이고 나는 군주이고 나는 거룩하며 나는 위대하고 나는 강하며 나는 소생했으며 나는 우두머리고 나는 제후고 나는 전사고 나는 위대하고 거룩하다")은 잔혹한 방식으로 적에게 두 가지를 분명히 가르쳤을 것이다.

나는 나를 거역했다가 껍질이 벗겨진 반도 귀족들을 전리품으로 챙겼다.

8장 과두제의 철칙

몇몇은 무더기에 묻혀 썩게 내버려두었고, 몇몇은 장작더미 위에 묶어놓았다. 몇몇은 장작더미 옆에 말뚝을 한 줄로 세워 차례대로 묶어놓았다. 나머지는 내 땅이 보이는 곳에서 가죽을 벗겼고, 벽 위에 껍데기를 늘어놓았다. 왕의 부관의 부관. 그 폭도들은 사지를 절단했다. 아히야바바에서 니네베까지. 나는 왕의 가죽을 벗겨 벽에 고정시켜놓았다.

(아히야바바는 아슈르나시르팔에게 반기를 들었던 도시의 왕이었다.)

가죽 벗기기는 아슈르나시르팔이 적을 그만의 방식으로 응징한 잔인하고 모욕적인 여러 가지 벌 중 하나였을 뿐이다. 『연대기』는 산 채로 포로의 사지와 혀를 자르고 불태우는 장면을 아주 상세하게 설명한다. 그가 가장 즐겨 쓴 수법은 적을 말뚝에 묶어놓고 사지를 절단하는 것이었다.

기원전 1000년경에 메소포타미아 지방에서 볼 수 있는 것은 두려움을 조장하는 군주로 상징되는 고대국가다. 아시리아 왕들이 갖가지 고통스럽고 치욕적인 방식으로 처단한 적의 수를 부풀린 것은 틀림없지만, 실제로 폭력의 규모는 우리가 하와이에서 확인한 것의 열 배(혹은 백배)가 넘는다. 하와이에서 추장이 죽었을 때 희생되는 인원은 최소 열 명 정도지만, 메소포타미아 지방에서 도시 하나가 궤멸되어 폐허에서 연기가 피어오르면 말뚝에 묶인 시체가 보통 1,000구쯤 나온다.

앞 장에서 우리는 고대국가의 진화에 대한 좀더 유순한 설명을 보았고 또 이런 설명이 여러 면에서 석연치 않다는 것도 확인했다. 몇 가지 질문은 여전히 답을 못 찾고 있다. 규모가 큰 사회는 어떤 점에서 더 효율적이었고 그런 사회는 어떻게 규모가 작은 사회와의 경쟁에서 이겼는가, 하는 규모수익의 성격은 여전히 불분명하다. 고대국가의 백성들에게 티글라트 필레세르처럼 신격화된 왕의 멍에를 지도록 설득한다는 것은 결코 쉽지 않은 일이었을 것이다. 그렇다고 해도 우리는 여전히 불평등한 군장사회와 국가로 이행하는 문제에 대해 자체적으로 일관되고 실증적인 뒷받침을 받는 진화 시나리오를 생각해내야 한다. 그리고 그런 설명은 메소포타미아, 중국, 멕시코, 하와이에서는 그런 이행이 일어났는데 왜 뉴기니에서는 일어나지 않았는지 명쾌하게 규명해야 한다.

여기 처치 곤란한 문제(좀더 실감나게 말하면 연회장 식탁 위에 올라온 잘린 머리 하나)가 하나 있다. 우리는 힘, 즉 폭력과 그 폭력의 공포는 언급도 하지 않았다. 하와이 왕국에서, 힘은 언제나 배후에 있었다. 데이비드 말로의 말을 상기할 필요가 있다. "타부 추장이 식사를 할 때, 면전에 있는 사람은 무릎을 꿇어야 했다. 누구라도 무릎을 폈다가는 사형에 처해졌다." 하와이의 평민들에게 추장은 땅과 사람을 먹어치우는 상어였지만, 추장이 있는 자리에서 그들은 할 수 있는 굴종의 표시를 모두 드러냈다. 그러지 않으면 그 자리에서 죽음을 맞이할 테니까.

　　　　　　　　　　　　　　　　　　　8장 과두제의 철칙

그러나 고대국가의 사회질서가 전적으로 힘에 의지했으리라 여긴 다면 그것은 지나치게 단순한 생각이다. 대다수 사람들은 실제로 신과 초자연적인 생명력의 존재를 믿었고 그 간극을 메워줄 신성한 지배자가 없다면 세계 질서는 무너질 것이라고 확신했다. 가령 재빨리 엎드려 머리를 조아리지 못했다는 것은 믿음이 부족하다는 것을 드러내는 행위여서, 그토록 어리석은 불신자를 제거할 수만 있다면 가끔 처형도 필요했다. 또한 그런 주기적 처형은 종교의 권위를 백성들에게 심어줄 수 있는 강력한 선택압이었다. 통치자 앞에서 머리를 조아리는 등의 사회적 규범을 체질화하면, 내가 왜 그래야 하나 하는 생각을 하지 않게 된다. 행동 규칙이 몸에 깊이 배어버리면 대안을 따지느라 시간을 낭비하지 않고 저절로 사회적 상황에 맞는 행동을 하기 때문에 개인의 적합성을 향상시킨다.

따라서 힘이 직접 그리고 규정을 체질화시키기 위한 선택압을 제공하는 방식으로 고대국가의 사회질서를 유지하는 역할을 한다고 보는 것이 맞을 것 같다. 그러나 이것만으로는 여전히 설명이 안 된다. 우리는 여전히 고대국가에서 사회질서가 처음에 어떻게 생겼는지 알아야 한다. 다시 전쟁을 들여다보자.

20세기 초에 독일의 사회학자 프란츠 오펜하이머는 국가의 형성에 관해 매우 영향력 있는 이론을 제시했다. 1908년에 발간한 『국가 Der Staat』에서 언급한 이 부분은 자주 인용된다.

오로지 그 기원으로 볼 때 국가는 그 존재의 첫 단계부터 근본적으로 그리고 거의 완벽하게 승리한 집단이 패배한 집단에 강요한 사회적 제도다. 국가의 유일한 목적은 패한 집단에 대한 승리한 집단의 지배를 분명히 하고, 내부의 반란과 외부의 공격으로부터 스스로를 안전하게 지키는 것이다. 목적론적으로 볼 때 이런 지배는 승자가 패자를 경제적으로 착취하는 것 이외에 다른 어떤 목적도 갖고 있지 않았다.[151]

국가의 기원을 설명하는 이런 '정복론'은 상당한 반향을 불러와 1920년대에 많은 논란을 야기했다. 그의 이론을 추종하는 사람들은 항상 있어왔지만, 그들 중에 인류학자나 고고학자는 찾기 어려웠다. 적어도 오펜하이머가 처음 공식화했을 때부터 그랬듯이 이 이론의 가장 큰 문제는 그것이 자료의 뒷받침을 받지 못하고 있다는 점이다. 한 세기도 훨씬 전에 활동한 인물이었던 오펜하이머에게는 인류학자들이 증거를 수집한 이래로 축적된 다양한 종류의 사회에 관한 지식이 없었을 뿐 아니라 고고학자들이 말 그대로 발굴해낸 그 많은 자료에 관한 지식도 없었다.

오펜하이머는 수렵채집사회와 농부('괭이 농부hoe-farmer', 혹은 오펜하이머의 독일어 표현으로는 'Hackbauern', 즉 '그루터기를 파내는 사람'이라고 조금 이상하게 번역된다)를 "국가가 없는 무리"로 분류했다. 국가는 '그루터기를 파내는 사람들'이 유목생활을 하는 '목동'과 만났을 때만 형성될 수 있었다. 목동은 주로 가축을 돌보아 생계를 유지한다. 그는 더 나아가 목동들 사이에서 사회 계층화가 쉽게 진행될 수 있었다고 생각했다. "재산의 차별은 순식간에 계급의 차별을 만들어내기" 때문이다. 유목생활을 하는 목동들은 노예제도를 쉽게 채택할 수 있었다고 오펜하이머는 생각했다. 가난해서 부유한 사람에게 동물을 빌릴 수밖에 없는 사람은 빌린 것을 갚지 못할 때 채무노예가 될 수밖에 없기 때문이었다. 또하나의 노예 공급 루트는 전쟁포로였다. 어느 경우든 목축 경제에서 노예는 생산적으로 사용될 수 있었다(나로서는 오펜하이머가 왜 농부와 목동을 구분했는지 확실하지 않지만. 농업도 목축만큼 노예를 쉽게 이용하지 않았을까?).

오펜하이머는 이븐 할둔을 몰랐을 것이다. 여하튼 그는 『국가』를 쓰면서 할둔을 한 번도 인용하지 않았다. 그러나 이 20세기 독일의 사회학자는 여러 면에서 이 위대한 아랍 학자의 족적을 따랐다.

유목생활을 하는 목축업자들은 유능한 전사가 되기에 더없이 적합한 생활방식을 가지고 있었다고 이븐 할둔은 지적했다. 다른 족속이나 다른 수렵채집인으로부터 가축을 보호하려면 평소에 무술을 단련해두어야 했다. 혹독한 생활환경과 다른 집단과의 끊임없는 갈등에서 내적 결속, 이븐 할둔의 용어를 빌리면 '아사비야asabiyah'가 부족한 종족은 살아남기 어려웠다. 그런 환경에서는 협력이 잘 되는 부족만이 살아남아 번창했다.

이븐 할둔은 지금의 모로코에서 리비아까지 이어지는 아프리카 북서부 지방의 일부인 마그레브(모로코, 알제리, 튀니지, 리비아 등 아프리카 북서부 지방-옮긴이)에서 성장했다. 그는 이 지역에서 반복해서 국가가 일어서고 무너지는 패턴을 보았다. 그 주기는 사막에서 유목 부족이 쓸고 들어와 지중해 해안을 따라 정착촌을 이루어 살고 있던 농민들을 정복하고 그곳에 국가를 세우는 것으로 시작했다. 그러나 서너 세대가 채 지나기 전에 이들 부족민들은 그들의 '아사비야'를 잃고 사막에서 오는 또다른 침략자에게 쉽게 생활 터전을 내주었다.

중세 마그레브에서 국가가 건립되는 과정은 오펜하이머의 정복이론에 썩 잘 부합한다. 그러나 국가가 초원이나 사막 근처에만 세워진 것은 아니다. 국가는 전 세계 곳곳에서 일어났다. 이런 문제를 알고 있기에 오펜하이머는 국가를 건립하는 과정에서 '바이킹', 즉 해양 유목민이 지상의 유목민과 같은 역할을 했다고 주장했다. 유목민도 바이킹도 없는 멕시코의 경우 "투란[요즘의 이란 북동쪽까지 아우르는 지역]에게 당했던 이란처럼 끝없이 북쪽에서 침입해오는 매우 발달된 군사조직을 갖고 있는 야만족"에게 시달렸다고 그는 주장했다.

　　따라서 국가의 진화에 꼭 떠돌이 생활을 하는 목축민들이 있어야 하는 것은 아니다. 목축 농업이 기원전 1000년 이후에야 진화했던 반면, 최초의 국가는 그보다 적어도 2,000년 앞선 시기에 근동지방을 중심으로 출현했기 때문에 이는 적절한 논지다. 우리는 다음 장에서 목축인들의 문제로 되돌아갈 것이다. 그때 자세히 설명하겠지만 오펜하이머가 제대로 짚은 부분도 있다. 바로 유목민이 대제국의 발흥에 중요한 역할을 했다는 사실이다.

　　그러나 정복이론에서 가장 큰 실증적 문제는 한 민족이 다른 민족을 정복하는 것이 국가 형성(특정 지역에서 최초의 국가의 발흥)의 일차적 원인이 되는 경우가 비교적 드물다는 사실이다. 예를 들어 하와이는 유럽인들이 도착하기 훨씬 전에 내부 발전의 결과로 고대국가를 세웠다. 또다른 의미 있는 경우는 이집트다. 이집트는 우리가 알고 있는 초기 형태의 국가가 들어선 두 지역 중 하나(다른 하나는 메소포타미아)다. 이집트의 통일은 육지나 바다에서 들어온 유목민의 정복과 아무런 관계가 없다. 통일의 동력은 이집트 자체(정확히 말하면 상이집트) 내부에서 비롯되었다.

　마지막으로 정복은 중앙집권적인 사회가 벌이는 행위다. 규모가 작고 평등한 사회도 여러 가지 이유에서 싸움을 치르지만, 영토나 사람을 복속시키겠다는 뚜렷한 목표를 내걸고 전쟁을 벌이는 경우는 드물다.¹⁵² 이는 물론 지난 세기 언저리에 인류학자들이 연구한 사회에서 관찰된 결과지만 과거의 소규모 사회 역시 주로 보복이나 약탈을 위해 싸웠다고 보는 편이 합리적일 것이다.

　정복이론은 그것의 핵심적인 주장들이 자료의 뒷받침을 받지 못하기 때문에 대규모 군장사회와 국가로의 전이를 설명하는 데 적합하지 않다. 전쟁이 중앙집권적인 불평등 사회의 진화를 추진하는 방법으로 정복만 있는 것은 아니다. 대안이 될 수 있는 이론을 생각해보자. 그것을 '전쟁 동맹 루트'라고 해두자.

••

앞 장에서 우리는 위계가 없는 독립된 공동체가 중앙집권적인 복잡한 군장사회나 최초의 국가로 처음 도약하게 된 과정이 예외 없이 불평등을 심화시키는 문제와 연관이 있다는 사실을 확인했다. 문제는 전제주의라는 부정적인 면에도 불구하고 큰 사회로 하여금 작은 사회를 능가할 수 있게 만든 특별한 진화적 메커니즘이 과연 무엇이었는가 하는 점이다. 내가 보기에 아무래도 가장 확실한 후보는 전쟁인 것 같다. 전쟁은 큰 국가가 출현하도록 만드는 **바로 그** 원인이다. 그 외에는 어떤 설명도 썩 와 닿지 않는다. 나는 사회가 대규모로 통합되었을 때 경제나 정보 측면에서 혜택을 입을 수 있다는 사실을 부정하지 않는 입장이지만, 전쟁이 그다지 잦지 않은 현대사회의 경우라면 사회의 기능적 측면에서 규모가 가져다주는 보상을 절대 무시할 수 없을 것이다. 그러나 선사시대에 경제나 정보의 문제는 전투가 생존에 미치는 문제만큼 크게 느껴지지 않았다. 게다가 전쟁은 티글라트 필레세르 같은 고대 왕들의 끈질길 정도로 집착했던 주요 관심사였다. 아슈르나시르팔에서 출토된 자화자찬의 비문에 교역망이나 잘 관리된 관개시설에 대한 언급은 한마디도 없다. 공식적인 언급에 나타난 최초의 왕들은 관심이 **온통 전쟁에만** 쏠려 있었다. 그들이 전하는 말을 외면할 것인가?

하나의 정체가 군사적 갈등 속에서 기회를 늘릴 수 있는 방법은 많다. 한가지는 더 좋은 무기와 갑옷을 만드는 것이다. 그러나 선사시대에는 기술적 진화가 극도로 부진해서 적을 쉽게 제압할 수 있는 기술의 재고는 금방 바닥을 드러내곤 했다. 획기적인 기술이 한가지 나오면 모든 집단이 순식간에 따라 채택했기 때문에, 누구도 일시적인 우위 이상의 혜택을 누리지 못했다. 우리는 이미 군사적 기술이 빠르게 보급되는 사례를 보았다. 북아메리카 지역에 널리 확산된 합성궁과 갑옷(아시아의 합성무기)이 그것이다.

승리를 좀더 확실하게 보장받으려면 더 많은 전사를 확보하면 된다. "신은 대군을 편든다"는 것을 기억하라. 정체도 전사를 대량으로 양성할 수 있지만 속도가 느리다. 아니면 다른 정체와 동맹을 맺는 방법도 있다. 그렇게 하면 순식간에 동맹군의 규모를 늘릴 수 있다.

이 문제가 우리의 주제라고는 해도, 왜 병사들이 남보다 많아야 하는가? 하나 마나 한 질문 같지만 답은 자명하다. 그러나 답이 빤하다고 해서 이야기가 끝난 것은 아니다. 정상적인 환경에서 군대의 규모가 두 배가 되면, 늘어나는 군사적 장점은 두 배 이상이다. 상식에 맞지 않아 보이지만 사실이다. 제1차 세계대전 당시 러시아의 장군 미하일 오시포프Mikhail Osipov와 영국의 엔지니어 프레더릭 랜체스터Fredrick Lanchester는 이 문제를 각자 수학적으로 입증했다. 그 원리를 보자.

적의 궁수가 2,000명인데 당신은 1,000명밖에 없다고 하자. 양측이 맞붙으면 모든 궁수들이 가능한 한 빨리 활을 쏘기 시작한다. 적군은 화살 2,000발을 쏜다. 따라서 당신의 병사들은 동시에 두 대의 화살을 맞을 위험에 처한다(2,000 나누기 1,000. 물론 이것은 평균이다. 화살을 서너 대 맞는 병사가 있는가 하면 운 좋게 한 대도 맞지 않는 병사도 있을 테니까). 거꾸로 적군의 궁수는 0.5대만 맞는다(1,000 나누기 2,000. 다시 말해 그들 중 절반은 두려워하지 않아도 된다). 제대로 맞지 않거나 아예 안 맞을 수도 있으니 상대방을 죽이거나 부상을 입히는 화살이 10대 중 한 대뿐이라고 하자. 첫 발사에서 당신 쪽은 200명의 사상자가 나고 적은 100명만 죽거나 다친다.

두 번째 발사에서 남은 적군 1,900명은 당신의 병사 190명을 맞힌다. 이제 당신은 병력의 39퍼센트를 잃었다. 그런 손실을 입고도 버틸 수 있는 군대는 많지 않다. 당신도 예외가 아니다. 병사들이 달아나고 당신은 전투에서 진다.

패주하기 전에 당신은 적과 마찬가지로 이미 두 번의 일제사격을 했다. 첫 번째는 100명의 사상자를 냈고 그다음은 80명의 사상자를 냈다. 적군은 모두 합해 전사 180명을 잃었다. 그래 봐야 병력의 9퍼센트에 지나지 않는다. 다시 말해 적의 초기 병력이 두 배 많다는 것은 손실률이 당신의 25퍼센트(9 나누기 39)밖에 되지 않는다는 말이다. 그것은 군사력이 네 배 이상 우월하다는 뜻이다. 게다가 당신의 병사들이 겁을 먹고 흩어지기 시작하면, 적군은 당신의 뒤를 쫓아 추가 피해를 입힐 것이며 어쩌면 당신의 군대를 완전히 궤멸시킬지도 모를 일이다.

이런 효과를 '란체스터의 제곱법칙Lanchester's Square Law'이라고 한다. 각 회전會戰마다 적이 타격을 주는 사상자의 비율은 그 수적 우위의 제곱이기 때문이다.

란체스터의 제곱법칙은 활이나 소총이나 대포 같은 원격 무기를 사용하는 군대에만 적용되고, 병력 전체가 화력을 집중시킬 수 있는 지형에서만 가능하다. 양쪽이 모두 손에 들고 싸우는 근접 무기만 사용하는 경우에는 다른 계산을 적용해야 한다. 예를 들어 창으로 무장한 두 방진 대형이 충돌할 경우, 규모가 더 큰 군대 중 적과 접전을 벌일 수 있는 것은 병력의 일부일 뿐이다. 평원에서는 수적 우위를 이용하여 적의 측면을 칠 수 있지만, 이 경우 공격하는 쪽의 기동력이 지형의 방해를 받지 않는다는 가정이 필요하다.

적군보다 칼을 쓰는 병사가 두 배 많지만 좁은 계곡을 통과해야 하는 경우를 생각해보자. 이렇게 되면 적의 병사 열 명을 공격하는 데 당신의 병사도 열 명밖에 쓸 수 없다. 상대방은 당신보다 병력이 부족하니까 여전히 당신의 승산이 높지만, 딩신의 군사력은 적군의 두 배에 지나지 않는다(평원에서 화살을 쏘는 경우처럼 네 배가 아니다). 이것이 '란체스터의 선형법칙Lanchester's Linear Law'이다.

이런 수학적 여담에서도 드러나듯, 탁 트인 평원에서 전투를 벌일 때 발사식 무기를 사용하는 전사들이 있으면 적군에 대한 수적 우월성이 턱없이 커진다. 다시 말해 란체스터의 제곱법칙은 사회적 규모에 대해 **거대한** 보상을 가져다준다. 원격 무기와 충격 무기를 혼합하여 사용할 경우, 수적 우위는 발사식 무기만 사용할 때만큼은 아니더라도 여전히 단순한 비율 이상으로 증폭될 것이다. 따라서 평지에 사는 문화집단은 규모를 키워야 할 선택압을 거세게 받고, 그렇게 하지 못했을 경우 아주 비싼 대가를 치러야 한다(첫 번째 국가들이 출현한 지역을 떠올려보라). 산악지대에서는 규모가 큰 사회를 만들어야 할 선택압이 크게 줄어든다.

전쟁에서 승리하는 데 우월한 무기와 병력의 수가 전부는 아니다. 훈련과 군기와 단위부대의 응집력과 작전 등 군사적 노력의 전반적인 조정도 역시 중요하다. 지휘와 통제는 동맹을 맺은 부족들의 군사력을 결정하는 매우 중요한 도전 과제다. 단 한 명의 사령관을 정점으로 편성되는 효과적인 지휘 사슬은 폭도와 정예부대를 가르는 차이점이다. 동맹군의 모든 병사가 맡은 임무를 완수하도록 만들고 연합에서 이탈하려는 병사를 벌하는 것 역시 최고사령관과 그의 참모들이 할 일이다. 다시 말해 전쟁의 양상이 치열하고 패한 집단의 생존이 사실상 위협받는 상황에서는 더 큰 규모뿐 아니라 효과적인 군사적 위계에 대한 강력한 선택이 기대된다. 사실 이런 두 가지 절차는 동시에 작동된다. 규모가 큰 병력일수록 적군에 대해 전체 병력을 적절히 배분하여 집중시킬 수 있는 효율적인 지휘 구조가 더 절실해지기 때문이다.

그러나 위계가 효율적일수록, 군사력은 더 막강해진다. 이론상 그런 힘은 정체의 존속 자체가 매우 불안정해지는 전시에만 행사되어야 한다. 그러나 군사 지도자가 전쟁이 끝난 뒤에도 지휘권을 포기하지 않으려는 경우가 있다. 그리고 그들은 전시 조직력을 자신과 가족들에게 물질적으로 유리한 방향으로 이용하고 싶다는 유혹을 끊임없이 받는다.

'과두제의 철칙Iron Law of Oligarchy'이라는 사회학 이론이 있다. 조직을 시작할 당시 민주주의를 표방하든 전제주의를 내세우든지 간에 모든 조직은 결국 과두체제로 바뀐다는 이론이다. 1911년에 이 원칙을 제시한 사람은 독일의 사회학자 로베르트 미헬스Robert Michels였다. 미헬스는 사회주의 정당과 노동운동의 내면을 연구했다. 이들은 모두 평등과 민주주의를 신봉한다고 공언한 조직이었다. 그러나 실제로 권력을 장악하고 난 뒤로 그들은 예외 없이 민주적 절차를 뒤엎기 시작했다. 권력은 부패한다.

뉴욕시에 있는 미국자연사박물관American Museum of Natural History의 인류학자 로버트 카네로Robert Carneiro는 선사시대에 나타난 과두제의 철칙을 설명한다.

싸움이 격화되자 위기에 처한 자율적인 마을들은 … 싸움에서 스스로를 지키기 위해 서로 동맹을 맺었다. 손을 잡은 마을의 동맹군을 이끌기 위해서는 전시 지도자를 선출하거나 스스로 지도자가 되겠다고 나서는 사람이 있어야 했다. 이들 전시 지도자는 마을의 추장인 경우가 많았는데 급박한 임무를 수행하기 위해 추대되다 보니 스스로도 자신의 권력이 매우 커진 것을 실감했다. 그러나 싸움이 끝나고 마을이 다시 정상으로 돌아가면, 전시에 강력했던 추장의 권력도 예전과 같은 상태로 되돌아갔다. 그럼에도 불구하고 전쟁이 반복될 때마다 군사 지도자들은 권력을 키우고 그렇게 높아진 지위를 굳히곤 했다. 더 나아가 그들은 싸움이 끝나도 권력을 내놓지 않으려 했다. 결국 자신에게 주어졌던 전시 권력을 포기하지 않거나 (썩 그럴 법하지 않지만) 때에 따라서는 동맹 세력 중 가장 강한 마을의 추장이 내친 김에 이웃 마을까지 정복함으로써, 처음으로 고정화된 군장사회가 수립되었다.[153]

카네로는 전쟁으로 국가 진화를 설명하는 이론을 오랫동안 지지해왔다. 보다시피 그는 권력의 집중화를 추구하는 방법으로 정복이나 동맹을 염두에 두고 있지만, 동맹 쪽에 조금 더 무게를 둔다. 나도 동의한다. 그러나 나는 그의 설명에 두 가지를 덧붙이고 싶다.

첫째, 전쟁이 끝난 뒤에 권력을 놓지 않으려는 사람이 어디 하나뿐이겠는가. 그래서 신흥강자는 잠든 사이에 (또는 사랑을 나누거나 용변을 보는 등 갱스터 영화에서 악당을 제거하는 데 선호되는 순간에) 암살당할 수 있다는 사실을 잊지 말아야 한다. 아니, 애초에 쿠데타는 어떤 무리, 즉 평화적 거래에 별 관심이 없는 직업 전사들을 심복으로 거느린 대장이 이끄는 무리가 수행했을 가능성이 높다. 그리고 그 대장은 부하들에게 반역의 결실을 나누어주었다.

둘째로, 고대국가로 이행하는 과정은 너무 더뎠다. 그리고 그런 일도 있다 말다 했을 것이다. 신흥강자가 군대를 장악할 지위에 올랐다고 해도 전시 권력을 단념하지 못해 부하들에게 암살당한 경우는 또 얼마나 많았겠는가? 따라서 권력을 잡는 것만으로는 안 되고 **정당한 절차로** 권력을 잡았다는 점을 과시할 수 있어야 했다. 덕택에 우두머리의 권력을 정당화하는 새로운 문화적 방법도 진화해야 했다. 그리고 그것은 시간이 걸렸다. 농업을 채택한 이후로 초기 국가로 이행하기까지 말 그대로 수천 년의 세월이 필요했던 것도 그 때문이었다. 문화의 진화는 종의 진화보다 더 빠를지 모르지만, 그래도 궤도에 오르려면 그 역시 여러 세대를 거쳐야 한다.

세습 군주가 다스리는 중앙집권적인 정체로 진화한, 비교적 평등했던 초기 사회의 역사적 사례를 하나 생각해보자. 우리가 택한 사례연구는 게르마니아로, 철기시대에 유럽의 중부와 북부에 해당하는 지역이다. 여기에는 게르만어를 사용하는 다양한 부족집단이 살았다. 사실 게르마니아는 고고학자들이 말하는 '원초적 국가의 형성 pristine state formation'과 직접적인 관련이 없다. 게르만족은 그들이 접촉한 유럽 남부의 로마와 그리스로부터 국가 차원의 제도를 베낄 수 있었기 때문이었다. 그러나 앞으로 살펴보겠지만 평등한 부족사회에서 중앙집권적인 국가로의 이행은 결코 간단한 과정이 아니었다. 국가 차원의 제도를 갖춘 기존 사회를 모방했기 때문에 그 과정의 속도를 높일 수 있었지만, 게르마니아에 새로 들어선 중앙집중식 정체는 여전히 평등주의를 내세우며 타협하기를 꺼리는 99퍼센트의 문제를 해결해야 했다.

서력기원이 시작되었을 때, 게르만족은 숲으로 둘러싸인 작은 마을과 농장에 살았다. 게르마니아는 정치적으로 독립성을 지닌 수많은 부족 단위로 나뉘어 있었다. 부족은 자유로운 성인 남성으로 구성

8장 과두제의 철칙

된 집회인 **팅**Thing을 중심으로 운영되었다. 철기시대의 게르만 농부는 수렵채집인만큼 평등하지 않았다. 그들에게는 사회적으로 명망과 부의 계보(부유한 정도는 가축의 수로 측정했다)를 잇는 '귀족'이 있었다. 그리고 부족의 리더는 그 귀족에서 뽑았다. 갈등이 생기면 팅은 전시 족장을 뽑았다. 전시 족장은 대단한 권위를 갖고 있었지만 그것은 전시에만 통하는 권위였다. 싸움이 끝나면 권력을 내놔야 했다. 평화 시에는 따로 **티우단스**thiudans라는 리더가 있었다. 티우단스는 종교 문제와 제례에 개입했고 팅을 주재했다. 로마의 역사가 타키투스에 따르면 서력기원 첫 세기가 끝날 무렵 게르만족의 "왕이나 지도자가 될 사람들에게는 발언할 기회를 주었는데, 명령할 수 있는 능력보다는 설득력이 관건이었다." 따라서 철기시대의 게르만 사회는 부와 지위의 계보가 상당히 다양했지만 고대국가에서 흔히 보는 구조적 불평등은 거의 없었다.

세력을 넓혀가던 로마제국의 손길이 게르마니아에 미쳤을 때의 상황은 그랬다. 로마인들은 게르마니아를 정복하려 했지만, 서기 9년에 벌어진 '토이토부르크 숲의 대전투'에서 쓰라린 패배를 당하고 말았다. 푸블리우스 큉크틸리우스 바루스가 이끄는 로마군 세 개 군단이 아르미니우스가 지휘하는 게르만족에게 완전히 궤멸된 것이다. 이 패전으로 로마는 게르마니아로 침투하려는 계획을 포기했다. 대신 그들은 라인강을 따라 상설 국경을 수립했다.

아르미니우스의 흥망은 평등하게 살던 부족에게 중앙집중적이고 상시적인 위계를 억지로 적용하는 것이 얼마나 어려운 일인지 잘 설명해주는 사례다.[154] 아르미니우스는 게르만의 명문 혈통인 케루스키족 출신이었다. 바루스가 이끄는 2만 명의 로마 군단을 물리치기 위해, 그는 인근의 마르시족, 카티족, 브루크테리족, 카우치족, 시캄브리족 등 여러 다른 부족들을 규합하여 매우 강력한 연합세력을 구축했다. 이 동맹은 '토이토부르크 숲의 대전투' 이후에도 지속되었다. 로마는 바루스의 군단을 잃은 것에 대한 보복으로 여러 차례 게르마니아를 재침입했지만, 그때마다 동맹군들은 로마군에게 큰 타격을 입혀 물리쳤다. 그러나 로마와의 적대관계가 끝난 직후, 아르미니우스는 남동쪽에서 팽창하고 있던 또다른 강력한 부족 연합세력과 전쟁을 벌이게 되었다. 이들을 대표하는 부족은 수에비족으로 서서히 왕권을 장악해가던 마로보두스가 이끌고 있었다.

아르미니우스와 마로보두스의 최후는 비슷했다. 두 사람 모두 전시 지도자로서의 지위를 왕의 지위로 끌어올리지 못했다. 타키투스가 쓴 대로, "수에비족은 그들의 지도자인 마로보두스에게 붙은 왕이라는 칭호를 못마땅하게 여겼다." 결국 마로보두스는 폐위되었지만 그래도 용케 탈출하여 목숨을 건졌다. 그는 도나우강을 건너 로마로 망명했고 로마는 라벤나에 정착지를 마련해주었다. 마로보두스는 그곳에서 편안히 지내다 18년 뒤에 늙어 죽었다.

아르미니우스도 같은 문제로 지지자들과 충돌했다. 타키투스의 기록에 의하면 "게르마니아에서 로마군이 퇴각하고 마로보두스가 실각하자 아르미니우스는 왕권을 노렸다. 그러나 자유를 사랑하는 그의 동포들은 거세게 저항했다. 이길 때도 질 때도 있었던 숱한 전투에서 살아남은 아르미니우스였지만 결국 그는 친척의 배신으로 살해되었다."

이런 야심과 배신의 이야기들은 역사에 흥미를 더해준다. 그러나 그런 이야기를 이론적 틀에 놓고 보면 어떤 모습일까? 아르미니우스와 마로보두스는 부족 연합에 의해 전시 지도자로 선출된 야심찬 신흥강자였다. 두 사람은 자신의 권력을 강화하고 자신의 지위를 확고히 다지기 위해 로마 변경에서 끊임없이 전쟁을 벌였다. 한동안은 효과가 있었다. 그들로서는 불행한 일이지만 로마로부터 군사적 압력이 사라진 뒤에 권력을 양도하기를 거부한 순간, 그들은 평등사회의 모든 신흥강자들이 겪었던 것과 같은 처우를 받았다. 앞서 말한 대로 마로보두스는 달아나 망명했지만 아르미니우스는 크리스토퍼 보엠이 『숲속의 평등』에서 설명한 패턴 그대로 전혀 예기치 않았던 순간에 자신의 혈족에게 살해당했다.

인간의 역사에는 왕권을 잡았으나 안정된 지위를 지속시키지 못한 신흥강자들이 수없이 많다. 아마도 가장 유명한 사례는 가이우스 율리우스 카이사르일 것이다. 카이사르가 몸담았던 사회는 평등한 제도를 유지하면서도 매우 중앙집권적인 대규모 국가로 이행하는 시기를 겪고 있었다.

기원전 509년에 로마의 귀족들은 그들의 왕 타르퀴니우스 수페르부스를 퇴위시켜 로마에서 추방하고 공화정을 수립했다. 타르퀴니우스는 로마의 마지막 왕이 되었다. '교만Superbus'이라는 별명을 가졌던 타르퀴니우스는 고전적 의미에서 또 하나의 신흥강자였다. 그는 왕을 시해하고 권좌에 올랐고 자신의 명을 거역하는 귀족을 상대로 공포정치를 펼쳤다. 적어도 로마의 역사는 그렇게 전한다. 그러나 이런 이야기는 새겨들어야 한다. 승자는 항상 역사를 자신에게 유리한 방향으로 기록하기 때문이다.

타르퀴니우스가 소문만큼 문제가 있었든 아니든 간에, 전제주의라는 딱지가 붙은 치세를 겪은 후 현명해진 로마 귀족들은 다른 신흥 강자들이 함부로 득세하지 못하도록 매우 정교한 정치체제를 만들어 발전시켰다. 로마공화정은 결코 평등한 사회가 아니었지만, 원로원을 구성하는 귀족사회는 집단의 합의에 의해 통치했다. 물론 그들에게도 리더가 필요했다. 그러나 이들의 리더인 두 명의 집정관은 임기가 1년으로 제한된 선출직이었고, 각각 상대방의 권한을 견제했다. 국가 비상시에는 원로원에서 딕타토르dictator(독재관)를 한 명 선출하여 전권을 위임했다. 하지만 딕타토르의 임기는 겨우 6개월이었고 비상 국면이 지나가면 즉시 사임해야 했다.

이런 체제는 500년에 가까운 세월 동안 신기할 정도로 훌륭하게 작동했다. 이런 체제가 무너지기 시작한 것은 기원전 마지막 한 세기 동안이었다. 붕괴의 한 가지 원인은 전쟁이 끝났는데도 군단을 해산시키지 않았기 때문이었다. 결국 시간이 가면서 무공을 세운 장군들은 자신에게만 충성을 바치는 사병을 조직했다. 기원전 90년대부터 80년대까지 몇 차례 전쟁이 이어진 후에, 가장 혁혁한 무공을 세운 루키우스 코르넬리우스 술라(기원전 138~기원전 78)는 반대세력들을 물리치고 원로원을 앞세워 스스로 종신집정관에 추대되었다. 그러나 의외로 술라는 불과 1년 뒤에 무소불위의 권력을 내놓고 모든 공적 지위에서 물러나 자신의 집에서 평안하게 숨을 거두었다.

카이사르는 술라의 사임이 실수라고 생각했다. 어떻게 잡은 권력인데 그렇게 쉽게 내어주는가? 비슷한 상황에 처했을 때 카이사르는 스스로 집정관이 되어 가능한 한 오래 직위를 유지했다. 하지만 그리길지는 못했다. 그는 4년 뒤에 암살당했다.

카이사르의 암살도 보엠의 패턴에 잘 맞는다. 신흥강자를 끌어내리는 데에는 두 가지 현실적인 문제가 있다. 첫째, 그는 무술이 매우 뛰어난 투사일 가능성이 높다. 따라서 섣부른 암살 시도는 매우 위험하다. 이런 이유 때문에 계획은 은밀하게 그리고 당사자가 전혀 예기치 못한 순간에 실행되어야 한다. 둘째, 암살을 성공시켜도 위험은 여전하다. 그의 측근이나 친척 들이 복수를 벼르기 때문이다. 이런 위험을 해소하려면 신흥강자의 혈족들을 상대로 암살의 당위성을 설득해야 한다. 아르미니우스도 혈족에게 당하지 않았는가.

아니면 살해의 책임을 공동체 전체에 분산시킬 수도 있다. 그렇게 되면 복수를 할 개인이나 혈족이 없게 된다. /튀가 살해당했을 때를 기억해보자. 공동체의 구성원들은 "모두 그에게 독화살을 쏘아 고슴도치처럼 만들었다. 그리고 /튀는 길게 뻗었다. 남자고 여자고 모두 그에게 다가가 그의 몸에 창을 찔렀다. 그가 죽은 뒤에도."

카이사르의 암살도 소름끼칠 정도로 비슷했다. 그는 '해방자'라고 자칭한 원로원 일당에게 살해당했다. 공모자들은 최소 20명, 많게는 60명 정도였다. 카이사르는 칼에 스물세 번 찔렸다. 대부분은 치명적인 상해를 입은 뒤에 찔린 것이었다.

그의 죽음도 공화정을 버리고 제국으로 치닫는 길을 막지는 못했다. 어수선한 내란으로 또 한번의 10년이 흐른 뒤에, 카이사르의 양자이자 후계자인 옥타비아누스가 로마의 최고통치자가 되었다. 옥타비아누스는 카이사르가 실패했던 바로 그 자리에서 성공했다. 무엇보다 그가 성공할 수 있었던 것은 20년 동안 끊이지 않은 내전에 염

증을 느낀 로마의 시민들이 평화와 질서를 간절히 바랐기 때문이었다. 낡은 공화체제는 이미 신용을 잃은 터였다. 원로원은 더이상 사회적 평화와 내부 질서를 보장해주지 못했다. 로마 시민들은 지휘 체계의 정점에 힘센 군주가 버티고 있는 중앙권력체제만이 평화를 보장해줄 것이라 믿게 되었다. 한참 뒤 17세기 영국에서 끝 모를 내전의 혼란과 공포를 고스란히 체험했던 토머스 홉스도 『리바이어던』에서 같은 주장을 현란한 문구로 표현했다.

옥타비아누스는 권력의 외적 치장보다 그 본질에 더 많은 관심을 가졌다는 점에서 카이사르와 달랐다. 그는 자신을 독재자나 황제로 부르지 않고 단순히 다른 모든 사람들 중 '제1인자'라는 뜻의 프린켑스princeps라고 부르도록 했다. 그리고 기원전 27년에는 아우구스투스Augustus라는 칭호를 함께 사용했다. 아우구스투스는 '신성하다'거나 '경배를 받아야 한다'는 의미로 상서로운 조짐을 읽어내는 종교적 직책인 라틴어 아우구르augur와 어원이 같다. 그는 직책을 쌓는 것이 아니라 직책을 벗어던지면서 권력의 내실을 공고히 다졌다. 기원전 23년에 아우구스투스는 기원전 31년 이후로 유지해온 임기 1년의 집정관마저 포기했다. 흥미롭게도 그의 권위가 약해지면 정치적 불안이 재발하지 않을까 두려움을 느낀 로마 시민들이 그가 집정관직을 수락하도록 압력을 넣기 위해 반란을 일으켰다. 아우구스투스의 통치는 광범위한 시민의 합의에 그 기반을 두었다.

오만을 버리고 겸손한 자세를 취하는 것, 이것이 신흥강자의 성공 비결이다. 그러나 더욱 중요한 것은 위계적 사회질서가 그 대안보다 더 바람직하다는 것을 사람들에게 입증해 보이는 것이다. 로마의 경우 군주제를 다시 수립하게 만든 것은 지루하게 계속되는 내전에 대한 피로감이었다.

군주제는 또한 외부와의 전쟁이 끊임없이 이어지는 환경에서도 나타날 수 있다. 게르마니아가 그랬다. 로마인들과 그리스인들이 작성한 일련의 기록을 토대로 우리는 기원전 100년부터 서기 500년까지의 기간에 게르만 사회에서 왕권이 진화하는 과정을 재구성할 수 있었다. 기원전 100년에 로마인들은 처음으로 게르만족과 마주쳤다. 킴브리족과 테우토네스족이었다. 그들은 별다른 지휘 계통도 없이 작은 단위로 노략질을 일삼는 무리들이었다. 100년 뒤에 그들은 아르미니우스와 마로보두스가 이끄는 것과 같은 부족 연합을 잠깐 구성했다. 이런 리더들이 이끄는 군대는 결속력이 대단했다. 타키투스에 따르면 "전투대형도 중구난방이고 공격 방식도 제멋대로였던 게르만족의 전쟁 방식은 옛말이 되었다. 로마와 오랜 세월 싸우면서 그들은 규범을 따르고 예비 병력을 양성하고 지휘에 복종하는 법을 배웠다." 그럼에도 불구하고 어떤 전쟁이 하나 끝나면 부족 연합은 해체되고 연합군의 리더는 불필요한 존재가 되었다.

유럽에 항구적인 로마 국경이 형성되면서 이런 패턴은 중단되었다. 문 앞의 적은 도발을 멈추지 않았다. 로마제국은 상상을 초월하는 부의 원천으로, 그들의 위풍재prestige goods는 약탈이나 교역의 대상이었다. 동맹을 맺거나 경쟁을 벌이던 방식이 바뀌면서 부족들은 국경에 조금이라도 더 쉽게 접근하기 위해 자기들끼리 싸웠다. 서기 3,4세기에 형성된 이런 일시적인 부족 연합은 고트족, 알라마니족, 프랑크족 등의 항구적인 동맹으로 자리잡았다. 각 동맹 세력은 많은 부족을 융합하여 하나의 강력한 조직으로 거듭났다.

사실 이런 정치 단위를 '동맹'이라 부르는 것은 옳지 않다. 끊임없는 전쟁과 치열한 집단 간의 선택 속에서, 이들은 일반 병사들에게 거대한 권력을 휘두르는 항구적 리더를 가진 중앙집권적인 군장사회로 진화했다. 석기시대를 지배했던 군사 지도자와 종교 지도자 간의 분업은 사라졌다. 그 자리에는 프랑크 왕국의 메로빙Merovingian 왕조나 동고트의 아말Amal 같은 제의를 집전하는 세습군주들이 들어섰다. 5세기에 프랑크, 동고트, 서고트 등 여러 게르만 군장사회들은 다시 한번 변신을 통해 고대국가로 나아갔다.[155]

•••

다행스럽게도 우리에게는 게르만 왕국들의 진화를 추적할 수 있는 자료가 있다. 그러나 그 자료들은 한 가지 의문을 갖게 한다. 이들 고대국가는 국가에 준하는 더 오래된 사회의 언저리에서 일어났고, 그 사회들은 급격하게 발전 속도를 높이고 있었다. 농업사회와 '원시pristine' 국가 사이에 가로놓였던 5,000년은 온데간데없이, 프랑크와 고트 왕국은 불과 500년 만에 연합세력을 형성했다. 이렇게 비교적 빠르게 진화할 수 있었던 한 가지 요인은 모든 제도를 처음부터 창안할 필요가 없었기 때문일 것이다.

게다가 국가는 전쟁을 벌이고 주변을 전쟁과 군국사회의 '기운aura'으로 물들인다. 계속 움직이지 않으면 질식하는 상어처럼, 제국들은 계속 세력을 확장해야 한다. 제국의 변경에서 국가의 형태를 갖추지 못한 사회들은 끊임없이 전쟁의 위협을 느끼며 살았다. 로마제국과 게르만족을 가르는 국경처럼 고착화된 국경조차 부족들의 거주지에 폭력의 기운을 불어넣는다. 제국은 이국적이고 탐나는 상품의 유혹은 물론이고 노예와 원료(금, 피륙, 상아, 타조 깃털 등)에 대한 수요까지 창출한다.

국가의 발흥에는 치열한 전쟁이 필수조건이기 때문에 제국의 국경 언저리에 자리잡은 군사화된 지대는 중요한 의미를 갖는다. 어떤 지역에 처음으로 국가가 세워지면 더 많은 국가가 생기는 것도 그 때문이다.

그러나 근처에 어떤 국가도 없는 상태에서 권력이 중앙에 집중되었던 '원시' 국가는 어떤가? 국가가 생기기 전에 전쟁의 발발률과 강도에 관해 우리는 무엇을 알고 있는가?

독자들은 이런 질문 자체가 많은 논란을 일으킬 수 있다는 사실을 알게 될 것이다. 학자들은 매우 격하게 '전쟁을 두고 전쟁'을 벌인다. 학자들이 벌이는 전쟁은 블로그나 전문 잡지의 단골 소재다. 이 질문에 대한 답이 어떻게 나오느냐에 따라 내 결론도 크게 달라지기 때문에 나 역시 이런 싸움판에 뛰어들어야 한다.

이에 대해서는 두 가지 극단적인 입장이 있지만, 내가 보기에는 둘 다 이치에 맞지 않다. 첫째는 평화를 사랑하는 '고상한 야만인'이라는 그릇된 통념인데, 이에 대해서는 앞서 논의했다. 그런 '야만인'들의 전쟁은 그다지 치명적이지 않고 심각하지도 않다. 어찌 보면 우스꽝스러울 정도다('원시 전쟁'에 대한 유럽 중심적 견해에 따르면 그렇다).

우리는 6장에서 로런스 킬리의 획기적 저서 『원시전쟁』을 통해 이런 통념이 어떻게 무너지는지 확인했다. 간단히 되짚어보자면, 선사 시대의 전쟁에 관한 증거가 "두 눈을 똑바로 뜨고 쳐다보는데도" 인류학자들은 확실한 증거를 양탄자 아래 쓸어 담아버리고 외면함으로써 "과거를 평화 시대로 만들었다"고 킬리는 강조한다. 킬리는 고고학과 민족지학적 출처에서 자료를 수집하여 사망률(다시 말해 전쟁에서 살해당할 확률)이 우리 시대보다 국가 이전의 사회에서 열 배 더 높다는 사실을 입증했다.

그 반대의 극단은 인류의 먼 과거가 홉스가 본 대로 무자비한 "만인에 대한 만인의 투쟁"이었다는 견해다. 이런 입장을 취한 것은 최근의 베스트셀러 『우리 본성의 선한 천사—인간은 폭력성과 어떻게 싸워왔는가The Better Angels of Our Nature: Why Violence Has Declined』의 저자이자 심리학자인 스티븐 핑커Steven Pinker였다. 핑커는 1장 「낯선 나라」를 이렇게 시작한다.

> 과거가 낯선 나라라면 그것은 충격적일 정도로 폭력적인 나라다. 과거의 삶이 얼마나 위험했는지, 야만성이 우리의 삶에 얼마나 깊숙이 배어 있었는지 우리는 쉽게 잊는다.

핑커 책의 두께도 살인, 내란, 국가 간 전쟁을 비롯한 모든 형태의 폭력에 대한 장기 추세가 하강세였다는 사실을 보여주는 데 한몫한다. 지역에 따라 높낮이의 차이가 있지만 폭력 곡선은 매우 높게 시작하여 이후로는 점차 수그러든다. 그것은 '하강하는 톱니 모양'이다.

핑커의 저술은 많은 논란을 불러일으켜 지지자와 비판자 양쪽 모두 그의 결론의 근거가 되는 자료를 해부했다(이 문제는 10장에서 다룰 것이다). 여기서 우리의 목표와 관련하여 특별히 관심을 끄는 것은 아카데미의 인류학자들이 핑커의 논제를 평가한 부분이다. 그런 비평 중에 가장 주목할 만한 것은 더글러스 프라이Douglas Fry가 저명한 고고학자, 인류학자, 영장류 학자 등의 논문을 모아 편찬한 『전쟁과 평화와 인간의 본성War, Peace, and Human Nature』이다.

프라이는 그 증거들을 일람하면서 몇 가지 탁월한 지적을 한다. 그는 대규모 국가가 발흥한 **이후에**, 아니면 대략 지난 5,000년 동안에 폭력의 전반적 추세는 하강국면을 이어왔다는 핑커의 주장에 동의한다. 그러나 그는 농업을 채택한 이후 5,000년 동안의 궤적에 관해서는 전혀 동의하지 않고 오직 국가의 발흥 이전 시기까지만 동의한다. 그는 폭력, 특히 전쟁이 실제로는 늘어났다가 줄어들기 시작했다고 주장한다.

나도 같은 의견이다. 그동안 밝혀진 많은 증거들은 과거 1만 년 동안 전쟁 곡선을 그리스 문자 Λ(람다) 모양으로 나타낼 수 있다는 사실을 암시한다. 오르막과 내리막은 물론 모두 톱니 모양이다. 부분적으로는 상승할 때도 있고 하강할 때도 있기 때문인데 장기적으로 보면 Λ형 추세다. 최고점도 지역에 따라 다른데, 일반적으로 국가 이전 사회의 후기 그리고 국가사회의 초기와 일치한다.

그러나 프라이를 비롯하여 『전쟁과 평화와 인간의 본성』에 기고한 여러 학자들은 1만 년 전 그 이전 "인류가 존재했던 대부분의 기간에 전쟁은 전혀 없었다"고 주장하는 무리수를 둔다.

그렇다. 플라이스토세의 기후 혼돈기에는 전쟁도 드물었을 것이다. 사람들은 다른 수렵채집인 무리보다는 전진하는 빙하에 의해 쓸려나갈 위험을 더 걱정했다. 빙하가 물러나자 사람이 거주할 수 있는 광활한 지역이 열렸다. 이런 상황이라면 침략자를 피해 멀리 이동하는 것이 바람직하고 또 타당해 보였을 것이다. 그러나 비교적 기후가 안정되고 지역의 풍경이 사람으로 채워진 기간이 틀림없이 있었을 것이다. 떠돌아다니는 수렵채집인은 농부만큼이나 토지와 밀접한 관계를 가졌기 때문에 풍부한 사냥터나 귀중한 식물 자원을 어떻게든 지키려 했을 것이다. 그러다 한 집단이 폭력을 동원하면 전쟁이 확산된다. 평화주의적인 집단은 자연선택에 의해 제거된다. 플라이스토세에는 이 같은 전쟁이 비교적 드물었을 것이고, 따라서 고고학적 기록으로도 어떤 확실한 증거를 남기지 않았다. 누군가 매서운 돌팔매에 정통으로 맞아 현장에서 죽거나 나중에 후유증으로 죽었다 한들 사냥하다 사고로 죽은 불운한 사람과 어떻게 구분할 수 있겠는가? 어느 경우든 우리에게는 플라이스토세로부터 온 유골이 거의 없어 통계적 분석에 필요한 자료가 많지 않다.

선사시대 전쟁에 관한 논란의 저변에 깔린 또하나의 문제는 사람마다 전쟁의 정의를 다르게 내린다는 사실이다. 그래서 내가 사용하는 정의부터 분명히 밝혀야겠다. 나의 일차적 관심은 문화적 집단선택에 있기 때문에, 나는 개인이 흩어져 매복을 하든 기습을 하든 전투를 벌이든 상관없이 전쟁은 목숨을 걸고 싸우는 집단과 집단의 폭력이라고 정의한다.

이런 정의에 따르면 침팬지나 늑대도 전쟁을 한다. 옐로스톤 국립공원의 경우를 보자. 이 지역의 늑대는 20세기 초에 사냥으로 멸종

되었지만, 사람들이 1995년에 늑대를 다시 풀어놓았다. 늑대 무리들이 영역을 두고 싸움을 벌일 정도로 개체수가 늘어나면서, 결국 늑대가 죽는 가장 큰 원인이 무리들끼리의 폭력이 되었다. 이제 우리는 한 무리가 다른 무리를 전멸시키는 사례를 적어도 하나는 확보했다. 이런 일은 단 한 차례의 치열한 싸움으로 일어나는 것이 아니라 헤아릴 수 없이 많은 상황에서 여기서 한 마리, 저기서 한 마리씩 제거되는 식으로 진행된다. 이긴 무리는 영토를 넓혀 두 개의 무리로 갈라진다.

늑대 한 무리가 다른 무리의 씨를 말릴 때, 나는 그것을 전쟁이라 부른다. 그것이 폭력적인 수단에 의해 치러지는 집단 간의 경쟁이기 때문이다. 다른 학자들은 다른 정의를 사용한다. 누군가는 갈등이 '조직적'이라고 간주할 수 있어야 한다고 주장하는가 하면, 누구는 규모가 큰 갈등만 따져 '원시 전쟁'은 배제하기도 한다. 그런 정의들도 내가 내린 정의 못지않게 타당할 수 있고 다른 연구자들이 사용하는 개념적 접근이나 질문에 적합할지도 모른다. 그러나 내 관심사는 집단과 집단이 벌이는 경쟁의 형태로서의 전쟁이다.

선사시대에 만연했던 전쟁에 접근할 때는 더 어려운 문제에 부딪힌다. 분명히 밝히지만 개체 간의 폭력과 집단 차원의 전쟁은 구분해야 한다. 하지만 쉽지 않은 일이다. 둔탁한 물체에 맞은 두개골은 전사했다는 징표일 수도 있고 집안싸움으로 인한 살인을 암시할 수도 있다. 이런 이유로 인류학자들은 그것이 전쟁이었다고 합의하기 전에 집단 차원의 갈등을 짐작하게 해주는 다른 증거를 보고 싶어한다. 전투용 곤봉이나 칼처럼 사람과 사람이 맞붙는 싸움에 맞춰 제작된 무기나 요새의 흔적이 그런 고고학적 징표가 될 수 있다. 그러나 활과 화살은 사냥에서도 전쟁에서도 똑같이 요긴하게 활용된다. 그 결과 원격 무기를 사용하고 기습과 매복에 의존하는 소규모 사회 간의 전쟁은 대부분 고고학의 시각에서는 눈에 띄지 않는다.

이런 논제에서 물러나 그것이 지금 우리가 탐구하고 있는 질문인 고대국가의 발흥에서 전쟁이 차지하는 역할에 어떤 영향을 주는지 생각해보자. 정의가 제각각이고 증거와 그 증거를 해석하는 방법론에 관한 논란이 거센 탓에 혼란이 초래되지만, 그래도 모두가 동의하는 것이 한 가지 있다. 국가가 출현하기 전의 농경사회에서는 전쟁이 특히 잔혹했다는 사실이다. 지난 1만 년 동안 내가 전쟁의 Λ형 곡선이라고 부른 것을 뒷받침하는 실증적 자료는 어디에서나 쉽게 구할 수 있다. 농업이 확산된 이후부터 국가가 발흥하기 전까지는 인류사에서 가장 폭력적인 기간이었을 것이다(적어도 전쟁으로 죽었다는 사실이 드러나는 사람들의 비율을 보면 알 수 있는 일이다). 이것이 맞는다면(그리고 이는 매우 활발히 연구되고 있는 분야이므로 특히 향상된 법의인류학의 방법론으로 곧 더 많은 자료가 나올 것을 기대할 수 있다), 그것은 전쟁과 국가의 진화를 연결해주는 기존의 고리를 한층 강화해줄 것이다. 앞으로 지켜볼 일이다.

•••

다양한 주장을 종합해볼 때, 다음과 같은 일련의 사건들이 전제적 고대국가로 이어졌다고 볼 수 있다. 약 1만 2,000년 전 플라이스토세가 끝나면서 기후는 점점 따뜻해졌고 무엇보다도 기후 변화의 폭이 줄었다. 곳곳에서 사람들의 개체수도 증가하기 시작했다. 이주와 식민활동으로 살 수 있는 새로운 지역에 사람들이 들어서기 시작했고, 이후 몇 천 년 동안 지구의 풍경은 수렵채집인의 무리들로 채워졌다. 그 결과 인간이 거주하기 적합한 지역 중에 사람이 살지 않는 곳은 거의 남지 않게 되었다. 마지막 빙하기에 상당수의 사람들이 이미 존재했던 근동 지방 같은 지역들이 먼저 채워졌다.

고고학적 표준 모델에 따르면 다음과 같은 과정이 그 뒤를 이었다. 약 1만 년 전에 인간은 동식물을 길들이고 기르기 시작했다. 그 덕분에 식량생산은 극적으로 증가했고, 그로 인해 인구밀도가 높아지고 정주식 생활 방식과 마을이 크게 증가했으며, 이어서 도시와 복잡한 사회와 국가와 저술 등 소위 문명이 발달했다. 이후 농업이 채택되면서 높은 인구밀도와 세분화된 분업을 가능하게 하는 자원 기반이 형성되었다. 이는 또한 장인과 성직자와 지배자를 부양할 수 있는 '잉여'를 낳았다. 이쯤에서 표준이론은 여러 다양한 모델로 가지를 쳐, 일부는 경제를 운용할 필요성을 강조하는가 하면 누구는 전쟁에 초점을 맞추고 또 누구는 제례와 종교 전문가의 역할을 중시한다. 세부적인 내용은 저마다 다르지만, 풍부한 자원 기반이 복잡한 사회를 일으키는 데 필요조건일 뿐 아니라 충분조건이라는 사실에는 모두가 동의한다.

나는 이를 사회적 복잡성의 진화에 대한 '바텀업bottom-up' 이론이라 부른다. 이런 이론은 사회의 복잡성을 물질적 자원 기반에 대한 일종의 '상부구조superstructure'로 취급하기 때문이다. 다시 말해 진화의 항아리에 자원을 충분히 넣고 휘저으면, 어김없이 사회의 복잡성이라는 거품이 솟아오를 것이다.

바텀업 이론의 문제는 이 과정에서 중요한 단계의 시기를 추정할 수 있는 여러 곳에서 사건 순서가 다르게 나타난다는 사실이다. 우리가 1장에서 살펴본 초기의 기념비적 건축물을 가진 두 지역인 괴베클리 테페와 파버티 포인트는 농업 이전의 유적이다.

사건의 순서가 역전된 것이다. 먼저 아주 정교한 제례 활동과 많은 노동자들을 동원해야 하는 대규모 사회가 일어난다. 그런 다음 농업은 나중에야 온다. 표준이론이 원인과 결과를 뒤집었다는 말인가?

둘째, 수렵채집인 사회는 음식을 공유한다. 거꾸로 말해 음식을 비축하는 행위는 반反사회적 일탈로 간주된다. 이렇게 되면 처음 농부가 되기로 작정한 사람이 땅을 개간하고 농작물을 심고 잡초를 뽑는 등 작물을 기르기 위해 할 수 있는 노력을 다 기울여도, 작물이 익었을 때 다른 사람들이 스스럼없이 그것을 가져갈 수 있다는 말이 된다. 아니면 농부가 농작물을 수확하고 저장할 때쯤, 그 사회의 다른 모든 사람들은 농부가 그것을 나누어주리라고 기대하게 된다.

셋째, 농업에는 부정적인 면이 있다. 인간 건강에 아주 부정적인 영향을 미친다는 말이다. 농업으로 전환한 뒤 인간의 키가 줄었다는 확실한 증거도 있다. 키는 전반적인 복지를 측정할 수 있게 해주는 신뢰할 만한 지표다. 또한 인구밀도가 높아지고 가축화된 동물에서 나온 병원체가 인간으로 옮겨간 탓에 인간은 더 자주 아프게 되었다. 영양의 질이 떨어졌다는 것을 입증해주는 고대의 뼈와 치아를 우리는 아주 많이 확보하고 있다.

그러나 결국 사람들은 농사를 짓게 되었고 또 농사는 확산되었다. 그러므로 그래야 하는 거부하기 힘든 이유가 있어야만 했다.

내 생각은 이렇다.

플라이스토세 이후의 풍경으로 돌아가자. 많은 지역이 사람들의 집단으로 채워졌고, 각 집단은 수렵과 채집을 할 수 있는 영토를 갖고 있다. 이제 이 지역에 전쟁에 준하는 싸움을 일으킬 만한 일이 벌어진다고 가정하자. 기후 변화도 좋다. 영거 드라이아스기Younger Dryas (1만 2,800~1만 1,500년 전)로 알려진 시기에 기후가 건조해지고 추워지자, 식물 군락의 생산성은 떨어지고 이들 자원에 의존하는 사람들의 환경수용능력도 떨어졌다(동물의 음식 기반도 위축되었기 때문에 사냥감의 이용 가능성 역시 줄어들었다). 각 부족집단이 줄어든 환경수용능력을 보충하기 위해 영토 확장을 꾀하면서 희귀 자원이 부족(종족어 집단) 간의 갈등을 고조시켰다. 아니, 어쩌면 어떤 특별한 기후적 계기조차 필요하지 않았을지 모른다. 지상에 사람들이 점점 많아지면서 찾아내기가 점점 더 어려워지는 자원을 두고 인접한 집단들 간의 갈등이 갈수록 심화되었다.[156]

치열한 전쟁을 일으키는 데 필요한 새로운 조건은 한 집단이 전쟁에서 졌을 때 멸종될 확률을 높였다. 다시 말해 협력하는 집단의 규모를 늘려야 할 강력한 압력이 이제 생긴 것이다. 그것은 문화적으로 비슷한 다른 집단과 연합하면 간단히 해결되는 문제였다.

그러나 흔히들 말하듯 규모가 능사는 아니다. 연합체에 응집력을 부여하려면 몇 가지 문화적 요소가 첨가되어야 한다. 집단의 규모가 커지면 사람들을 내적으로 결집시키기가 쉽지 않다. 그렇게 하려면 새로운 형태의 사회적 '접착제'가 필요하다. 1장에서 살펴본 대로, 거석이나 헨지처럼 대규모 의식을 치를 수 있는 기념비적인 장소는 수천 개의 공동체를 결속시키기 위한 메커니즘으로 기여했던 것 같다. 그렇게 내부적으로 응집력을 갖춘 사회는 플라이스토세가 끝난 뒤에 꾸준히 이어진 전쟁에서 살아남을 확률이 더 많았다. 그러나 그것으로는 충분하지 않았다.

아마도 비옥한 초승달 지대에 살았던 사람들은 농작물의 생산성을 높이는 데 필요한 기술을 이미 알았을 것이다(실제로 경작의 흔적은 10만 년 전까지도 드문드문 나타난다). 하지만 애당초 힘도 더 들고 건강에도 좋지 않은 경작 생활로 굳이 바꿔야 할 이유는 전혀 없었다. 그러나 동맹을 맺는 것 외에 집단의 규모를 늘리는 또다른 방법이 있다. 전사를 많이 확보하는 것이다. 식량 생산을 늘리면 전사의 수를 늘리고 그들을 더 큰 전투부대로 양성할 수 있다. 게다가 요새화된 정착촌 근처에 집중된 경작지에서 작물을 재배하는 것은 수렵채집인 무리를 보내 흩어져 있는 음식 자원을 모으는 것보다 더 안전하다.

수렵채집인에서 농부로 이행하는 데 문화적 집단선택이 왜 핵심 개념인가? 공동체 내의 다른 모든 사람이 수렵채집 활동을 하고 있다면 혼자서만 농사로 바꿀 수는 없기 때문이다. 집단 전체가 같이 바꿔야 한다. 그러기 위해서는 모두가 공유하는 새로운 문화적 규범과 제도가 필요하다. 그중 가장 중요한 제도는 재배한 식량에 대한 재산권이었을 것이다.[157]

문화적 집단선택이라는 논리는 또한 건강을 희생한다는 커다란 비용에도 불구하고 농업을 택해야 했던 이유를 설명해준다. 농부 집단은 영양상태가 좋지 않고 심지어 만성적 질병에 시달리기도 하지만 그들은 단순히 수적인 우세만으로 건강하고 키가 큰 수렵채집인을 전멸시킬 수 있었다. 그래서 진화적 의미로나 신체 조건의 일상적 의미로 봤을 때 개체의 적합성은 감퇴되었지만 진화적 집단의 적합성은 높아졌고 그런 적합성이 전반적인 과정을 추진했다.

따라서 내 설명의 논리는 이렇다. 만연한 전쟁은 더 큰 사회적 규모를 위한 강렬한 선택으로 이어진다. 이런 전환을 실현하기 위해서는, 공통점이 전혀 없어 보이지만 실제로 상승작용을 일으키는 많은 문화적 특성이 공진화해야 한다. 한 가지 필요한 문화적 특성은 농사를 지을 수 있게 해주는 것, 즉 농작물을 경작하고 가축을 기르는 방법에 관한 지식은 물론이요, 재산권 같은 새로운 사회적 제도다. 또다른 문화적 특성은 협력적인 집단을 결속시키는 대규모 제례였다. 농업과 대규모 제례를 추진시키는 것은 제3의 요소, 즉 전쟁이기 때문에 원칙적으로 전쟁은 어떤 단계에서도 일어날 수 있다. 그러나 우리의 조상들로서는 새로운 제례를 채택하는 편이 더 쉬웠으리라고 나는 짐작한다. 그들에게 필요한 것이라고는 이전에 이미 존재하던 작은 집단의 규모를 늘리는 것뿐이었기 때문이다. 또한 농업으로 이행하려면 사유재산이라는 규범이 필요하다. 하지만 그것은 평등한 수렵채집인의 원칙에 맞지 않는다. 여러 가지 기록을 통해서도 확인할 수 있지만, 대규모 집단이 제례적 목적으로 만든 기념물들이 농사를 짓기 이전에 나타날 수 있었던 것도 바로 그 때문이다.

식량을 채집하지 않고 재배하려면 일을 더 많이 해야 하고 건강을 크게 희생해야 하지만 대신에 대지의 생산성은 크게 높아진다. 또한 텃밭이나 논밭을 성채 근처에 마련하여 좀더 안전한 상태에서 기습에 대비할 수 있다. 같은 면적이라도 경작한 논밭은 숲속의 땅보다 더 많은 병사를 먹일 수 있다. 농업의 군사적 가치는 그것의 부정적인 면을 보충하고도 남을 정도로 크다. 농부와 수렵채집인이 만나면 최후의 승자는 예외 없이 농부이기 때문에 농사짓기에 부적합한 지역만 아니라면 농부는 확산된다. 그리고 농사와 함께 사유재산도 확산된다.

　재산이 진화하면 부의 격차도 진화한다. 어떤 면에서 이는 불가피한 문제이고 그 불가피성이 너무 확실한 탓에 사회과학자들은 거기에 이름까지 붙여주었다. 이른바 마태의 원리Matthew Principle다. 신약성서 중 마태가 기록한 복음서에서 예수 그리스도가 한 말이 그 근거다. "가진 사람은 더 받아 넉넉하게 되겠지만 못 가진 사람은 그 가진 것마저 빼앗길 것이다."(마태 13:12) 빈익빈 부익부라는 말이다.[158]

　부가 주기적으로 재분배되지 않을 경우 부가 집중될 수밖에 없는 현상을 보여주는 간단한 모델이 있다. 소를 기르는 사회가 있다고 하자. 그들에게 암소는 중요한 재산이다(라틴어로 재산을 뜻하는 페쿠니아pecunia도 원래는 가축을 의미했다). 목축 사회에서 재산을 소유한 사람은 대부분 남자이기 때문에, 두 남자의 재산을 따라가보자. 우선 아벨이라는 사람은 암소 20마리로 시작한다. 또 한 사람인 카인은 10마리가 전부다. 아벨은 외아들이어서 아버지의 가축을 모두 상속받은 반면 카인은 남동생이 하나 있어 소를 절반만 받았다.

아벨도 카인도 결혼하여 아이를 낳았다. 그들은 가족을 부양해야 한다. 한 가족을 부양하는 데 암소 15마리가 필요하다고 하자. 다행히 암소는 새끼를 낳고 따라서 매년 소의 수는 두 배가 된다. 아벨의 암소는 20마리에서 40마리로 늘어나고, 그중 15마리는 잡아먹어 25마리가 남았다. 다음 해 소들은 다시 두 배가 되어 50마리가 되었고, 그중 15마리를 잡고 35마리가 남았다. 매년 그의 재산은 이렇게 늘어난다. 20 → 25 → 35 → 55 등등.

카인의 소도 두 배로 늘어 10마리에서 20마리가 되지만 그 역시 가족을 먹여 살리기 위해 15마리는 잡아야 한다. 따라서 그에게는 5마리밖에 남지 않았다. 다음 해 소는 10마리로 늘어난다. 그래서 카인의 가족은 암소를 모두 잡아먹고 굶기 시작한다. 그러나 아벨은 소 55마리가 혼자 기르기에는 너무 많아 카인을 일꾼으로 고용한다. 아벨의 소는 이제 두 가족을 먹여살려야 하는데, 이 시점에 오면 실제로 모두를 먹일 수 있을 만큼 소가 충분하다. 다음 해 소 떼는 두 배로 늘어나 110마리가 되고, 그중 30마리를 잡고 80마리가 남는다. 80마리는 130마리가 된다. 이제 아벨은 일꾼을 한 명 더 고용해야 한다. 이제 아시겠는가.

물론 아벨과 카인의 이야기는 일종의 희화화다. 그러나 잘된 풍자가 다 그렇듯, 이 이야기는 복잡한 현실에 관해 중요한 사실을 드러낸다. 프랑스의 경제학자 토마 피케티Thomas Piketty는 『21세기 자본 Capital in the Twenty-First Century』에서 수학적 모델과 풍부한 자료를 이용하여 성 마태의 성경 구절에 감추어진 경제적 진실을 입증했다(물론 복음서의 이야기는 영적인 의도를 비유적으로 표현한 것이다). 암소가 더 많은 암소를 낳듯, 부는 더 많은 부를 낳는다. 경제적 불평등은 심화될 수밖에 없다는 것이 마태의 원칙의 의미다. 부자들이 가진 것을 갈취하는 혁명이나 파괴적인 전쟁이 부족할 경우, 경제적 불평등을 견제할 수 있는 수단은 부와 상속에 대한 누진세처럼 주기적인 재분배 방식뿐이다.

규모가 작은 사회에서 부의 격차는 특정 부류가 모든 재산을 소유하는 식으로 양극화되는 법이 없다(이런 결론은 순전히 경제학 이론에서만 성립된다). 일방적인 부의 축적을 막고 부를 재분배하는 제도는 다양한 방식으로 존재했다. 예를 들어 상당한 재산을 축적한 사람들은 사당을 짓거나 마을 축제에 비용을 보태는 등 공동체를 위한 프로젝트에 더 많이 기부해야 했다. 대표적인 사례가 아메리카 대륙 북서부 지방의 원주민들이 벌이는 포틀래치potlatch 행사다. 이 행사에서는 성대한 주연이 베풀어지고 풍성한 선물이 쏟아진다. 세계를 반 바퀴 돌아 인도의 산악 지역 아삼의 나가족 남자들에게도 비슷한 풍습이 있다. 이 지역에서 명성을 얻고 싶은 사람은 큰 재산을 모아야 한다. 그러면 케모보kemovo, 즉 '성자'가 될 수 있다. 그는 사재를 털어 일련의 의식을 후원한다. 후원은 갈수록 후해진다. 의식은 '돌 당기기' 행사에서 절정에 달한다. 수 톤에 이르는 무거운 돌을 100명의 사내들이 먼 채석장에서 축제를 주최하는 마을까지 끌어서 운반한다. 그 작업이 끝나면 후원자는 축제를 베푸는데, 여기서 수소 열두 마리, 돼지 여덟 마리, 쌀로 빚은 술 수백 리터를 먹고 마셨다.

이처럼 규모가 작은 사회에서 재산을 쌓아두기만 하는 남자는 존경받지 못했다. 그들은 시기와 조롱의 대상일 뿐이었다. 그러나 재산을 공동체를 위해 쓰기로 작정한 사람은 존경을 받았고 대단한 영향력을 행사했다. 규모가 작은 농경사회에서 야심이 있는 남자들(그리고 특별히 풍족한 지역에 사는 일부 수렵채집인들) 간의 경쟁은 부를 축적하고 그런 다음 그것을 나눠주어 부를 존경으로 바꾸도록 조장했다.

인류학자들이 '빅맨Big Men'이라고 부르는 이들 리더도 독단적으로 명령을 내릴 수는 없었다. 빅맨은 오만한 신흥강자가 아니었다. 그들은 솔선수범과 설득과 외교술로 사람들을 통솔했다. 그들은 또한 자신의 지위를 자식에게 물려주지 않았다. 빅맨의 아들들은 스스로 부를 축적해야 했고 아버지와 비슷한 존경을 받고 영향력을 행사하려면 그 재산을 써야 했다. 이처럼 빅맨 사회의 지도력은 개인의 업적이 그 기반이었으며 상속은 되지 않았다.[159]

빅맨 사회를 버리고 권력이 아버지에서 아들로 세습되는 중앙집권적인 군장사회로 이행하는 것은 간단한 문제가 아니었다. 즉, 부를 축적하고 스스로 족장이 되어 다른 사람들에 대해 생사여탈권을 행사한다는 것이 말처럼 쉬운 일이 아니었다. 이번 장 앞부분에서 설명했지만, 부족민들은 그런 일이 일어나도록 내버려두지 않았을 것이다(당신 같으면 그러겠는가?).

그러나 전쟁이 너무 격해져 부족 전체의 생존이 위험해지면, 야심 있는 남자들은 또한 군사적 수단을 동원하여 권력을 추구했다. 그들은 협상을 벌여 동맹을 맺고 전사들을 싸움터에 내보냈다. 성공하면 대단한 명성과 권력을 손에 쥐었다. 전시에는 군기를 유지하고 탈영병이나 배신자를 처벌해야 했기 때문에 그들은 사람들의 생사여탈권까지 부여받았다. 그러나 아르미니우스와 마로보두스에서 보듯, 전쟁이 끝나고 나면 이런 한시적 권력은 계속 유지되지 않았다. 신흥강자로 성공하여 내친 김에 왕까지 넘보고 싶은 사람은 뭔가 별도의 조치를 취해야 했다. 힘만으로는 권위를 유지할 수 없다. 그는 자신이 **적법한** 권위를 가졌다는 것을 다른 사람들에게 설득할 수 있어야 한다.

이상한 일이지만 그냥 왕보다는 신격화된 왕이 되는 편이 더 쉽다.

신흥강자로 올라선 다음 신왕神王까지 되려면 여러 가지가 필요하다. 군사적으로 그는 분명히 명령 계통의 정점에 있다. 그러나 그는 제사장까지 겸직하여 종교 위계까지 통제해야 한다. 그래서 부족의 동맹을 공고히 하기 위해 발전한 대규모 제례를 이끌어야 한다. 마지막으로, 왕이 되려는 사람은 자신의 명령에 절대복종하고 다른 사람들까지 복종하도록 만들 수 있는 광신적으로 충직한 시종들이 있어야 한다. 자객으로부터 왕을 보호하고 왕에 대한 존경심이 부족하여 제대로 복종하지 않는 백성을 처단해줄 충직한 전사가 필요하다. 기본적으로 왕과 그의 심복들은 신흥강자들의 연합체로, 왕은 알파 메일이고 추종자는 그에 조금 뒤지는 신흥강자지만 그들은 또한 거래를 아주 잘한다.

역사에는 군사적 능력에 남다른 카리스마와 행운까지 겸비한 전시 지도자들이 많이 등장한다. 단 한 차례도 전투에서 패한 적이 없는 알렉산더 대왕도 그중 하나다. 그는 심지어 수적으로 심하게 열세인 전투에서도 승리했다. 그런 리더에게는 단순한 알파 메일이 아니라 아예 초자연적 존재라는 아우라가 따라다닌다. 알렉산더는 스스로 제우스와 아몬 사이에서 난 아들이라 주장했다. 실제로 그는 신이 되는 데 성공했고 죽을 때까지 그리고 죽은 뒤에도 신으로 추앙받았다. 헬레니즘 세계에서 알렉산더 숭배사상은 수 세기 동안 번창했고 기독교가 전파된 뒤에야 진정되거나 소멸되었다.

알렉산더의 생애는 시사하는 바가 매우 많지만, 그가 특히 남다른 점은 마케도니아 일개 족장의 아들로 태어나 당대에 거대한 제국을 다스리는 신왕이 되었다는 점일 것이다. 하지만 알렉산더의 '신격화'는 그에 앞서 근동지방에서 오랜 세월 이어진 문화진화의 도움을 크게 받았다. 그는 단지 진화의 전前단계 역할에 발을 들였을 뿐이었다. 제국을 건설한 그의 업적을 과장해서는 안 된다. 그의 제국은 본질적으로 페르시아 제국이었을 뿐이고 거기에 덧붙여진 것은 거의 없었다.

그러나 선사시대에는 군사적 성공을 불패 신화와 초자연적 능력의 아우라인 일종의 마나로 확장한 사람이 많았을 것이다. 종교학자 로버트 벨라Robert Bellah는 이것을 중요한 전환으로 본다.

잉여농산물이 증가하면 얼굴을 맞대고 살던 수렵채집인 수준의 규모를 벗어나 큰 집단이 형성되는데, 이때 그런 대규모 사회에서는 신흥강자를 다루던 낡은 기법을 적용하기가 어렵다. 그러나 신흥강자로 성공할 수 있는 계기 중 가장 흔한 것은 군국주의다. … 전쟁이 일상화된 상황에서 전사로 성공한 사람은 어떤 의미의 마나, 즉 카리스마를 뿜어내고 그것을 발판으로 추종자를 구축한다. … 그 뛰어난 전사가 추종자들을 동원할 수 있을 때, 그는 낡은 평등주의에 도전하여 성공한 신흥강자로서 그

평등주의의 억제력으로부터 지배 성향을 해방시킬 수 있다.[160]

아마도 고대 후기의 게르마니아에서도 바로 이런 일이 일어났을 것이다. 시간은 몇 백 년 걸렸지만 게르만 사회의 권력은 결국 아르미니우스와 마로보두스 같은 순수한 군사 지도자에서 후기 게르만의 신성한 왕으로 옮겨갔고, 그 왕은 자신의 가계를 초자연적인 존재까지 거슬러 연결했다. 메로빙 왕조와 아말의 지위는 군사, 정치, 이데올로기(의례) 같은 다양한 사회 권력이 떠받쳐주었기 때문에 훨씬 더 안정적이었다.

게르만 왕국들도 고립된 상태에서 독단적으로 발전한 것은 아니다. 로마제국이 벌이는 전쟁은 국경을 자주 넘었지만, 그 전쟁은 또한 차용하거나 모방해야 할 국가 차원의 제도의 원천이었다. 독자적인 경로를 찾아야 했던 국가들은 진화가 훨씬 느렸다. 1만 년 정도 농사를 지어왔던 메소포타미아와 이집트 등 근동지방에서, 사제를 겸직한 우두머리는 대략 7,500년 전에 나타났고 신격화된 왕은 5,000년 전에 처음 나타났다.

고대국가는 군장사회나 부족보다 더 효율적인 군사 기계이기 때문에 세력을 확장한다. 이들 초기 국가를 통치했던 국왕과 귀족의 권력은 도덕적인 제약을 받지 않았다. 그 반대로 당대에 우세했던 이데올로기는 통치자의 위상을 높이고 그들과 99퍼센트의 다른 사람들 간의 큰 격차를 정당화시켜주었다. 고대국가는 전제주의의 정도에서 대형 유인원 사회조차 크게 능가한다. 침팬지와 고릴라는 우두머리 수컷을 신격화하거나 동족을 제물로 삼지 않고 다른 무리를 노예로 삼지도 않는다.

내 주장이 맞는다면 이 모든 것의 주범은 전쟁이다. Λ-곡선의 상승 부분에서 전쟁은 최악의 기대를 충족시켰다. 전쟁의 강도는 심해졌을 뿐 아니라, 매우 불평등하고 전제적인 사회를 만들어냈다.

그 이후에 이상한 일이 벌어졌다. 문화적 집단선택에 대한 힘으로서 전쟁의 힘은 계속 증가했다. 3,000년 전에 훨씬 강력한 군사기술이 도입된 덕분에 전쟁은 또다른 지점에 도달했다. 그러나 훨씬 더 살육적이고 전제적인 궤적이 계속된 것이 아니라, 반전을 맞았다. 어찌된 영문인지 사회 간의 군사적 경쟁은 더욱 평등해지고 폭력이 줄어들고 궁극적으로 모두에게 더 좋은 생활을 영위하는 힘이 되었다. 어떻게 그럴 수 있었을까?

9장 **역사의 축**

차축시대의 영적 각성

신들의 총애를 받는 인자한 왕께서 이렇게 말씀 하신다: 이 담마Dhamma, 法 칙령은 내가 즉위한 지 26년이 지난 뒤에 작성된 것이다. 짐의 판관들은 백성들, 수많은 백성들과 함께 일한다. 짐은 그들이 맡은 임무를 당당히 그리고 두려움 없이 수행할 수 있도록 그리고 그들이 이 나라 백성들의 복지와 행복과 이익을 위해 일할 수 있도록 탄원을 듣고 정의를 집행하는 일을 그들에게 맡겼다. 그러나 그들은 행복과 슬픔을 만드는 것이 무엇인지 명심해야 한다. 그리고 그들은 담마에 헌신하는 한편으로 이 나라 백성들도 그렇게 하여 이번 세상과 다음 세상에서 행복하게 살 수 있도록 격려해야 한다. 이들 판관들은 짐에게 봉사하느라 열과 성을 다한다. 그들은 또한 짐의 바람을 아는 다른 관리들에게 복종하고 그들이 짐을 즐겁게 해줄 수 있도록 그 관리들을 가르치는 관리들에게 복종한다. "유모가 내 아이를 잘 돌볼 거야"라고 생각하여 안심하고 전문 보모에게 자식을 맡기듯, 판관들은 이 나라 백성들의 복지와 행복을 위해 짐이 임명했노라.

판관들이 두려움 없이 침착하고 당당하게 맡은 바 임무를 수행할 수 있도록 탄원을 듣고 정의를 집행하는 일을 그들에게 맡겨왔다. 법이 한결같고 선고가 한결같기를 짐은 바란다. 짐은 한 걸음 더 나아가 재판을 거쳐 사형언도를 받은 사람에게 사흘간의 여유를 준다. 이 시간 동안 그의 친척은 죄수의 목숨을 살려달라고 호소할 수 있다. 호소를 받아들여주는 사람이 아무도 없으면, 그 죄수는 다음 세상에 공덕을 쌓기 위해 선물을 주거나 금식을 할 수 있다. 실제로 죄수의 시간이 제한되어 있더라도 그는 이런 식으로 다음 세상을 준비할 수 있다. 사람들이 담마를 실천하고 자제력을 기르고 좀더 관대해졌으면 하는 것이 짐의 바람이다.[161]

'아소카의 제4석주 칙령'으로 알려진 이 놀라운 문장은 높이 15미터의 묵직한 사암 기둥에 새겨져 있다. 이 기둥은 지금 델리에 서 있는데, 14세기에 델리를 다스렸던 피루즈 샤 투글라크Firuz Shah Tughlaq가 인도 북부의 도시 토르파에서 옮겨온 것이다. '제4석주 칙령'은 인도의 거대한 석판과 석주에서 발견된 수많은 고대 명문銘文 중 하나다. 이런 기둥 중에는 처음 세워진 이후로 2,000년이 넘도록 여전히 그 자리에 서 있는 것들도 있다. 이 기둥들은 마우리아왕조 3대 왕인 아소카 대왕(기원전 268~기원전 239년 통치)의 명령으로 세워졌다. 아소카는 기둥과 바위에 전부 33개의 명문을 남겼다. 이 명문을 통해 우리는 막강한 권력을 지녔던 고대 통치자의 마음을 잠시 엿볼 수 있다.

격식을 갖추지 않은 문구에 일상적 대화 같은 부분도 많기 때문에 학자들은 왕이 직접 필경사에게 이 명문을 불러주었을 것으로 짐작한다. 예를 들어 '제1마애 칙령The First Rock Edict'은 식용이나 제물로 사용하기 위해 동물을 도살하지 말라는 명령으로 시작한다. 그런 다음 아소카 왕은 말한다. "예전에 신들의 총애를 받는 피야다시 왕[아소카 왕이 스스로를 부르는 이름]의 주방에서는 카레를 만들기 위해 매일 수많은 동물들이 도살되었다. 그러나 이제 이 담마 칙령으로 도살되는 동물은 공작 두 마리와 사슴 한 마리 등 단 세 마리뿐이다. 게다가 사슴은 매일 도살되는 것도 아니다. 그리고 시간이 지나면 이 세 마리도 더이상 도살되지 않을 것이다." 아무리 봐도 공식 회의를 거쳐 작성된 포고문처럼 보이지는 않는다. 불교학자 리처드 곰브리치Richard Gombrich는 이렇게 쓴다. "자주 눈에 띄는 다소 어설픈 문체는 교정 없이 즉석에서 받아쓴 것처럼 보인다."[162]

마우리아왕조가 정식으로 시작된 것은 기원전 322년이었다. 그해에 아소카의 조부인 찬드라굽타가 마가다의 왕을 쓰러뜨리고 스스로 왕이 되었다. 마가다는 갠지스강 유역의 강력한 왕국이었다. 찬드라굽타는 마가다를 기반으로 인도 북부 대부분의 지역을 평정했다. 지금의 파키스탄과 아프가니스탄까지 포함하는 구역이다. 그의 뒤를 이은 왕은 왕국을 확장하여 인도 아대륙의 거의 전 지역과 그곳에 사는 약 5,000만 명의 백성을 다스렸다.

마우리아 제국은 새로운 종류의 국가로 수백만 제곱킬로미터에 달하는 영토와 수천만 명에 이르는 사람들을 통치한 대제국이었다. 기원전 마지막 1,000년 동안 유라시아 곳곳에서는 갑자기 대제국들이 난립했다. 마우리아 제국은 페르시아와 중동지방의 아케메네스 왕조Achaemenids(기원전 550~기원전 330년)의 뒤를 이었고 유라시아 동쪽 끝을 지배했던 한조(기원전 206년~서기 220년)보다 앞섰다. 이들 제국은 규모가 거대했을 뿐 아니라 고대국가와 전혀 다른 사회체제를 도입했으며, 동시에 인간 생명의 존엄성에 대해 획기적인 사상을 가졌다는 점에서 인류 역사에서 전례가 없는 제국이었다.

통치 초기의 아소카는 전형적인 왕이었다. 그는 칼링가 왕국을 정복하여 영토를 확장했다. 그때까지만 해도 칼링가는 마우리아의 진격을 힘겹게 저지하고 있었다. 칼링가 왕국은 완강히 저항했지만 정복은 피비린내가 진동할 정도로 참혹하여 아소카의 삶까지 바꿔놓을 정도였다.

신들이 사랑하는 피야다시 왕은 즉위한 지 8년 뒤에 칼링가 왕국을 정복했다. 15만 명이 실종되었고 10만 명이 살해되었으며 더 많은 사람들이 이런저런 이유로 죽었다. 칼링가 왕국을 정복한 뒤에 신들이 사랑하는 왕은 담마에 깊이 끌렸고 담마를 사랑했으며 담마의 가르침을 사랑했다. 이제 신들이 사랑하는 왕은 칼링가를 정복했던 일을 크게 후회하신다. 실제로 신들이 사랑하는 왕은 정복되지 않은 나라를 정복했을 때 일어나는 살상과 죽음과 추방을 크게 괴로워하신다.[163]

영혼이 타들어가는 것 같은 처절한 경험을 한 후 아소카는 불교로 개종하여 비폭력주의, 즉 "담마를 통한 승리"를 받아들였다.

아소카가 그렇게 깊이 마음을 두었던 **담마**는 과연 무엇인가? 현대학자들은 보통 이를 '올바름righteousness' 또는 '덕성virtue'으로 번역한다. 아소카 자신은 담마를 이렇게 설명한다. "신이 사랑하는 피야다시 왕은 이렇게 말한다. 담마는 선하다. 그러나 담마를 이루는 것은 무엇인가? 담마에서는 악을 찾아보기 어렵고 선과 친절과 관용과 진실함과 순수함이 넘친다. … 부모를 존경하는 것은 좋은 일이다. 친구와 아는 사람과 친척과 브라만과 수행자에게 관대한 것은 좋은 일이다. 살아 있는 것을 죽이지 않는 것은 좋은 일이다. 소비를 절제하고 적당히 절약하는 것은 좋은 일이다."

아소카는 담마를 갈고닦도록 권고했으며 그 자신이 가르친 것을 직접 실천에 옮겼다. 그는 인신공양과 동물을 죽여 제물로 바치는 풍습을 폐지했다. 그는 "두 가지 종류의 치료법을 제정했다. 하나는 인간을 치료하는 것이고 또 하나는 동물을 치료하는 것이었다."

인간이나 동물에게 맞는 약초를 구할 수 없는 곳에 나는 그것들을 들여다 재배하도록 했다. 치료에 쓸 뿌리나 과실이 없는 곳에는 그것들을 들여다 재배하도록 했다. 길을 따라가며 우물을 파고 나무를 심어 인간과 동물에게 유익하도록 했다.

동물에 대한 이 같은 배려는 특히나 감동적이다. 그는 보호할 종種들의 목록을 공표한 최초의 통치자다. "앵무새, 멧새, 아루나, 붉은 거위, 들오리, 물새, 박쥐, 여왕개미, 거북, 뼈 없는 물고기…" 그는 담마를 전담하는 관리를 임명했다. 그는 덕행을 널리 펼치고 노인과 고아, 심지어 죄수같이 불우한 사람들을 도왔다. 그는 모든 사람들에게 노예나 하인이나 가난한 사람 들을 소홀히 하지 말라고 당부했다. 그리고 그는 '전문 보호자'인 판관들의 힘을 빌려 정의를 공평하고 효율적으로 베풀려고 애썼다.

아소카는 정말로 모든 백성들이 행복할 수 있도록 성심을 다해 노력했다.

생각: "어떻게 하면 사람들을 편안하고 행복하게 해줄 수 있을까?" 나는 내 친척들과 그들 주변에 사는 사람들과 좀더 멀리 사는 사람들에게 각별한 관심을 갖는다. 그래서 그들을 행복하게 해주고 그런 다음 그에 따라 행동할 수 있다. 나는 모든 집단에게도 그와 같이 한다. 나는 서로 다른 예를 갖춰 모든 종교를 존중한다. 그러나 나는 사람들을 직접 만나는 것이 가장 좋다고 생각한다.

비명에 나온 것처럼 아소카는 플라톤의 『국가Public』에서 설명하는 이상적인 '철인哲人 군주'의 모습에 아주 잘 부합하는 인물이다. 물론 그는 그리스의 이상이 아니라 인도의 이상에 기대어 통치했다. "적게 쓰고 적게 소유하는 것이 좋다"라고 말할 때는 다름 아닌 부처의 모습이다. 곰브리치가 지적한 대로 "그는 다른 사람들에게 부지런하라고 다그칠 뿐 아니라 솔선수범으로 그들을 이끈다. 식사를 할 때나 안방에 있을 때나 침실에 있을 때나 가마를 탈 때나 정원에 있을 때나 심지어 우리가 제대로 이해했다면 화장실에 있을 때에도 그는 변함없이 정무를 보고 있다. '나는 온 세상의 복지를 위해 일해야 한다고 생각하기 때문에 내 노력과 내 정무 처리에 결코 만족할 수 없다.'"164

어디까지가 사실이고 어디까지가 선전일까? 전부가 선전이라 하더라도 이런 내용은 아시리아 왕들(제8장) 같은 고대국가의 통치자들이 내놓은 선언과는 어조와 메시지가 크게 다르다. 셸리는 고대의 신격화된 왕의 특징인 이런 과장을 아주 잘 표현했다.

나의 이름은 오지만디아스, 왕 중의 왕.
강인한 그대들이여, 내 위업을 보라. 그리고 절망하라!

오지만디아스는 이집트의 파라오 람세스 2세(재위 기원전 1279~기원전 1213년)의 그리스식 이름이다. 그의 이름에는 대왕the Great이라는 칭호가 붙기도 한다. 그는 통치 기간에 많은 비문을 남겼기 때문에 우리는 그에 대해 많은 것을 알고 있다. 그중에서도 가장 오래된 대 아비도스 비문Great Abydos Inscription은 상이집트에 자리잡은 아비도스 사원의 벽에서 발견되었다. 그 한 부분에서 람세스의 비위를 맞추려는 신하들은 이렇게 그를 칭송한다.

당신은 레[이집트 태양신], 당신의 육체는 레의 육체. 당신같은 지배자는 없었습니다. 당신은 오시리스의 아들처럼 대단했습니다. 당신은 오시리스의 설계에 견줄 만한 업적을 이루었습니다. … 신의 시대 이래로 많은 왕들이 왕위에 올랐지만, 당신 같은 왕은 직접 본 적도 없고 이야기로 들은 바도 없었습니다. … 모든 도시는 알 것입니다. 당신이 만민의 신이라는 것을, 그들이 당신의 부친 아툼의 명령으로 깨어 있어 당신에게 향

을 피우리라는 것을, 붉은 땅〔나일 협곡에 접한 사막〕뿐 아니라 이집트
도 당신을 받든다는 것을.¹⁶⁵

이에 비해 아소카는 아주 겸손하고 자신을 내세우지 않는 것 같다.
그에게 허용된 가장 큰 허영이라고 해봐야 스스로를 "신이 사랑하는
사람"이라고 언급하는 정도가 전부다. 람세스 2세와 달리 그는 신이
라고 우기지도 신의 아들이라고 주장하지도 않는다.

아소카의 비명은 왕을 선전하는 어조에 변화가 있다는 것 이상의
의미를 갖고 있다. 아소카의 구술을 20년에 걸쳐 받쳐쓴 33개의 텍
스트는 신빙성이 매우 높아 나를 포함한 학자들은 그가 진심이었다
고 믿는다. 그 자신의 칙령보다 훨씬 더 장밋빛 초상화를 그린 방대
한 붓다의 연대기도 있지 않은가. 그리고 칼링가를 정복한 이후로 오
래 지속되었던 그의 통치 기간 중에 전쟁은 더이상 없었다는 데에 역
사가들은 동의한다. 그의 재위 기간은 놀라운 번영의 시기였다. 당시
그의 왕국은 동시대 다른 어떤 제국과 비교할 수 없을 만큼 드넓은
영토에서 문화와 예술의 꽃을 피웠다.

이것만으로도 아소카가 매우 비범한 왕이었다는 사실을 알 수 있
다. 앞서 보았던 전제적 군주의 기준으로 보면 특히 그렇다. 고대국
가의 왕보다 못한 모습의 통치자는 상상하기 어렵다. 탐욕스럽고 오
만했던 이 신흥강자들은 오직 권력과 부를 탐하고 할 수만 있다면
살아 있는 신이 되어 많은 사람들로부터 경배를 받으려고 했다. 반
면 아소카는 백성들의 안녕을 걱정했다는 점에서 유별날 정도로 이
례적인 인물이었지만, 그는 사실 유별나지 않았다. 실제로 그는 새로

운 추세를 대표하는 인물이었을 뿐이다. 당시 유라시아 전역의 통치자들은 오늘날 우리가 **사회 정의**라고 부를 만한 것에 상당한 관심을 갖기 시작했다.

부분적으로나마 우리는 아소카의 영향을 받은 이런 새로운 태도를 추적할 수 있다. 서력기원 초기 몇 세기 동안 불교가 널리 전파되었던 동남아시아 지역의 왕들은 아소카로부터 적지 않은 자극을 받았다. 크메르 제국의 위대한 통치자 자야바르만 7세(재위 1181~1218년)는 아소카의 선례를 따라 도로변에 병원과 요양원을 지었다. 그의 비문에도 백성들의 안녕을 증진시키려는 그의 바람이 잘 드러난다. 람캄행 왕(재위 1279~98년)의 마음 씀씀이도 아소카를 닮았다. 특히 그는 급한 일이 있으면 화장실에 있는 중에도 알리도록 명령했다.[166]

하지만 백성들을 염려하는 선하고 정의로운 통치자라는 개념은 아소카의 영향력이 거의 미치지 않는 유대교와 기독교의 전통에서도 나타난다. "백성을 정의로 다스리는 자, 하느님 두려운 줄 알고 왕 노릇할 자"라고 선지자 사무엘은 썼다.(사무엘하 23:3)

기독교 군주 중 아소카와 가장 비슷한 왕은 1장에서 잠깐 언급했던 프랑스의 루이 9세(재위 1226~70년)일 것이다. 그러나 그의 덕망은 스테인드글라스 창을 기부하는 정도에서 그치지 않았다. 짧지 않았던 그의 통치 기간에 프랑스는 중세시대 동안 최고의 전성기를 누렸을 것이다. 죽고 죽이는 갈등은 중단되었고 경제가 성장했으며 전국 곳곳에 아름다운 고딕 성당들이 세워졌다. 사후에 그는 성인으로 추대되었다.

서기 96년부터 180년까지 로마를 통치했던 '5현제' 치하에서도 국내적으로 평화와 번영이 이어지는 비슷한 시기를 발견할 수 있다. 에드워드 기번은 이 시기를 "절대 권력이 지혜와 덕망을 길잡이 삼아 로마제국을 통치했던" 황금시대로 보았다. 중국에서도 왕조가 바뀌면서 '호시절'이 이어지는 비슷한 황금기가 있었다.

물론 그렇다고 해서 지난 2,500년 동안 그 많았던 포악한 왕을 전부 부인할 수는 없는 일이다. 오히려 그런 왕들이 대다수였을 것이다. 하지만 그런 가운데서도 통치자는 적어도 선**하려고 해야 한다**는 새로운 조류가 있었다. 그리고 많은 군주들이 지배계급만이 아니라 일반 백성에게 혜택을 주는 쪽으로 다스리려고 노력했다. 이런 뚜렷한 시류의 전환은 지중해와 근동지방과 인도와 중국 등지에서 거의 동시에 일어났다. 어찌된 영문일까?

간단히 말하자면 그 답은 종교에 있다. 그보다는, 종교에다가 아주 많은 전쟁을 더한 것이랄까. 일반적으로 이 둘의 조합은 인류의 번영에 적합하지 않은 것으로 간주된다. 역사를 통틀어 종교와 전쟁의 조합은 언제나 참혹한 파멸을 초래했고 그 점은 지금도 다르지 않다. 그리고 물론 대제국의 발흥이 평화적으로 진행되는 경우는 극히 드물었다. 그럼에도 불구하고 기원전 몇 세기 동안 구세계에서 전쟁과 종교는 힘을 합쳐 그때까지 세계가 보았던 폭력의 물결을 크게 되돌렸다. 그 과정을 살펴보자.

•••

앞 장에서 우리는 농경사회들 간의 전쟁으로 군사 지도자와 그의 충직한 부하들이 역사의 전면에 등장하는 과정을 보았다. 이들 신흥강자들은 사람들로부터 권력을 빼앗아 귀족이나 왕으로 올라서는 데 성공했다. 그들은 사회 위에 군림했고 권력을 휘둘러 얻은 수익을 거리낌 없이 거두어갔다.

이런 유형의 전제군주는 전장에서 대단한 힘을 발휘한다. 그러나 평화로운 시절에 중앙집권적인 군사적 위계는 오히려 결함이 된다. 힘만으로는 복잡한 사회의 결속을 유지시킬 수 없다. 더구나 탐욕스러운 군사 지도자가 가난한 자들의 몫을 빼앗아 생기는 극심한 불평등은 사회의 불화를 조장하게 되어 사람들은 점점 다루기 힘들게 되고 반항적으로 변한다. 따라서 초기의 군장사회나 고대국가는 매우 쉽게 무너졌다. 건국한 장본인이 죽으면 국가도 지속되지 못하고 무너지는 경우가 많았다. 역사적으로는 줄루 왕국이 대표적인 사례다. 왕국의 설립자 샤카 줄루Shaka Zulu는 매우 명민했고 군사적으로나 사회적으로 대대적인 개혁을 벌였지만 그의 통치기간은 12년을 넘지 못했다. 샤카는 이복동생 딩가네Dingane에게 암살당했고, 딩가네는 12년 뒤에 또다른 이복동생 음판데Mpande에게 죽임을 당했다.

앞서 잠깐 인용했던[167] 로버트 벨라는 '지배'(또는 전제주의)와 '위계'를 구분하여 위계를 '합법적 권위'(즉, 정당하고 적절하다고 인정받은 권위)로 정의한다. 규모가 큰 사회는 지속성을 높이기 위해 군사 지도자의 지배로부터 "새로운 형태의 권위, 즉, 합법적 위계"로 이행할 필요가 있다. "그런 권위와 위계에는 신들과 인간의 새로운 관계, 사회를 조직하는 새로운 방식이 포함된다. 그것은 지배하려는 성향뿐 아니라 훈육하려는 성향을 위한 의미 있는 장소를 찾는 사회다." 벨라는 종교적 진화를 추진하는 주요 동력이 위계에 대한 요구와 합법성과 평등에 대한 요구 사이의 긴장 완화라고 믿었다.[168]

족장이 군사통제권과 제례 활동을 통합하여 사제-족장이 되면서 이런 방향으로 가는 실험적 단계가 마련되었다. 그러나 자신의 권력에 대한 아무런 제약이 없는 상태에서 그들은 힘을 길러 왕이 된 후 스스로를 신격화하여 그나마 있던 평등마저 없앴고 그로 인해 자신의 합법성마저 위험에 빠뜨렸다.

그러다 기원전 800~기원전 200년 사이의 차축시대Axial Age에 획기적인 전환이 이루어졌다. '차축시대'는 독일 철학자 카를 야스퍼스Karl Jaspers가 1949년에 『역사의 기원과 목표The Origins and Goal of History』라는 책에서 제시한 개념이었다. 야스퍼스는 기원전 마지막 1,000년 가운데 몇 백 년은 구세계에서 놀라운 지적 소용돌이가 일어나면서 전혀 새로운 종교가 탄생된 영적 각성의 시기였다고 지적했다. 놀랍게도 동시적으로 일어난 축의 전환은 지중해 동부로부터 중동지방을 거쳐 북인도와 중국까지 이어지는 거대한 영토에 영향을 주었다.

그중에서도 가장 의미 있는 차축은 중동지방에서 나타난 유일신 사상이었다. 물론 오늘날 가장 큰 유일신 종교인 이슬람과 기독교는 한참 뒤에 나타났다. 그러나 이 두 종교도 주목할 만한 차축의 선봉인 조로아스터교와 유대교의 뒤를 각각 따르고 있었다.

그러나 이것은 차축시대가 이룩한 영적 혁신의 겉모습에 지나지 않는다. 북인도는 불교의 발생지였고 붓다는 유대교의 몇몇 유명 선지자들과 동시대인이었다. 중국은 유교와 도교를 탄생시켰다. 그런가 하면 아나톨리아(지금의 터키)에서 이탈리아 남부까지 뻗어 있는 그리스 권은 철학의 발상지였다. 지금 우리는 신학과 철학을 별개의 영역으로 구분하지만, 고대에는 이런 구분이 없었다. 기라성 같은 그리스 철학자 중에서도 가장 돋보이는 인물인 소크라테스는 신앙심이 깊은 사람이었다. 결국 독배를 마시고 처형될 것이 분명한 재판이 진행되는 도중에 소크라테스는 배심원들에게 철학을 포기하겠다는 약속을 할 수 없노라고 말했다. "이것은 신이 내게 명한 일이며 나는 신에 대한 봉사보다 이 도시에 더 큰 축복이 없다고 생각하기" 때문이었다.[169]

중국 북부의 공자와 도교의 창시자 노자, 인도 북부의 고타마 싯다르타와 자이나교의 창시자 마하비라, 이란의 조로아스터교 창시자 차라투스트라 그리고 아나톨리아의 헤라클레이토스와 이탈리아 남부의 파르메니데스 등 그리스 철학자 등이 모두 거의 같은 시기에 세상에 모습을 드러냈다.[170] 그러나 이들 선지자나 철학자가 엄격한 의미에서 동시대인인가 하는 점은 중요하지 않다. 분명한 것은 기원전 500년을 전후로 유라시아의 드넓은 지역에서 뭔가 심상치 않은 일이 일어났다는 사실이다. 전차축시대Pre-axial Age의 고대사회는 통치자라는 이름으로 거대한 권력이 융합되는 것이 그 특징이었다. 그 권력은 일종의 신성한 왕권이었고 보통 대규모로 인신공양을 실천했다. 신격화된 왕권과 인신공양은 모두 극단적인 형태의 불평등을 나타내는 지표였다. 이런 단계를 거치는 기간에 우리는 또한 '신들'의 출현을 목격한다. 이 신들은 경배받는다는 점에서 다른 강력한 초자연적 존재와 구분된다. 벨라에 따르면 경배는 인간과 초자연적 존재

277   9장 역사의 축

의 관계가 인간 진화의 이 단계에서 훨씬 더 불평등하게 되었다는 사실을 암시하는 현상이었다. 벨라의 종교론에서 보듯, 천상의 설정은 세속적인 관심의 반영인 경우가 많다.

고대의 군장사회와 국가들은 몇 천 년 동안 지속되었다(첫 번째 군장사회는 대략 7,500년 전에 중동지방에서 출현했고 첫 번째 고대국가는 5,000년 전으로 거슬러올라간다). 보통 이런 체제는 흥망을 거듭하는 것이 전형적 특징이었다. 여러 마을을 한 명의 우두머리가 통치하던 단순한 군장사회는 한 사람의 최고 우두머리가 그 밑의 우두머리들을 지배하는 복잡한 군장사회로 통합되는데, 이 같은 과정이 반복되다 다시 붕괴되면서 좀더 단순한 형태로 통일된다. 마찬가지로 복잡한 군장사회도 고대국가로 갔다가 돌아오는 일을 주기적으로 반복했다.

그러다 약 2,500년 전에는 성격이 전혀 다른 새로운 형태의 사회조직이 나타난다. 더 크고 더 지속적인 차축의 대제국이었다. 이들 대제국은 정치권력에 대해 새로운 형태의 적법성을 내세웠다. 이런 적법성의 새로운 근거는 차축종교들이었다. 다시 말해 조로아스터교, 불교, 유교(그리고 좀더 뒤에 나오는 기독교와 이슬람교) 등 차축의 이데올로기들이 권력에 적법성을 부여했다. 이 시기에 인간 욕망의 변덕스러운 투사체였던 신들(그들은 인간 못지않게 자주 다툰다)은 한 단계 진화하여 통치자를 비롯하여 모두가 친사회적인 행동을 하도록 애쓰는 초월적 도학자道學者로 변신했다.

모든 차축종교에서 가장 눈에 띄는 특징은 보편적 평등 윤리가 갑작스레 등장했다는 것이다. 벨라는 이를 "스스로에게 끼칠 커다란 위험을 무릅쓰고 기존의 권력구조가 절대 충족시키지 못할 것이 분명한 도덕적 기준을 내걸었던 선지자 같은 인물"의 공적으로 돌렸다. 벨라는 부를 경멸하고 현재의 사회적 조건에 가혹한 판단을 내리는 이들 인물을 '포기자renouncers'(그리고 좀더 극단적인 입장이 되면 '고발자denouncers')라고 부른다.[171]

포기자는 금욕적인 생활을 자청하며 세상을 둘러보기 위해 남편과 노동자라는 세속적 지위를 포기한다. 물론 가장 대표적인 포기자는 붓다다. 붓다는 왕가의 싯다르타 왕자로 태어났지만 아름다운 아내와 세 개의 궁전(계절에 따라 추울 때, 더울 때, 습할 때 사용)이 베푸는 안락한 생활을 포기했다. 싯다르타는 거리에서 적선을 구했고 요가와 명상의 대가들과 더불어 수행했으며 하루에 나뭇잎 하나 또는 땅콩 한 톨만으로 연명해가며 죽음의 문턱에 이를 정도로 고행을 거듭했다. 싯다르타는 깨달음을 얻은 후에 붓다(깨달은 자)가 되어 승려와 일반인 제자를 가르치기 시작했다. 그의 가르침은 모든 계층으로 확산되고 침투했다. 훗날 마우리아 제국의 중심지가 되는 마가다의 왕 빔비사라도 붓다의 제자가 되었다(200년 뒤에 아소카도 불 제자가 되었다). 그러나 불교는 인도에서 뿌리를 내리지 못하고 오히려 스리랑카와 중앙아시아, 동남아시아, 중국, 한국, 일본 등지에서 대를 이어가며 그 세력을 확산했다.

붓다는 계층이나 인종에 관계없이 누구에게나 깨달음의 길은 열려 있다고 가르쳤다. 불교는 누구나 귀의할 수 있는 보편종교였다. 벨라가 말하는 "보편적으로 평등한 윤리"는 이를 두고 한 말이다. 불교는 고대종교의 편협한 부족적 편견을 버림으로써 세계의 신앙이 되었다. 이 같은 평등원칙은 신약에서도 찾아볼 수 있다. "그리스도 안에서는 유대인이나 그리스인이나 종이나 자유인이나 남자나 여자나 아무런 차별이 없습니다."(갈라디아서 3:28)

기독교에서 차축의 뿌리를 거슬러가면, 통치자들과 평민들이 도덕적인 면에서 다소 엄격한 이상에 부합하지 못했을 때 히브리 선지자들이 계속 등장하여 사람들의 비도덕성을 신랄하게 비판하는 모습을 볼 수 있다. 이들 '고발자들'은 거리낌 없이 당대의 권력자들을 향해 분노를 표출했다. 기원전 8세기에 활약했던 선지자 아모스는 돈과 권력을 가진 자들이 "힘없는 자의 머리를 땅에다 짓이기고 가뜩이나 기를 못 펴는 사람을 길에서 밀쳐낸다"고 개탄했다.(아모스 2:6-7) 그리스(플라톤의 『국가』)와 중국(유학자들, 그중에서도 특히 맹자)에서도 이와 비슷한 비판을 만나볼 수 있다. 중국의 도학자들은 포기자이자 고발자였다.

고대국가에는 고발자가 있었을까? 그들은 보통 이상으로 용감해야 했을 것이다. 그런 자들이 있었다 해도 우리가 그들을 알 수 없는 것은 그들이 즉석에서 처형되어 그들이 던진 메시지가 전달되지 않았기 때문일 것이다. 차축시대에도 고발자들은 대부분 불운한 최후를 맞았다. 서력기원으로 막 바뀌던 시점에 쓰인 것으로 여겨지는 『선지자들의 삶Lives of the Prophets』에 따르면 선지자 이사야는 유다의 왕 므낫세의 명에 따라 톱으로 몸이 둘로 잘리는 신세가 되었다. 아모스도 소름끼치는 최후를 맞았다. 아모스는 처음에 제사장 아마샤에게 고문을 당한 뒤 아마샤의 아들에게 몽둥이로 맞아 숨졌다(다른 설에 의하면 아모스는 치명상을 입고 집으로 가던 도중 숨을 거두었다고 한다). 유다의 대제사장 여호야다의 아들 스가랴는 유다의 왕 요아스를 비난했다는 이유로 돌에 맞아 죽었다. 예레미아와 에스겔 도 역시 돌에 맞아 죽었다.

밝혀두지만 현대의 학자들 중에는 『선지자들의 삶』의 사실성史實 性에 의문을 제기하는 사람이 많다. 실제로 끔찍하고 소름끼치는 세 부적인 내용 중 적어도 일부는 창작일 가능성이 많다. 2,000년 전 이 책이 기록될 당시에는 일부 선지자들이 사회에 대한 비판의 목소리 를 높이다 순교를 당하는 새로운 전통이 수립되고 있었기 때문에 이 를 뒷받침하기 위한 이야기가 필요했을 것이다. 그러나 당대의 권력 자들을 향해 분노의 감정을 드러냈던 고발자들은 실제로 대부분 살 해되었을 것이다. 나사렛 예수가 십자가에 못 박히고 초기 기독교 성 인들이 순교당했으며 그중 몇몇이 아주 잔혹하게 살해되었다는 점에 대해서는 의심하는 사람이 없다. 요즘에도 권력자를 함부로 비난하 다가는 어떤 곤경에 처할지 모른다.

하지만 『선지자들의 삶』에 따른다 해도 구약의 선지자들은 대부분 원숙한 나이까지 오래 살았다. 그들의 목소리가 더이상 고독한 외침으 로 끝나지 않았기 때문이다. 그중에는 대중으로부터 상당한 지지를 받은 사람들도 있었다. 붓다도 공자도 그리고 훗날의 사도 바울도 그 랬다. "심지어 엘리트층에서도 세상에 대한 어느 정도의 불안이 비교 적 널리 확산되었던 것 같다." 벨라는 그렇게 말한다.[172] 사회 환경을 바꿔 운동장을 선지자와 철학자가 던지는 메시지에 유리하도록 기울 였던 **그 어떤 것**이 차축시대에 분명 있었을 것이다. 그러나 그것이 무엇이었는가?

그 답을 찾으려면 고대 문명의 북쪽, 유라시아 평원을 들여다봐야 한다.

•••

유라시아 대초원은 서쪽 우크라이나부터 동쪽으로는 만주까지 사실상 끊임없이 이어지는 초지의 벨트다. 기원전 두 번째 밀레니엄기에 흑해와 카스피해 북쪽의 서부 초원에는 이란어를 사용하는 목축민들이 살고 있었다. 이들 중에는 페르시아인, 메대인, 키메리아인, 스키타이인 같은 집단의 조상들이 섞여 있었다. 기원전 1,000년경에 초지를 차지하고 살았던 이들은 새로운 군사기술을 개발했다. 역사의 이정표를 바꾼 몇 안 되는 기술 중 하나였다.

여기서 잠깐 그런 획기적인 개발의 성격에 관해 설명을 해야겠다. 그 뿌리는 수수께끼 같을 수 있다. 아이디어는 예측할 수 없다. 어떤 아이디어를 예측한다는 것은 그 아이디어를 갖고 있다는 것, 즉 어떤 지점에서 그 아이디어가 이미 존재한다는 뜻이기 때문이다. '문화진화론'의 관점에서 볼 때 혁신은 순전히 무작위적인 변이라고 보는 것이 도움이 될 것이다. 다시 말해 혁신은 분열하는 세포 속에 들어 있는 잘못 복제된 유전자만큼이나 동기가 없는 운명의 갑작스러운 변화일지 모른다. 물론 꼭 그런 것은 아니다. 생물학적 진화와 달리 어떤 면에서 인간의 독창성은 의도적이기 때문이다. 그럼에도 불구하고 혁신은 상당 부분이 무작위적이다. 어떤 아이디어가 통할지 여부를 결정하는 것은 인간의 욕망이 아니다. 무엇보다 다른 사람들이 그 아이디어를 받아들여야 한다. 그래서 그 사회가 하나의 영감을 기술로 바꿀 수 있어야 한다. 가령 말을 타는 기술의 경우, 기원전 두 번째 밀레니엄 기간에 이에 대한 준비가 되어 있던 사람은 유라시아 초원의 유목민들뿐이었다.

말은 이미 친숙해진 생활의 일부였다. 말은 기원전 3,500년경에 지금의 카자흐스탄 지방에서 사람들 손에 길들여져 있었다. 하지만 처음에는 말도 또하나의 가축이어서 젖을 짜고 고기를 얻기 위해 도축하는 동물에 지나지 않았다. 카자흐스탄의 신타슈타 문화에 속하는 유라시아 목축민들이 말을 군사적 목적으로 이용할 생각을 하기 시작한 것은 기원전 2,000년경이 되어서였다. 그들은 전차를 고안해냈다. 두 필의 말이 끄는 소형 스포크 차륜 마차였다. 이 혁신적 장비는 빠른 속도로 근동지방과 중국 북부와 인도 아대륙과 유럽 등지로 퍼졌다.

전차는 고대인들의 전쟁에 혁명을 일으켰다. 우선 전차는 신타슈타 목축민들이 초원을 벗어나 이란과 인도까지 세력을 확장하는 데 원동력이 되었다. 이들이 바로 아리아인으로 알려진 사람들이다. 그런 다음 농경국가들까지 나서서 전차를 적극 도입했다. 청동시대가 끝나갈 무렵, 근동지방의 제국들은 전쟁을 치를 때 너도 나도 수천 대의 전차를 동원했다. 전차를 앞세운 전쟁에서 가장 규모가 컸던 전투는 기원전 1274년에 이집트와 히타이트가 충돌한 카데시 전투였다. 지금의 시리아에 속하는 카데시에서는 5,000대에서 6,000대에 이르는 전차가 격돌했다. 역사상 가장 큰 전차전인 1943년의 쿠르스크 전투에 동원되었던 탱크와 맞먹는 수치였다.

전차는 궁수들의 움직이는 사대射臺였다. 전차 하나에 기수 한 명과 사수 한두 명이 타서 적을 향해 화살을 날렸다. 이 조합은 청동시대의 대량살상무기였다. 전차와 궁수는 원격 무기의 파괴력과 기동성의 완벽한 조합이었다. 그것은 '인간의 전쟁 방식'을 통해 더욱 가공할 위력을 발휘했다. 전차도 놀라운 장비였지만, 인간의 창의력은 그 이상이었다. 바로 전장에서 말을 더 효율적으로 사용하는 법을 찾아낸 것이다. 기병이었다.

유라시아 목축민들이 말 타는 기술을 터득하는 데는 또 한번의 1,000년이 필요했다. 가장 큰 문제는 말을 타는 것이 아니라 말을 다루는 것이었다. 기원전 1000년 이전에도 말을 타려는 시도가 있었다는 사실을 알려주는 도상학적 증거가 여기저기 있지만, 이들은 너무 뒤쪽에 앉아 불안한 모습이었고 말을 다룰 마땅한 수단도 아직 나오지 않은 때였다. 기원전 2000~기원전 1750년 정도의 것으로 추정되는 메소포타미아 지방의 도자기 파편에는 말의 몸통에 띠를 두르고 그 뒤에 기수가 올라탄 그림이 있다. 기수는 왼손으로 그 띠와 함께 고삐 같은 것을 잡고 있다. 그 고삐는 황소의 코뚜레처럼 말의 코에 꿴 고리에 묶여 있다. 오른손으로는 막대, 즉 채를 들고 있다. 코뚜레와 채는 짐 나르는 짐승을 다루는 데 효과적이었을 것이다. 하지만 전투 중에 말을 다루는 장치로는 전혀 안 어울린다.[173]

상황을 반전시킨 것은 재갈을 물린 고삐였다. 재갈로 말 입의 연한 부분에 압력을 가하면 말의 진행 방향을 원하는 쪽으로 바꿀 수 있었다. 기원전 1000년경에는 청동제 재갈이 갑자기 대량으로 나타났다.

전쟁에서 활용할 수 있을 정도로 말을 잘 타려면 근본적인 기술적 진화가 필요했다. 고삐와 안장은 복잡한 장비로, 많은 부품으로 구성되어 있다. 고삐와 안장이 끊임없는 개량과 시행착오를 통해 완벽해지기까지는 말 그대로 수천 년이 걸렸다. 등자만 해도 처음 기병이 나온 지 1,000년이 넘는 세월을 보낸 뒤에야 등장한 장치였다.

이란의 목축민들은 말을 타는 재주에 다른 기술 두 가지를 덧붙였다. 첫째는 뿔과 나무와 동물의 힘줄을 겹겹이 아교로 붙여 만든 합성궁이었다. 나무만으로 만든 단일궁은 백년전쟁 당시 영국 궁수들이 프랑스 기사들과 맞서 효과를 봤던 활인데, 갑옷을 뚫을 만큼의 에너지를 저장할 수 있으려면 길이가 아주 길어야 했다. 그런 장궁長弓은 마음대로 다루기가 힘들어 말을 타고는 사용하기 어려웠다. 반면에 합성궁은 작으면서도 장궁만큼이나 강력했다. 합성궁 기술은 청동기 후기부터 이미 알려져 있었기 때문에 초원의 목축민들이 활과 승마를 결합한 것은 어찌 보면 당연한 결과였다.

마지막 기술은 기원전 1200년경에 개발된 쇠의 제련술이었다. 철은 청동의 성분인 구리나 주석보다 매장량이 훨씬 많았다. 광석을 금속으로 바꾸는 기술을 터득한 후, 인간은 무쇠와 강철 무기와 갑옷을 대량으로 생산하기 시작했다. 쇠로 만든 화살촉은 청동보다 날이 더 오래갔다. 힘이 좋은 활로 쏘면 웬만한 갑옷은 그대로 뚫었다. 기마와 합성궁과 쇠가 결합되면서 매우 효과적인 군사기술이 개발되었고, 그런 기술은 2,500년 동안 기마병들에게 초원에 대한 지배력을 보장해주었다(그들의 지배력은 화약이 말 탄 궁수들을 무력화시킬 때까지 계속되었다).[174]

이란의 목축민들이 농경사회에 맞서 군사적으로 우월한 새 장비와 새 무기를 사용하는 데는 그리 긴 시간이 걸리지 않았다. 기원전 8세기가 끝나갈 무렵, 고전 작가들에게 키메리아인과 스키타이인으로 알려진 두 침입자의 물결이 카프카스 산맥을 넘어 중동지방으로 쳐들어갔다. 키메리아인들은 아르메니아의 우라르투 왕국을 무너뜨린 뒤 서쪽으로 진격하여 아나톨리아를 침입했다. 아나톨리아 중부의 프리지아 왕국은 곧 제압되었고 수도 고르디움은 완전히 파괴되었다. 키메리아인들은 아나톨리아의 또다른 왕국 리디아를 무릎 꿇렸다. 리디아의 수도 사르디스는 약탈의 현장이 되었다. 아나톨리아 내의 그리스 도시들은 그래도 사정이 좀 나았다. 에베소는 굴복했지만 크게 파괴되는 참사만은 면했다. 도시의 성벽 외곽에 있던 아르테미스 사원만 불에 탔을 뿐이다. 그러나 초원의 침입자들은 작은 도시들을 몇 군데 파괴했는데 그중에는 시노페와 마그네시아도 포함되었다. 아마도 이들 도시에 튼튼한 요새가 없었기 때문이었을 것이다.[175]

그런 가운데 스키타이인들은 아제르바이잔에서 강력한 초부족 연맹을 결성하여, 근동지방 깊숙이 쳐들어갔고 남쪽으로는 이집트까지 손을 뻗었다.[176] 헤로도토스는 이렇게 설명한다.

> 스키타이족은 28년 동안 아시아를 지배했다. 난폭함과 오만함으로 그들은 모든 것을 유린하고 폐허로 만들었다. 그들은 모든 사람에게 공물을 할당해 거둬갔으며, 그것 말고도 말을 타고 사방으로 돌아다니며 닥치는 대로 약탈했다.[177]

기마 전사의 성공 비결은 무엇이었을까? 기병의 공격으로 이기는 전투가 많기는 하지만 말을 탔을 때 유리한 점은 '충격' 효과가 전부는 아니다. 그보다 더 중요한 것은 기동성이다. 기마군단은 언제 적을 공격하고 언제 뒤로 빠질지 선택할 수 있다. 이것은 용병술의 측면에서 대단한 이점이다. 그러나 기동성은 또한 전술적 차원에서도 매우 중요하다. 유리한 지형을 빠르게 선점할 수 있다면 승리할 가능성은 그만큼 높아진다.

문명화된 농경제국이라 해도 말을 탄 유목민들과 맞붙어 그들을 물리치기는 무척 어려웠다. 문명국가가 병력을 한 장소에 집중시키면, 유목민들은 우회하여 방어가 허술한 마을이나 도시를 골라 습격했다. 농경국가의 군대가 도시를 지키기 위해 흩어지면, 유목민들은 흩어진 적군의 무리를 하나씩 골라 군사용어로 '각개 격파'했다. 문명국가가 군마의 중요성을 깨닫는 데는 오랜 시간이 걸리지 않았다. 스스로 기병을 키워야 한다는 것은 명백했다. 그래서 19세기로 접어드는 기간 내내 유라시아 제국들은 초원에 사는 사람들에게 말을 구입하거나 말 번식 프로그램을 세우는 데 온 힘을 기울였다. 새로운 기동성을 갖춘 전쟁을 처음 경험한 우라르투인과 아시리아인은 즉시 기병대 조직에 착수했다. 기마술을 처음 고안해낸 곳이 초원이었음에도 불구하고 초기 기병을 기록한 훌륭한 그림들이 아시리아의 부조에서 발견되는 것도 그 때문이다(초원에는 부조로 장식할 사원이 없었다).

아시리아인들이 처음으로 한 일은 전차 군단의 일부를 기병대로 바꾸는 것이었다. 전차를 없애고 두 마리 말에 전사 둘을 타게 하면 되는 일이었다. 이제 두 전사 중 기수는 두 마리 말을 모두 몰았고 궁

9장 역사의 축

수는 활을 쐈다. 7세기 부조에 묘사된 것처럼, 두 기수 모두 너무 뒤쪽으로 앉았기 때문에 무릎으로 말을 다루는 방법을 쓸 수 없었다. 한 세기 뒤의 아시리아 기병은 훨씬 운신이 자유로웠다. 이들은 이제 가장 안정적이고 말을 다루기 좋은 위치에 앉아 각자 활을 들었다. 그들은 고삐 없이 오로지 몸과 다리만을 이용해 방향을 틀었다. 손은 화살을 쏘아야 했기 때문에 아무것도 잡지 않았다.

이 정도면 완벽했다. 그리고 이런 기마 전투는 오래 지속되었다. 기마술이 발명된 이후 2,000년이 넘도록 군마는 여전히 가장 중요한 군사 장비로 취급되었다. 화기火器가 활을 대체한 이후로 어느 정도 시간이 흐른 19세기에도 말을 충분히 공급하는 것은 중요했다. 1812년까지 하는 전투마다 족족 승리를 거두었던 나폴레옹이 1813년과 1814년에 거푸 패하고 결국 폐위되었던 것도 결국 말 때문이었다. 영국의 역사가 도미닉 리벤Dominic Lieven은 그의 명저『나폴레옹과 맞선 러시아Russia against Napoleon』에서 이렇게 설명한다.

말은 요즘의 탱크와 화물차와 비행기와 자동화포와 같은 기능을 수행했다. 다시 말해 말은 충격을 가하고 추격하고 수색하고 수송하는 무기였고 움직이는 화력이었다. 말은 러시아가 나폴레옹을 격퇴하는 데 가장 중요한, 어쩌면 유일한 결정적 요인이었을 것이다. 러시아 경기병의 확실한 우월성은 모스크바에서 퇴각하는 나폴레옹군에게 먹고 쉴 틈조차 허락하지 않았고 그 때문에 그들을 궤멸시킬 수 있었다. 1812년에 나폴레옹은 러시아를 침공할 당시 데리고 간 병사만이 아니라 말 또한 사실상 거의 전부 잃었다. 1813년에 병사들은 보충할 수 있었지만 말을 새로

구하기는 훨씬 더 어려웠고 결국 이는 재앙이 되었다. 무엇보다도 1813년 봄에 벌어진 회전에서 나폴레옹의 승리를 막는 데 결정적인 역할을 하고 결국 치명적인 두 달 동안의 여름 휴전에 동의하도록 만든 것은 기병의 부족이었다. 이 휴전은 그의 패배에 직접적으로 기여했다. 파리를 함락하고 나폴레옹을 실각시키게 되는 1814년 동맹군의 마지막 총공격은 러시아 경기병에 의해 촉발되었다. 경기병들이 프랑스군의 기밀문서를 탈취하여 황제의 계획과 파리의 취약점을 낱낱이 알아낸 것이다.

군사 속담에 이런 말이 있다. "아마추어는 전략을 말하지만 프로는 병참을 연구한다." 적진으로 뛰어드는 기병의 돌격은 무모한 행위지만, 역사에는 그런 영웅적 행위가 넘쳐난다. 군대에 식량과 탄약을 보급하고 진창을 헤치고 전장에 도착하는 과정에 대한 복잡한 세부 내용은 이보다 훨씬 지루하고 이런 부분에 시간을 들이게 만드는 책은 인기가 없다(리벤의 책은 아주 기분 좋은 예외지만). 그러나 하나의 집단이 다른 집단을 누를 수 있는지 여부를 결정하는 것은 병참이다. 사실 내연기관이 발명되기 전에 군대와 보급품과 대포를 빠르게 이동시키고 적의 위치와 움직임을 정찰할 수 있는 사실상 유일한 방법은 말 등에 올라타는 것이었다.

유라시아 초원을 누비던 전사들은 기동전의 명수들이었다. "몽고인들은 어떤 종류의 지형에서도 널리 산개된 종대로 이동할 수 있었고, 아울러 모든 병력을 결정적인 순간에 한 장소로 집중시킬 수 있도록 각 종대 간의 소통을 원활하게 유지했다." 윌리엄 맥닐William McNeill은 『서구의 발흥The Rise of the West』에서 그렇게 썼다. "1241년 몽골이 유럽을 침공할 당시 선봉장이었던 수부타이는 카르파티아 산맥이 가로막고 있어도 아랑곳하지 않고 폴란드에서 작전을 펼치는 군대와 헝가리를 압박하는 군대를 조율해가며 효과적으로 부하들을 통솔했다. 19세기 말이 될 때까지 유럽 군대가 이렇게 먼 거리에서 두 개의 군대를 동시에 통솔한 사례는 찾아보기 어렵다."[178]

기병의 탄생은 유라시아의 전쟁에 혁명을 일으켰다. 초원에서 말을 타고 나타난 궁수들은 문명국가를 침입하여 그들의 군대를 각개격파하고 성벽이 없는 도시를 파괴했다. 성벽으로 둘러싸인 도시는 급습할 수 없었지만 포위작전으로 식량 조달을 차단하여 적을 굶겨 섬멸했다.

기병은 균형이 잘 잡힌 군사력의 한 부분을 맡았을 때 훨씬 더 큰 위력을 발휘할 수 있다. 문명국가는 초원에 접한 정착 농경지역에 군마를 들여와 그것을 보병과 공성기계와 결합했다. 그러나 기병과 다른 전투 무기를 통합하는 방법을 처음 터득한 것은 문명국가가 아니라 초원의 무리인 메디아였다.

키악사레스 1세가 이끄는 메디아 군은 스키타이와 바빌로니아와 동맹을 결성하여 아시리아 왕국을 무너뜨리고 아나톨리아에서 아프가니스탄까지 이어지는 제국을 건설했다. 왕조가 바뀌어도 제국은 팽창을 멈추지 않았다. 새로운 통치자들은 아케메네스 왕조로 알려졌다. 그들은 페르시아인으로 메디아와 아주 가까운 혈연관계에 있는 민족이었다. 최초의 아케메네스 황제는 실제로 키악사레스의 손자라고 주장했다. 그는 후세에 키루스 대제라고 알려졌다.

아케메네스 제국(기원전 550~기원전 330년)은 완전히 새로운 규모를 갖추고 있었다. 전성기 때 제국의 영토는 800만 제곱킬로미터가 넘었고 인구는 2,500만~3,000만 명 정도였다. 이들이 상징하는 혁명적 도약의 의미를 이해하려면, 아케메네스에 앞서 가장 큰 국가가 이집트 신왕국과 아시리아였다는 사실을 상기하면 된다. 페르시아 제국은 아시리아와 이집트를 **모두** 정복했고 그 외에도 다른 많은 나라들을 복속시켰다. 페르시아는 서쪽으로 아나톨리아의 그리스 도시들을 병합하고 마케도니아를 속국으로 만들고 그리스 본토도 공격했다. 동쪽으로는 인도 아대륙까지 뻗어 인더스강을 국경으로 삼았다.

초원에서 나와 서남아시아로 쳐들어간 궁기병들은 서로 밀접한 연관이 있는 군사·정치·종교적 봉기의 홍수를 야기했다. 기원전 500년을 전후로 몇 백 년 동안 군사혁명이 곳곳에서 일어나고 전쟁이 급증했고, 이로 인해 농업국가들은 더욱 명맥을 유지하기가 어려워졌다. 동시에 질적으로 달라진 새로운 차축종교가 확산되었고 전례 없는 규모의 차축제국도 발흥했다.

이런 발전을 단순한 우연으로 보기는 어렵다. 차축시대는 유라시아 대초원에서 시작되었다.[179]

여기서 다시 '파괴적 창조'의 원칙을 확인할 수 있다. 새로운 형태의 전쟁은 사회들끼리의 경쟁을 부추겼다. 우라르투, 프리기아, 아시리아 등 일부가 그런 경쟁에 휘말렸다. 그런가 하면 뜨거운 혁신에 반응한 집단도 있었다. 첫째, 그들은 말 공급을 확보하고 기병을 훈련시키려고 시도했음이 분명하다. 하지만 초원에 인접한 농경지역은 말을 먹일 초지가 많지 않았기 때문에 말을 기르기에 적합하지 않았다. 농경사회는 보병으로 궁기병의 위협을 막을 방법을 찾아야 했다.

그러기 위해서는 두 가지가 필요했다. 첫째, 화살을 막아야 했고, 둘째, 기병의 공격에 대응해야 했다. 로버트 드루스Robert Drews는 『초기의 기마인Early Riders』(2004)에서 고대 그리스와 이탈리아의 중장비 보병이 결성된 것은 바로 이 이란의 침략자들에 맞서기 위한 방책이었다고 주장한다. 호플론hoplon이라는 대형 나무 방패와 청동 갑옷은 궁수들의 화살 세례를 효과적으로 막아냈다. 보병전에서는 크고 무거운 방패가 거추장스럽지만 화살이 비 오듯 쏟아지기 시작하면 이보다 더 요긴한 장비가 없다. 6세기 아티카의 술잔에 그려진 웅크린 호플리테는 온몸을 호플론으로 감싸고 방패 위로 머리만 빠끔히 내밀고 있다(머리에는 청동 투구를 썼지만).

창을 곧추세운 방형밀집대형은 기병의 공격을 막을 수 있는 뛰어난 방법이다. 말은 대개의 경우 촘촘히 서 있는 보병대형에는 달려들지 못한다. 그리고 초원의 전사들이 방진대형에 접근해도 그들의 갑옷은 얇기 때문에, 대형을 유지하는 한 중장비 보병이 훨씬 유리하다.

2004년에 제작된 영화 〈트로이Troy〉는 호플리테의 전쟁을 그리고 있지만 시대 설정은 완전히 엉터리다. 트로이는 청동기에 멸망했지만, 고대 그리스의 호플리테는 철기시대의 발명품이다. 이들은 기원전 7세기에야 그리스에 출현했는데, 이런 전법을 발명한 것은 심지어 그리스인들이 아닐 가능성도 꽤 크다. 드루스가 제시한 증거를 검토해보면 중무장 보병은 카리아인들(그리스의 고대도시 밀레토스의 동쪽에 살았던 비그리스계 종족)이 아나톨리아 서부에서 처음 사용한 것으로 보인다. 그리고 아마도 카리아인은 키메리아인의 침략에 맞서 큰 방패와 갑옷과 창의 조합을 생각해냈던 것 같다. 카리아인들의 주요 거점이 요새화되어 있지는 않았다고 해도 우리가 가진 자료 만으로는 그들이 약탈당했다고 단정하기 어렵다. 아마도 카리아의 보병은 초원의 침략자들을 물리쳤을 것이다.

호플리테는 초원의 침략자들과 효과적으로 맞설 수 있는 합리적 인 방법이지만, 상대가 기동력에서 크게 앞서는 기병이라면 중무장 보병을 **공격적으로** 활용할 수는 없었다. 중무장보병으로는 농경국 가의 전략적 딜레마를 해결할 수 없었다. 한 군데씩 공격당할 위험을 무릅쓰고라도 모든 정착지를 보호해야 하는가? 아니면 모든 병력을 요충지에 집결시키고 외곽은 약탈자들에게 내어주어야 하는가?

이런 딜레마를 해결할 수 있는 방법은 한 가지밖에 없었다. 국가의 규모를 크게 늘리는 것이었다. 인구가 많다는 것은 징집할 병사가 많고 병력을 유지시킬 수 있는 세금을 낼 사람들이 많아진다는 뜻이었다. 병사가 많으면 요새를 수비할 병력도 많기 때문에 침략자들을 쫓아 버릴 수 있다. 국가의 규모가 크면 유목민들이 쉽게 접근하지 못하도 록 '긴 성벽'을 세울 수도 있다(중국의 만리장성이 대표적인 사례다).

차축시대에 국가의 크기가 갑자기 커지는 것도 그 때문이다. 인구 2,500만~3,000만 명을 거느린 아케메네스 페르시아(기원전 550~기 원전 330년)는 새로운 대제국 중 첫 번째 사례였을 뿐이다. 곧이어 마우리아 제국(기원전 322~기원전 185년), 중국의 한나라(기원전 206년~서기 220년), 로마제국(기원전 27년~서기 476년)이 뒤를 따 랐다. 이들 제국은 인구가 각각 5,000만~6,000만 명 정도 되었다.

기병으로부터 직접적인 위협을 받는 제국들이 규모와 군사력을 키우자 제국들은 초원으로부터 멀리 떨어진 지역에 위협적인 존재가 되었다. 중국 남부나 인도가 그런 지역이었다. 일부 농경국가들은 초원의 유목민들을 돌격대로 고용했다. 또 일부는 직접 기병을 양성했다. 하지만 초지가 많지 않은 곳에서는 말을 기르기가 어려웠기 때문에 그들은 아울러 보병도 늘렸다. 최초의 제국들은 대군을 거느리고 있었기 때문에 당연히 수적 우위를 앞세워 후배지의 영토를 정복해갔다. 그들과 인접한 나라들은 제국의 확장 욕구에 맞서 자구책을 찾았다. 치열한 전쟁은 초원에서 비롯되었지만 전쟁이 유라시아 전역으로 확산되는 데는 초원의 기마군이 더이상 필요하지 않았다. 치열한 전쟁의 확산에 이어 얼마 후에는 규모가 큰 대국의 확산이 뒤를 이었다.[180]

그러나 다시 한번 우리는 규모가 전부는 아니라는 사실을 확인할 수 있다. 조정과 응집력과 협력도 규모 못지않게 중요하다. 새로운 차축제국의 전례 없는 규모로 인해 이 거대한 복합집단이 해체되지 않고 효과적으로 기능할 수 있도록 해주는 새로운 제도가 절실히 필요해졌다. 사실 최초의 차축제국들은 매우 위태로운 환경에서 성립되었다. 아케메네스 제국은 항상 반란과 내란에 시달렸다. 키루스는 반란을 일으켜 아스티야게스를 메디아의 마지막 왕으로 만들고 스스로 황제가 되었다. 키루스의 뒤를 이은 캄비세스 2세는 바르디야가 일으킨 반란에 희생되었다(아니면 암살당했다). 바르디야는 캄비세스 2세의 동생이라는 설도 있고 그의 암살에 대한 다소 수상한 보고서에 따르면 가우마타라는 승려가 그의 이름을 빌려 바르디야로 행세했다는 설도 있다. 어쨌든 바르디야의 자리는 시골 태수의 아들인 다리우스가 물려받았다. 다리우스의 아들 크세르크세스는 자신의 호

위대장에게 암살당했다… 등등.

　시간이 흐르면서 상황이 개선되었다. 하나의 제국이 붕괴되면 그 뒤를 잇는 제국은 응집력이 조금 더 강해지고 안정적이 되었다. 이처럼 갈수록 안정적이 되는 경우는 2,000년 넘는 제국의 역사를 가진 중국에서 좀더 쉽게 볼 수 있다. 중국의 역사가 빅토리아 틴보르 후이Victoria Tin-Bor Hui는 왕위의 공백 기간, 즉 통일왕조와 통일왕조 사이에 내란과 군웅할거의 기간이 갈수록 줄어드는 것을 밝혀냈다. 하나의 왕조가 세워질 때마다 대제국을 통치하는 방법에 관한 지식이 축적되었다. 수백 수천 년을 지나는 동안 이렇게 추가된 지식과 도구는 계속 세련되고 효율적이 되었다.

　차축종교 역시 그런 도구의 주요 부분이었다. 차축을 이루는 대제국의 내적 긴장은 주로 너무 많은 민족적 개성이 그 원인이었다. 아케메네스 페르시아에서 페르시아어를 사용하는 사람은 극히 일부였다. 제국의 공식 언어는 사실 아람어였다.

　모든 근대 이전의 제국은 민족 집단들 다수의 협력에 의존하는 초국가적 조직이었고, 그들 집단은 대부분 제국에 중요한 서비스를 제공했다. 저명한 영국의 역사가 헨리 케이먼Henry Kamen은 16세기에 세계를 지배했던 스페인 제국을 이렇게 묘사했다.

　우리는 다분히 정복의 주역을 잘못 알기 쉽다. 스페인의 힘이 커질 수 있었던 것은 이탈리아의 자본가, 독일의 기술자, 네덜란드의 무역상을 비롯한 국제적 사업 관계자들이 바다 건너까지 아우르는 접촉의 네트워크를 마련하는 문제를 놓고 서로 협력했기 때문이었다. 그 힘이 절정에 달했을 때 스페인 제국은 가히 글로벌 기업이었다. 그 기업의 주역은 비非 스페인권, 즉 포르투갈, 바스크, 아즈텍, 제노바, 중국, 플랑드르, 서아프리카, 잉카, 나폴리 사람들이었다. 스페인을 그렇게 압도적인 강국으로 만든 것은 셀 수 없을 정도로 다양했던 자원과 사람들(여기에는 수많았던 위대한 모험가와 군인 들이 포함된다)이었다.[181]

이처럼 다양한 언어를 쓰는 집단을 하나로 묶어준 접착제는 무엇이었을까? 바로 가톨릭 신앙이었다. (그리고 그 제국을 뿔뿔이 갈라놓은 것은 16세기 말에 가속화된 종교 분열이었다.) 물론 스페인은 비교적 늦게 일어선 제국이었다. 스페인은 포스트 차축 2,000년 동안의 문화적 진화에서 득을 보았다. 그러나 보편제국이라는 유형은 차축시대 중에 처음으로 나타난 보편종교의 이름으로 관리되었다. 아케메네스 페르시아는 조로아스터교를 장려했다. 아소카 마우리아는 불교로 개종했다. 중국의 한나라에는 유교가 있었다. 로마제국은 기독교로 개종했다.

이런 종교의 발생은 매우 중요했다. 하지만 이보다 더 중요한 것은 이들 종교와 연관된 평등주의 윤리의 출현이었다. 3장에서 살펴본 대로, 불평등은 협력 분위기를 해친다. 차축시대에 군사혁명에 의해 조성된 위험하고 새로운 경쟁적 환경에서, 국가들은 하와이 추장이나 고대의 신격화된 왕이 썼던 방식으로 백성을 탄압할 여유가 없었다. 이제 국가의 생존은 평민들을 무장시켜 대군을 만들 수 있느냐 여부에 달려 있었다. 용감하게 싸워줄 군인을 원한다면 그들을 억압해서는 안 된다. 그리고 백성들을 억압해**왔다면**, 그들 손에 무기를 쥐여주는 일은 어리석은 짓이다.

간단히 말해 전제국가는 새로운 군사 환경에서 살아남을 수 없었다. 많은 나라들이 지도상에서 사라졌다. 불안감 때문에 고발자들이 설파하는 메시지에 더 귀를 기울이게 된 엘리트들도 있었을 것이다. 그런 나라에서 새로운 평등 메시지의 씨앗은 (후대의 고발자들이 썼을지 모를 표현대로라면) 좋은 토양에 떨어졌다.

전쟁에 대한 압력 때문에 엘리트들이 집단적 생존을 위해 자신들의 특권을 포기했던 좋은 사례가 바로 철기시대의 이탈리아다. 기원전 500년경에 이탈리아에는 수많은 '국가들'이 난립하여 끊임없이 싸움을 벌였다. 특정 문화집단이 전멸하는 일도 흔했다. 로마인들이 에트루리아의 도시국가 베이와 이탈리아어를 쓰는 아우에키 부족을 전멸시킨 사례는 우리도 알고 있다. 로마가 아니더라도 이탈리아 중남부 지방의 이탈리아 민족인 삼늄과 유럽 대륙에서 이주해와 이탈리아 북부를 정복했던 갈리아(켈트)도 팽창정책을 쓴 국가였다.

이 모든 문화집단에게 삶은 매우 불안한 것이었다. 로마도 소멸될 위기를 여러 차례 넘겼다. 그중에서도 기원전 390년에 브레누스가 이끄는 켈트족 군대가 로마로 쳐들어와 로마군을 패퇴시키고 도시를 약탈했을 때는 정말로 망할 뻔했었다. 물론 망한 쪽은 결국 갈리아와 삼늄이었지만.

'초기 공화정'(기원전 5~기원전 4세기) 당시 로마 사회는 엘리트 집단인 '귀족'과 보통 사람인 '평민'으로 나뉘어 있었다. 귀족은 정치와 종교 업무를 독점한 부유한 가문들의 집단이었다. 이들은 귀족과 평민이 결혼하는 것을 금지시켜 배타적 세습계급을 형성했다. 평민의 집단은 다양했다. 일부 평민들은 귀족들만큼 재산이 많아 정치권력에 대한 지분을 요구했다. 그러나 대부분은 가난하여 토지를 소유하고 빚에서 벗어나는 것이 가장 큰 소망이었다. 이런 문제를 두고 귀족과 평민이 충돌한 '신분투쟁'은 유명한 사건이다.

평민들은 자신들의 주장을 관철시키기 위해 확실한 전략을 구사했다. 부자들은 기병으로 봉직했지만 그 수는 많지 않았다. 로마 군대의 대다수는 중무장보병(호플리테)으로 복무하는 평민들이었다. 로마가 침략군의 위협을 받았을 때 평민들은 여러 차례 파업을 벌여 국방의 의무를 거부했다. 이런 일을 '세케시오 플레비스secessio plebis'(로마 평민의 철수 투쟁-옮긴이)라고 했는데 군단을 소집했을 때 평민들이 명령에 불복하여 로마에서 5킬로미터 정도 떨어진 '신성한 산'으로 갔기 때문이다. 이러한 철수는 로마가 아에키족, 사비네족, 볼시족을 맞아 싸웠던 기원전 494년에 처음 시작되었다.

4세기에 갈리아족이 중부 이탈리아를 끊임없이 침입하고 로마까지 약탈하자 위협을 느낀 귀족들은 외부의 침입을 막기 위해서는 평민들과의 협력이 필수라고 생각하게 되었다. 철수가 있을 때마다 평민들은 법을 제정하여 귀족의 특권을 조금씩 빼앗아 결국 정치적으로 귀족과 평등한 지위를 획득했다. 채무 면제도 몇 번 있었을 것이다. 그러나 가장 중요한 발전이자 평민의 빈곤 문제를 실질적으로 해결하는 데 결정적인 역할을 한 것은 제국의 확장이었다. 평민인 로마 시민들은 로마가 정복한 땅을 배당받는 데 참여했다.

현대국가들은 최초의 대규모 중앙집권사회(차축 이전의 고대국가)가 세워진 이래로 먼 길을 거쳐왔다. 그것은 단순히 기술이 첨단화되고 부가 늘어나는 차원이 아니었다. 요즘의 북한처럼 가장 억압적인 정권도 '포스트 차축'이다. 어쨌든 최고지도자 김정은은 신이라고 우기지도 않고 신의 아들을 자칭하지도 않는다(그저 이전 최고지도자의 아들일 뿐이다). 북한은 인신공양 풍습도 없다. 이론상으로나마 모든 북한 국민은 평등하다.

이것은 농업으로 이행한 이후에 심각한 사회적 불평등으로 향하던 추세가 역사상 어떤 시점에서 역전되었다는 것을 뜻한다. 그게 언제일까?

사람들은 권리장전(1689년)이나 미국의 독립선언(1776년)이나 프랑스 인권선언(1789년) 같은 역사적 기록을 떠올릴 것이다. 이것은 각각 영국과 미국과 프랑스에서 일어난 혁명의 결과 힘을 얻게 된 의회가 채택한 선언이다. 이들 선언의 뿌리가 된 것은 '이성의 시대'(17~18세기)로 알려진 유럽 계몽주의였다.[182]

이처럼 근대적 의미의 인권은 매우 최근의 개념이다. 그러나 유럽 계몽주의 이전의 인간 역사가 가망 없는 '전제주의의 시대'였다고 생각한다면 그 또한 대단한 착각이다. 이번 장에서 본 대로, 극심한 형태의 불평등과 전제주의는 훨씬 더 거슬러올라가 차축시대에 이미 후퇴하기 시작했다. 이에 대한 증거는 그리스 철학자부터 구약의 선지자나 인도의 포기자와 중국의 현인에 이르기까지 차축시대 여러 사상가들의 저술에서 얼마든지 찾을 수 있다. 그리고 마우리아의 왕 아소카의 통치는 이런 개념이 차축 대제국의 통치자와 엘리트에게 어떤 영향을 미쳤는지 잘 보여준다.

이런 변화를 추진한 사상은 지중해 동부에서 중국까지 뻗어 있는 유라시아의 띠에서 유래되었다. 이곳은 유라시아 대초원에서 고안 해낸 기마騎馬라는 새로운 형태를 기본으로 하는 전쟁이 처음 전파된 지역이었다. 서유럽은 늦깎이였다. 서유럽은 차축사상을 두 번 혹은 세 번 건너듣고 채택했다. 프랑스와 독일을 일으킨 프랑크족은 서기 500년경에야 기독교로 개종했다(그리고 기독교는 그 자체가 2차적 산물로, 근동지방의 유일신 종교의 초기 차축사상 위에 건립된 종교 였다). 오늘날 인권의 보루인 영국과 스칸디나비아 지방의 국가들은 훨씬 뒤에 오딘 숭배를 버리고 기독교를 받아들였다(마지막까지 버 틴 것은 12세기까지 이교도로 남아 있던 스웨덴이었다).

계몽사상은 더 위대한 평등을 향한 박애 운동에 박차를 가하고 이 를 심화시켰지만, 거시사적 추세의 뿌리는 차축시대로 거슬러올라 간다. 그리고 이런 추세를 밀고 나간 동력은 이성이 아니라 신앙이었 다. 리처드 도킨스처럼 종교를 치명적인 망상일 뿐이라고 여기는 새 로운 무신론자들은 이런 결론을 좋아하지 않을 것이다. 그래도 사실 은 사실이다.

차축종교는 포스트 차축 국가들이 사회적 협력의 규모를 늘릴 수 있도록 여러 가지 혁신을 도입했다. 이번 장에서 나는 차축종교가 어 떻게 통치자들과 엘리트들을 억제하여 이기심을 줄이고 전제적 수단 을 양보하여 불평등을 줄이고 협력을 증진시켰는지를 중점적으로 살

퍼봤다. 또다른 차축시대의 혁신은 부족이나 인종적 기반을 가진 종교부터 보편적이고 개종시키는 종교로의 전환이었다. 날 때부터 기독교인이거나 무슬림이거나 불교 신자가 될 필요는 없었다. 이런 종교들은 개종을 환영하고 심지어 개종시키려 애를 쓴다. 포교에 능한 종교는 다양한 민족적 배경을 가지고 여러 언어를 사용하는 사람들로부터 거대한 신앙 공동체를 만들어냈다. 다시 말해 보편종교는 종족언어 집단을 뛰어넘는 협력사회를 확장했다. 보편종교는 다민족으로 구성된 제국의 다양한 집단을 결속시키는 접착제로 작용했다. 물론 뒤집어놓고 보면 보편종교는 '우리'라는 감정을 극대화하여 '우리'와 다른 신앙을 추종하는 '그들'과의 간격을 심화시킨 측면이 없지 않다.

그러나 잠재적 협력 서클을 늘리는 것으로는 충분치 않다. 협력에서 가장 중요한 선결조건은 신뢰다. 소규모 사회에서는 누구를 믿을 수 있는지 쉽게 알 수 있었다. 모두가 서로를 잘 알았다. 굳이 다른 사람과 직접 맺은 경험에 의지할 필요도 없었다. 소문이나 구설수에 귀를 기울이기만 하면 그것으로 충분했다. 그렇다고 해서 소규모 사회에서 신뢰를 쌓는 일이 대단치 않았다는 말은 아니다. 결국 우리의 크고 활성화된 두뇌를 발전시킨 것은 사회적 메모리와 계산이라는 엔진이었다. 그래도 요즘 우리가 살고 있는 거대하고 수많은 익명의 사회보다는 얼굴을 맞대고 교유함으로써 간단히 통합되는 소규모 사회가 신뢰의 문제를 훨씬 더 쉽게 해결할 수 있다.

아라 노렌자얀Ara Norenzayan의 『거대한 신, 우리는 무엇을 믿는가 Big Gods: How Religion Transformed Cooperation and Conflict』(2013)에 따르면 바

로 여기가 또다른 중요한 종교 혁신이 이루어지는 지점이다. 초자연적 존재인 '거대한 신들'은 세 가지 중요한 능력을 가졌다. 첫째, 그들은 당신의 머릿속으로 들어가 당신의 생각을 들여다볼 수 있다. 특히 그들은 거래를 할 때 당신이 맡은 일을 실제로 이행할 의사가 있는지 아니면 속임수를 쓰는지 알아낸다. 둘째, 거대한 신들은 당신이 도덕적 인간인지 알아낸다. 그리고 셋째, 당신이 나쁜 사람이면 그들은 벌을 줄 수 있고 또 줄 것이다.[183]

이제 당신이 나 같은 무신론자가 아니라 해도, 논의의 진행을 위해서 신이 존재하지 않는다고 가정해보자. 어떻게 신에 대한 믿음이 전파될 수 있었을까? 대규모 익명 사회의 문제는 개인적으로 알지 못하는 사람, 심지어 평판도 들은 적이 없는 사람을 믿을지 말지를 끊임없이 결정해야 한다는 것이다. 낯선 사람을 무작정 믿을 수는 없다. 그러나 그 낯선 사람이 거대한 신들을 열심히 믿는다면 그는 당신을 속이지는 않을 것이다. 그 사람은 예를 들어 지옥에서 영원히 불타는 형벌을 받거나 지렁이로 다시 태어나는 것을 원하지는 않을 테니까. 따라서 도덕적이고 전지전능한 응징자에 대한 신앙이 뿌리를 내린 큰 집단은 신을 믿지 않는 집단보다 더욱 협력적이 된다. 규모가 작은 사회에서 사람들은 아는 사람이나 이웃이 보고 있기 때문에 친 사회적으로 행동했다. 규모가 큰 익명 사회에서는 신이 보고 있기 때문에 선해야 한다.

어떤 집단에서 초자연적이고 도덕적인 응징자에 대한 신앙이 전파되면, 신앙이 없는 사람은 개인적으로 치러야 할 대가가 많다. 그를 믿을 수 없기 때문에 아무도 그와 거래를 하지 않으려 한다. 집단의 신앙을 따르지 않는다는 이유로 처형당할지도 모른다. 적어도 신앙을 고백하고 기도회에 참석하거나 금식하는 등 신앙을 입증하는 데 필요한 의례를 따르는 편이 더 낫다. 사실 거짓말을 능숙하게 하기는 쉽지 않기 때문에 진심으로 신앙인이 되는 것이 더 유리하다.

노렌자얀의 말대로 "사람들이 지켜보면 행실이 좋아진다." 지켜보는 사람이 친구인지 이웃인지 초자연적 존재인지(아니면 우리가 사는 현대사회가 그렇듯이 '빅 브라더'인지)는 중요하지 않다. 사람들이 지켜보고 있으면 행동이 조심스러워진다. 그리고 서로에게 잘하는 사람들의 집단이 그렇지 않은 집단을 이긴다.

초자연적 도덕적 응징자를 향한 **독실한** 신앙은 그것이 힘센 자들을 억제할 수 있기 때문에 특히 중요하다. 군주는 농부가 자신을 어떻게 생각하는지 크게 개의하지 않는다. 그러나 전지전능하고 어디에서나 지켜보는 신을 속일 때는 다시 한번 생각하게 된다. 통치자가 무신론자면, 신앙이 독실한 사람의 통치를 받기를 원하는 엘리트들의 연합세력에게 왕위를 찬탈당할 위험을 각오해야 한다. 요즘도 미국 같은 나라에서 무신론자는 대통령에 입후보할 기회조차 갖지 못한다. 분명 고대에나 어울리는 편견이고, 차축시대까지 거슬러 올라가는 풍조다. 그러나 그것은 여전히 힘을 발휘한다. 살펴본 대로 종교는 제국의 탁월한 관념적 기초다.

10장 인간 진화의 지그재그

그리고 역사의 과학

      1장 첫머리에서도 지적했지만 고대의 마을과 부족에서 출발하여 현대의 초협력사회에 이르는 길은 직선도로가 아니었다. 특히나 이상한 것은 들쑥날쑥했던 인간 불평등의 진화 과정이다.

      인간의 조상인 대형 영장류들은 위계 사회를 이루고 살았다. 그렇게 생각하는 근거는 우리와 가장 가까운 친척인 침팬지와 보노보와 고릴라가 모두 철저한 지배위계를 갖춘 사회에 살기 때문이다(자세히 들여다보면 조금씩 다르겠지만[184]). 5장에서 살펴본 대로 초기 인류는 이 틀을 깨고 알파 메일이 될 만한 남성을 억누르기 위한 역지배위계를 발전시켰다. 역지배위계는 수만 년 동안 그런 대로 위력을 발휘했지만, 농업을 받아들이고 중앙집권적인 정치체제가 출현하면서 고대국가는 알파 메일이 속박을 풀고 다시 권력자로 부상할 수 있

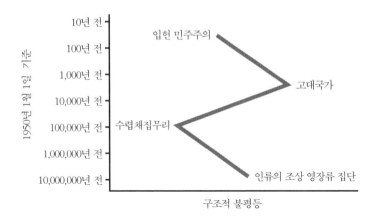

는 조건을 만들어주었다. 이런 고대국가는 매우 폭압적인 사회로 그런 체제에서 사는 사람들은 그 어느 때보다 불행한 삶을 이어갔다.

인류학자 브루스 노프트Bruce Knauft는 이를 가리켜 인간사회의 'U자형' 진화라고 불렀다.[185] 『숲속의 평등』을 쓴 크리스토퍼 보엠과 『인간 진화의 종교Religion in Human Evolution』를 쓴 로버트 벨라는 이 문제를 본격적으로 다룬 사상가였다. 그러나 벨라 자신이 그의 책에서 주장한 것처럼, 첫 번째 유턴은 두 번째 유턴으로 이어졌다. 이 두 번의 유턴으로 Z가 만들어진다.

두 번째 전환점인 전제적 고대국가를 탈피한 시점은 예상보다 더 오래전이어서, 계몽시대가 아니라 차축시대까지 올라간다. 9장에서 우리는 유라시아 초원 깊숙한 곳에서 시작된 기원전 1000년의 군사혁명이 지중해 동부에서 중국까지 뻗어 있는 농경사회 벨트에서 중요한 발전을 야기했다는 사실을 확인했다. 새로운 이데올로기인 차축종교는 수많은 문화적 혁신을 도입하여 큰 집단 속에서 협력할 수 있는 우리의 능력을 보강해주었다. 통치자의 이기적이고 포악한 행동에 제약을 두는 사회규범과 제도도 그런 혁신 중 하나였다. '우리'를 정의하는 새로운 방법은 단일 종족언어를 사용하는 집단의 한계를 넘어 외부로 협력의 둘레를 늘렸다. 그리고 '거대한 신들'은 수백만 명에 달하는 거대한 익명의 사회에서 신뢰를 만들어내는 데 필요한 해결책을 제시했다.

나는 차축시대의 대전환점에 초점을 맞추었지만, 그렇다고 유럽 계몽주의의 성과를 과소평가할 생각은 없다. 노예와 농노의 폐지, 인권혁명, 민주주의의 전파, 복지국가의 탄생, 여성과 소수자에 대한 동등한 대우, 인류 전체를 대상으로 한 협력의 범위 확대 같은 중대한 발전이 이루어진 것은 현대에 와서였다. 그러나 이것들은 만만치 않은 주제이고 그것을 다루려면 책 한 권을 따로 써야 한다.

독자들로서는 그런 책이 준비 중에 있다는 말에 놀라지 않을지도 모른다. 그리고 '파괴적 창조'가 다시 주인공으로 등장하게 되리라는 사실을 알아도 당연하게 여길지 모른다. 그러나 우리는 기원전 1000년의 군사혁명이 아닌 서기 1500년의 군사혁명 결과를 탐구할 것이다. 프랜시스 베이컨의 유명한 선언에 따르면, 화약과 항해와 인쇄술은 근대 세계를 창조해냈다.[186] 내 계획은 이런 혁신적 기술이 집단 간 경쟁의 성격을 바꾸고 미래의 모습을 만들어가는 과정을 추적하는 것이다. 그런 주제는 그 책에서 다루겠지만 그래도 여기서 논의해야 할 것이 한 가지 있다. '파괴적 창조'에 필요한 힘으로서 전쟁의 역할은 인간의 진화 역사의 장구한 세월 속에서 어떻게 변해왔는가? 실제로 전쟁과 사회 진화의 관계는 얼마나 밀접한가? 관계가 아예 단절된 것은 아닌가?

•••

8장에서 우리는 장구한 역사를 관통하는 폭력의 성향을 논하면서 스티븐 핑커의『우리 본성의 선한 천사』를 만나봤다.『선한 천사』는 여러 면에서 인상적인 저작이다. 이 책은 아주 두껍지만 그렇다고 외면하기도 어렵다. 이 책은 이미 많은 독자들을 확보했지만 독자들이 결국 인간의 역사에 대해 알고 있는 것이 있다면 그것은 대부분 이 책과 재레드 다이아몬드의『총, 균, 쇠』에서 얻은 지식일 것이다. 그러나 특히 내가 이 책을 외면할 수 없는 이유는 역사를 거치는 과정에서 폭력이 줄어들었고 그 줄어든 폭이 엄청나다는 그의 주장 때문이다.

지금 여러분이 읽고 있는 이 책의 핵심 주제는 협력이지만, 협력을 설명하려면 폭력의 가장 추한 형태인 전쟁과 전제주의부터 이해해야 한다. 이런 이유로 우리는『선한 천사』와 씨름할 필요가 있다. 핑커의 지적은 어디가 옳고 어디가 틀렸는가? 우선 역사에 나타난 폭력은 어떤 과정을 거쳤는가에 대한 그의 실증적 주장을 먼저 이야기한 다음 이론적 문제, 즉 상황이 왜 그런 식으로 흘러갔는지 따져보자. 하지만 일반적인 '폭력'을 얘기하는 것은 아무런 도움이 되지 않는다. 전쟁, 전제주의, 개인적 살인 등 그 형태의 다양함은 다양한 역사의 궤적을 그렸고 그 궤적은 다양한 원인에 의해 추진되었다. 먼저 전쟁으로 시작하자. 여기서 전쟁이란 인간 집단들 그리고 사회들 간의 폭력을 의미한다.

8장에서 우리는 전쟁의 감소를 다룬 핑커의 논지에 대해 타당성 여부를 따져봐야 한다는 것을 확인했다. 전쟁은 『선한 천사』에서 제시한 것과 같은 선형적인 궤적을 그리지 않았다. 지난 1만 년 동안 전쟁이 발발한 빈도를 나타낸 곡선은 그리스 문자 Λ를 닮아, 처음에는 올라가다가 어느 순간부터 내려갔다(그러나 오르는 경사도 내려가는 경사도 모두 지그재그 형태여서 오르거나 내려가는 전반적인 추세에 작은 진폭이 부분적으로 겹치는 형태였다는 점을 명심해야 한다).

플라이스토세의 기후 대이변, 즉 260만 년 전에 시작되어 기원전 1만 년까지 지속된 이 지질학적 세世는 초기의 어떤 인류 집단에게도 지속적인 인구성장을 허락하지 않았다. 규모가 작은 사냥채집 무리들 간의 폭력이 단속적으로 이어졌겠지만, 집단선택을 좌우하는 주요 동인은 가혹한 환경이었을 것이다. 몸집이 큰 짐승을 사냥하고 위험한 포식자로부터 스스로를 지키고 기근에 대처하는 것 같은 집합적 활동 문제를 해결한 무리는 번창하거나 아니면 적어도 명맥을 유지했다. 이들의 생존 전략에서 중요한 부분은 환경에 관한 문화 정보를 축적하고 그것을 후세에 전달할 수 있는 능력이었다.[187] 협력 문화를 유지하지 못하거나 문화정보를 저장하지 못한 무리는 전멸했다. 그리고 플라이스토세에는 인간 집단들이 직접 맞붙어 경쟁을 벌이는 경우가 흔치 않았다. 성공한 집단은 규모를 늘린 다음 딸 집단daughter groups으로 쪼개져 성공하지 못한 집단이 전멸한 지역에 사람들을 이주시켰다.

플라이스토세가 끝나고 빙하시대의 변덕스러운 기후와 간빙기間

氷期가 안정을 되찾자, 인간 집단은 거주할 수 있는 모든 지역으로 빠르게 흩어졌다. 이 같은 새로운 안정기로 인해 그들은 환경에 제약을 받지 않고 인구를 늘릴 수 있었고, 그렇게 한동안 좋은 시절이 흘러갔다.[188] 그러나 자연 곳곳이 주민들로 채워지면서 사람들은 물고기가 풍족한 어장이나 견과수가 풍부한 숲 등 귀중한 자원을 두고 갈등을 빚기 시작했다.

이미 오래전에 사람들은 싸우는 방법을 터득했던 터였다. 창을 발사하는 아틀라틀atlatl, 투석기, 활처럼 먼 거리에서도 인명을 살상할 수 있는 정교한 무기는 수만 년 전부터 존재해왔다. 플라이스토세에 이런 무기는 일차적으로 사냥을 하는 데(그리고 사악한 신흥강자를 쓰러뜨리는 데) 필요했다. 위협을 받았을 때 물러날 수 있는 공간이 많았고 굳이 피를 흘려가며 현재의 터전을 지켜야 할 이유가 없었기 때문에 집단 간 폭력의 수위는 그다지 높지 않았다. 그러나 환경이 안정된 홀로세(현세) 기간이 수천 년 이어지면서 사람들이 살 만한 공간은 고갈되기 시작했다. 지중해나 근동지방 등 플라이스토세 동안 사람들이 이미 살고 있던 지역들이 먼저 포화상태가 되었다. 전쟁이 처음으로 일상이 된 것은 이들 지역이었고, 나중에는 거주 가능한 지역 곳곳에서 전쟁이 일어났다.

이처럼 지난 1만 년 동안 전쟁은 선형적인 추세를 따르지 않았다. 전쟁이 잦아지면서 처음으로 중앙집권적인 사회가 나타났다. 다른 인간에게 살해당할 가능성이 줄어들기 시작한 것은 훨씬 더 규모가 큰 사회가 나타나기 시작한 후였다. 이 장 뒷부분에서 나는 왜 이런 일이 일어났는지에 대한 문제를 다시 제기하겠다.

그러나 우선은 인간 평등의 진화 과정에서 나타나는 이런 이상한 지 그재그 현상부터 이야기하자. 이것은 중요한 문제다. 불평등 특히 극 심한 불평등(그것을 전제주의라고 해두자)은 폭력의 또다른 원천이 기 때문이다. 그것은 집단 간의 폭력, 즉 전쟁이 아니라 힘을 가진 사 람이 힘을 갖지 못한 사람에게 가하는 사회 내부의 폭력이다. 『선한 천사』에서 핑커는 인신공양, 마녀사냥, 이교도 박해, 고문, 잔인하고 별난 방식의 처형, 노예제도, 전제주의 등 많은 사례를 제시한다.[189]

Z곡선에서 지난 1만 년에 해당하는 부분을 자세히 들여다보라. 그 부분은 불평등이 유발한 폭력에 관해 무엇을 말해주는가? 매우 평 등했던 수렵채집인 무리에서 불평등과 관련된 폭력의 표적은 실제 로 권력을 잡고 그것을 이용해 더 많은 것을 가지려는 사람, 즉 신흥 강자였다. 그래서 인신공양의 희생자, 노예, 농노 그리고 여성, 소수 민족, 부랑자를 위시한 박해받는 소수 등, 힘이 없는 사람들을 상대 로 힘 있는 자들이 휘두르는 폭력은 처음에 늘어났다가 그다음에는 줄어들었다. 다시 한번 강조하지만 그 궤적은 『선한 천사』에서 주장 한 것처럼 선형적으로 줄어들지 않았다. 오히려 전반적인 형태는 전 쟁의 Λ곡선을 많이 닮았다. 물론 지난 1만 년 동안만 그렇다. 그전까지 전쟁과 전제주의의 궤적은 제멋대로 발산하며 움직였다.

마지막으로 세 번째 종류의 폭력인 살인, 즉 이득을 취하기 위해서 나 감정을 조절하지 못해 범하게 되는 개인에 의한 개인의 살해를 잠 깐 생각해보자. 살인율은 전쟁과 다른 궤적을 그렸다. 개인이 개인에게 가하는 폭력의 추세는『선한 천사』에서 설명한 대로 수렵채집인에게는 놀라울 정도로 높았다가 간헐적이기는 해도 점차 줄어들었다. 실제로 나타난 증거를 봐도 핑커의 주장이 맞다. 더글러스 프라이와 브라이언 퍼거슨같이 스티븐 핑커를 비판하는 학자들과 핑커의 의견이 갈리는 지점은 개인 간의 범죄가 아니라 전쟁 곡선이다. 프라이와 파트리크 쇠데르베리Patrik Söderberg는 2013년에 발표한 논문에서 수렵채집인 무리의 사회에서 치명적인 폭력의 절반 이상은 개인이 단독으로 저지른 것이라고 주장했다. 따라서 이 부분도 핑커가 제대로 짚어낸 부분인 것 같다.

　그러나 이런 연구 결과들이 던져주는 보다 폭넓은 메시지는 인간 사회의 역사에서 다양한 종류의 폭력이 저마다 독특한 궤적을 따랐다는 사실이다. 그것은 아마도 전쟁과 전제주의와 살인을 일으킨 동기들이 서로 달랐기 때문인 것 같다.

　이상한 일이지만 핑커의 설명조 이론은 그의 실증적 주장과 같은 수준의 정밀성을 유지하지 못하고 있다. 이것은 저자의 접근방식에도 어느 정도 원인이 있다. '폭력은 왜 줄어들었는가'라는 이 책의 부제는 당연히 그에 대한 설명을 기대하도록 만들지만, 이 질문은 가장 짧은 마지막 장에서만 다루어진다.

　그러나 과거에 일어났던 폭력의 실태를 연구하는 것은 첫걸음에 지나지 않는다. 우리는 폭력이 늘거나 줄어들게 만드는 요인이 무엇인지 알아내야 한다. 물론 지난 수천 년 동안 폭력이 줄어든 추세를 보며 위안을 삼을 수도 있다. 그런데 이런 장기 추세선에도 돋보기를 들이대보면 수많은 요동이 보인다. 예를 들어 1960년대 미국에서는 살인을 비롯한 폭력범죄가 갑자기 부쩍 늘었다. 핑커는 이런 현상을 "1960년대의 야만화"라고 지적한다(그리고 이어진 범죄의 감소는 "1990년대의 재문명화"라고 언급한다).

더 중요한 것은 누가 그런 천 년 단위의 장기 추세가 역전되지 않는다고 보장해줄 수 있겠는가 하는 점이다. 투자자문가들이 하는 경고가 있다. "과거 실적은 미래의 수익을 전혀 보장해주지 않는다." 폭력이 감소하는 이유를 알아내려는 우리의 탐구를 『선한 천사』에서 제시한 설명으로 시작해보자. 핑커는 인간의 폭력성을 줄인 요인으로 다섯 가지 역사적 힘을 제시한다.

> **리바이어던**, 즉 힘을 합법적으로 사용할 권한을 독점한 국가와 사법체계는 착취하기 위해 공격하려는 유혹을 떨치게 만들고 복수하려는 충동을 억제시켜주며 모든 당사자가 자신만이 천사의 편이라고 착각하는 아전인수식 편견을 피할 수 있게 해준다. **통상**Commerce은 모두가 이기는 포지티브섬 게임positive-sum game이다. 기술의 발달로 먼 거리에 있는 규모가 큰 교역 당사자들과 상품이나 아이디어를 교환하기가 쉬워지기 때문에, 다른 나라 사람들은 죽었을 때보다 살아 있을 때 더 가치 있는 존재가 된다. 그러니 그들을 악마의 집단이나 비인간적인 무리로 몰아댈 가능성도 줄어든다. **여성화**는 여성의 관심과 가치를 존중해주는 쪽으로 문화가 바뀌는 과정이다. 폭력은 주로 남성들의 놀이이기 때문에 여성에게 힘을 실어주는 문화가 조성되면 폭력을 예찬하는 분위기가 사라지고 뿌리를 내리지 못한 미숙한 남성들의 위험한 하위문화가 싹틀 가능성도 줄어든다. 문해력, 기동성, 매스미디어 같은 **세계주의**의 힘은 다른 사람의

입장에 서보고 공감의 범위를 확대하여 그들을 포용하도록 자극할 수 있다. 마지막으로 지식과 합리성을 인간사에 적극 적용하는 **이성의 단계적 상승**escalator of reason은 주기적으로 나타나는 폭력의 무익함을 깨닫게 하고, 다른 사람들의 이익보다 나만의 이익을 내세우는 특권을 포기하게 하며, 폭력이라는 개념을 이기기 위한 경쟁이 아니라 해결해야 할 문제로 다시 생각할 수 있도록 만든다.[190]

여러 가지 이유가 뒤범벅되어 있는 것처럼 보인다면 제대로 본 것이다. 핑커에게 폭력의 감소는 인간 역사에서 거의 우연적인(그의 표현에 따르면 '외인성exogenous'의) 발전이 수없이 누적되어 이루어낸 결과물이다. "이런 힘들이 장대한 통합 이론에서 도출되리라고 기대해서는 안 된다."[191] 그는 이렇게 말한다. 그러나 왜 안 되는가?

∙•∙

물론 **이** 책의 논지는 정확히 그런 이론, 즉 이들 힘이 **실제로** 단 하나의 원인을 공유한다는 이론을 제시하는 것이다. 폭력이 줄어드는 과정에서 가장 중요한 점은 인간이 협력하는 규모가 커진다는 사실이었다. 평화는 단순히 전쟁이 없는 상태가 아니며 평화를 안정적으로 지속시키려면 많은 관리가 필요하다. 그러기 위해서는 협력하는 도리밖에 없다. 지난 1만 년 동안 협력의 범위가 증가하면서 거대한 초사회적 사회ultrasocial societies, 즉 **초협력사회**ultrasocieties에 사는 사람들이 점점 더 많아졌다. 시간이 흐르면서 초협력사회는 내부의 평화와 질서를 유지할 수 있는 좋은 제도를 더욱 발전시켰다. 이런 효율적인 제도는 반란이나 내란 같은 내부의 정치적 폭력이나 범죄가 발생할 기회를 억누르는 데 기여했다.

그러나 제도는 이야기의 일부에 지나지 않는다. 이에 못지않게 중요한 것은 대다수 사람들이 지니고 있는 **가치**다. 완벽한 사법제도를 설계한다 해도 사람들이 경찰과 판사를 매수하는 짓을 아무렇지 않게 생각하고 관리들 스스로가 뇌물을 아예 사업으로 여긴다면, 이런 제도로는 정의를 실현할 수 없다. 좋은 제도가 효력을 발휘하려면 그에 상응한 도덕적 가치가 밑받침되어야 한다. 친척과 친구를 돕는 것은 작은 사회에 어울리는 친사회적 가치다. 그러나 규모가 큰 사회에서 그런 가치는 정실인사를 경계하는 성향에 종속되어야 한다. 그래서 실제로 초협력사회에서 협력을 가능하게 만드는 것은 제도와 가치의 공진화였다. 그리고 통합 이론은 그 둘을 모두 규명해야 한다.

사회가 커지고 내부 결속력이 강해지면 국가 간의 전쟁도 더욱 파괴적이 되는 것이 사실이다. 사회의 규모가 커지면 전쟁의 규모도 커졌다. 두 번의 세계대전을 치른 1914년과 1945년 사이의 비극적인 30년 동안 전쟁의 규모는 절정에 달했다. 그러나 절대적 의미에서는 희생자의 수가 증가했지만 비교의 관점에서는 그 수치가 오히려 줄어들었다. 정치 단위가 커질수록 일반 시민들이 전쟁에서 죽을 확률은 줄어든다. 절대 수치에 속으면 안 된다. 혹자는 제2차 세계대전이 미국 독립전쟁보다 미국에 훨씬 더 큰 타격을 주었을 것이라고 생각할지 모른다. 실제로 18세기 독립전쟁에서 죽은 사람은 2만 5,000명인데 20세기 대전에서 목숨을 잃은 미국인 수는 40만 명을 헤아리

10장 인간 진화의 지그재그

니까 그럴 만도 하다. 그러나 인구 대비 사망률을 보면 독립전쟁은 0.9퍼센트이고 제2차 세계대전은 0.3퍼센트였다. 250만 명에서 1억 3,300만 명으로 늘어난 대폭적인 인구 증가가 전쟁의 사망자를 '희석 시킨' 것이다. 상대적 사망률이 이처럼 세 배 차이가 난다는 사실은 1940년에 미국에서 살았던 사람의 경우 1780년대에 살았던 사람보다 전쟁으로 사랑하는 사람을 잃을 확률이 3분의 1로 줄었다는 것을 뜻한다.

여기서 우리는 역설적인 결론에 이르게 된다. 초사회성의 진화를 추진하는 것은 폭력, 즉 서로 전쟁을 하는 사회이고 궁극적으로 폭력을 줄이는 것도 초사회성이라는 사실이다. 이런 역동성과 관련하여 '외인적'인 것은 전혀 없다.

스티븐 핑커는 '진화심리학Evolutionary Psychology'이라는 비교적 새로운 분야의 선두 주자다.[192] '진화심리학'과 '문화진화론'은 '진화'라는 단어를 공유하지만 인간의 행동을 연구할 때는 전혀 다른 방향에서 접근한다. 특히 핑커는 폭력이 감소한 이유를 인간 개인의 심리 상태에서 찾는다. 『선한 천사』의 '서문'에서 그는 책을 쓴 목적을 이렇게 설명한다.

이 책에서 나는 주로 폭력과 비폭력의 심리 상태를 탐구하는 데 많은 지면을 할애할 것이다. 내가 소환하려는 정신이론은 인지과학, 정서 및 인지신경학, 사회심리학과 진화심리학 그리고 그 밖에 내가 『마음은 어떻게 작동하는가How the Mind Works』와 『빈 서판The Blank State』과 『생각의 재료The Stuff of Thought』에서 탐구했던 인간 본성에 관한 학문들을 종합한 것이다. 이들 이론에 따르면 정신은 진화 과정을 통해 자신의 기본 설계를 해온 두뇌가 행하는 인지적·정서적 기능의 복합 체계다. 이런 기능 중 일부는 다양한 종류의 폭력적 성향을 우리에게 부여한다. 하지만 그 외의 것들, 즉 에이브러햄 링컨이 말한 '우리 본성의 선한 천사'는 협력과 평화를 지향하게 만든다. 따라서 폭력의 감소를 설명한다는 것은 평화를 추구하려는 동기에 우선적인 힘을 주는 우리의 문화적·물질적 환경에서의 변화가 무엇인지 확인하는 것이다.

핑커는 문화적 환경의 변화를 언급하지만 정작 그가 강조하는 것은 이런 환경이 어떻게 개인의 심리 상태를 결정하는가 하는 문제다. 그에게 문화는 "서로 다른 시대에 서로 다른 방식으로 우리의 정신적 기능에 관계하는 외인적 힘"이다. 그는 문화진화론에 매우 비판적이며 특히 사회를 진화시키는 주요 동력이 집단 간의 경쟁이라는 생각에 동의하지 않는다. 핑커는 2012년에 발표한 〈집단선택의 잘못된 유혹The False Allure of Group Selection〉이라는 논문에서 이렇게 쓴다. "좀더 신중하게 따져보면 집단선택은 그다지 합리적이지도 않고 인간의 심리와 역사의 사실과도 잘 맞지 않는다."[193] 핑커가 다수준 문화선택론을 거부하며 내세운 주장은 앞서 3장에서 다루었던 리처드 도킨스의 이론과 매우 가깝다. 도킨스처럼 핑커는 협력의 진화에 대한 대안적 설명으로 혈연 선택, 상호이타주의, 평판 관리 등의 이론에 주목한다.

핑커는 사회적 협력의 '부수by-product' 이론에 사실상 동의하기 때문에, 그의 분석에는 문화적 변화가 현대사회를 평화롭게 만들었던 역할에 대한 이해가 없다. 간단히 말해 스티븐 핑커를 비롯한 진화심리학자들은 **문화**를 소홀히 다룬다는 문제를 안고 있다. 유전자나 환경도 그렇지만 문화도 사람들의 행동을 구체화하는, 사회적으로 전승된 정보다. 이처럼 중요한 역사의 동력, 즉 초협력사회에서 협력을 가능하게 만드는 제도나 가치의 공진화에 대한 논의는 그들의 저술에서는 완전히 실종되었다.

그렇다면 문화진화론의 관점에서 볼 때 스티븐 핑커의 '다섯 가지 역사적 힘'은 얼마나 타당성을 갖는가?

리바이어던. 국가의 탄생이 근대 사회가 평화를 지향하는 데 가장 중요한 발걸음이었다는 데는 이견이 없다. 사법제도와 경찰력 같은 국가기관은 확실히 내부의 질서와 평화를 유지하는 데 중요하다. 또한 법률을 통과시키는 입법기관과 세금을 걷는 행정 부서도 잊어서는 안 된다. 이런 기관이 없으면 국가는 존속할 수 없다.

그러나 핑커는 국가가 왜 발생했으며 시간이 흐르면서 어떤 기능을 갖추어갔는지에 대해서는 설명하지 않는다. 그에게 제 기능을 발휘하는 국가의 탄생은 "서로 다른 시대에 서로 다른 방식으로 우리의 정신적 기능에 관계하는 외인적 힘" 중 하나다. 그러나 살펴보았듯이, 국가는 "그냥 발생하지" 않았다. 국가는 전쟁의 압력에 대한 반응으로 진화했다. 역사사회학자 찰스 틸리Charles Tilly의 유명한 경구대로 "국가는 전쟁을 만들고 전쟁은 국가를 만들었다." 국가는 갈등이 격해지는 데 대한 반응이었지만 반대로 갈등이 격해지도록 만드는 원인도 되었다.

통상. 여기서 상황은 더 복잡해진다. 일반적으로 통상은 포지티브섬 게임이지만, 항상 더 많은 이득을 얻는 쪽이 있고 손해를 보는 쪽도 있게 마련이다. 그래서 힘을 앞세워 자국에 유리하도록 무역의 흐름을 되돌리려는 유혹이 언제나 존재한다. 전쟁을 억제하는 국제적 장치나 규범이 없을 때, 강대국이 무력으로 필요한 것을 가져가는 행위를 어떻게 막을 것인가? 사실 뾰족한 방법은 없다. 유럽의 식민정책 역사는 이런 법칙의 실제 사례를 무수히 많이 보여준다. 식민지를 확장하려는 기도가 끝난 것은 불과 한 세기 전이었다. 아프리카 쟁탈전(1881~1914년)으로 유럽 강대국들은 에티오피아를 제외한 대륙 전체를 나눠 가졌다.

다른 한편으로 경제개발이 폭력을 줄이는 데 한몫을 했다는 생각에는 중요한 의미가 내포되어 있다. 『선한 천사』의 10장에서 핑커는 부의 개선 효과를 어느 정도 인정하지만 폭력을 감소시키는 데 대한 일반적인 설명으로 부를 고려하지는 않는다. 그러나 그는 다시 사회의 진화보다 개인의 행동을 강조한다. 부가 증가할 때 집단 간의 경쟁이 어떻게 달라지는지 살펴보자.

앞서 보았듯이 전쟁은 여전히 집단과 집단 사이에서 벌어지는 가장 중요한 다툼이었지만, 폭력 자체는 사실 차축시대를 거치며 감소했다. 그것은 대제국의 최전선에 사는 사람들이 많지 않기 때문이었다. 그렇다고 해서 나머지 사람들이 전쟁과 무관했다는 의미는 아니다. 전쟁을 하려면 군사장비와 보급품을 대량으로 생산하고 그것을 필요한 장소에 효율적으로 공급해야 했다. 다시 말해 **전쟁에 필요한** 군사적 용맹보다 물질적 부가 더 중요해지고 있었다. 또한 포스트 차축시대의 제국들은 부를 이용하여 야만인들을 매수하거나 돈을 주고 적국을 공격하도록 했다. 여기서 우리는 '파괴적 창조'가 인간사회를 형성할 뿐 아니라 그 형태까지 바꾼다는 사실을 확인할 수 있다.

부를 기반으로 하는 경쟁 형태는 서기 1500년의 대대적인 군사혁명 이후에 훨씬 더 중요해졌다. 20세기 들어 전장에서 병사들이 보여주는 용감무쌍함은 산업조직이나 생산역량의 뒷자리로 밀려났다. 제2차 세계대전 당시 독일 병사들은 미국이나 러시아 병사들보다 훨씬 더 잘 싸웠다.[194] 그러나 잘 아는 대로 미국은 군수물자 생산량에서 독일을 크게 앞섰다. 잘 알려지지 않았을 뿐 그 점은 소련도 마찬가지였다. 미국에서 수송되어 온 보급품들이 소련의 전쟁 물자를 보강해준 면도 없지 않지만, 붉은 군대가 이길 수 있던 것은 소련이 생산한 탱크와 대포와 비행기가 나치 독일보다 더 많았기 때문이었다.

제2차 세계대전이 끝난 뒤에, 집단 간의 경쟁은 군사적 영역에서 경제적·이념적 영역으로 넘어갔다. 다행히 소련과 미국은 직접 맞붙지 않았다. 하지만 소련은 생활수준과 아이디어 전쟁에서 패했다. 승자가 패자와 별다른 상의 없이 패자에게 새 제도를 강요했던 전후 일본과 달리, 러시아는 정치경제체제를 스스로 바꿨다. 그 과정은 매우 혼란스러웠고 결과는 매우 실망스러웠지만, 러시아 사회가 1990년대와 2000년대 초에 크게 바뀐 것만은 부인할 수 없다.

중요한 것은 전후 일본과 소련 이후의 러시아가 모두 사회 간의 경쟁으로 인해 급격한 문화진화를 겪은 대표적인 사례라는 사실이다. 그러나 일본의 경우 지배적인 선택의 힘은 전쟁, 즉 무력 전쟁이었지만, 러시아에서 지배적인 힘은 본질적으로 경제였다.

여성화. 이 문제 또한 상황은 스티븐 핑커가 설명한 것보다 훨씬 더 복잡하다. "문화가 여성의 관심과 가치를 점점 더 존중해온 과정"

이 폭력을 줄이는 데 중요한 역할을 했다는 주장에는 나도 동의한다. 그러나 그것은 보다 확실한 평등으로 향해 가는 거대한 흐름의 일부였다. 평등은 차축시대의 도덕적 혁명에 뒤이어 시작되었다. 모든 형태의 불평등은 폭력을 증가시킨다. 신격화된 통치자는 인신공양을 강요하고 노예를 소유한 자는 노예를 고문하거나 죽여도 아무런 처벌을 받지 않으며, 소작인을 죽이려는 귀족은 이에 맞서는 소작인보다 처벌받을 확률이 더 낮다. 여성차별을 비롯한 이런 형태의 차별이 줄어들면서, 폭력도 이런 분위기에 직접적인 영향을 받았다. 남녀차별이 줄어들면서 아내나 딸을 구타하거나 죽일 권리도 사라졌다.

그러나 그에 못지않게 영향을 주는 것은 협력을 방해하는 불평등 구조다. 귀족과 소작농 간의 불평등은 99퍼센트가 1퍼센트에 협력하겠다는 생각을 거두게 만든다. 남녀 간의 불평등은 50퍼센트의 약한 쪽이 나머지 50퍼센트의 강한 쪽에게 협력해야겠다는 생각을 단념하게 만든다. 협력에는 무엇보다 의욕이 따라야 하는데, 불평등은 그런 의욕을 꺾는다.

세계주의. 핑커 자신은 10장에서 이런 힘에 대해 더 좋은 표현을 동원한다. "확대되는 공감의 범위." 그러나 다시 강조하지만 그의 관점은 너무 협소하다. 그는 18세기의 '인도주의 혁명Humanitarian Revolution'에 대해서만 언급한다. 사실 공감의 범위가 확대되면 협력의 규모도 같이 확대된다. 그리고 협력의 확장은 우리 종의 진화 역사에서 매우 중요한 힘이었다.

얼굴을 마주한 상태에서 이루어지는 협력에만 의존했던 우리의 먼 조상들에게 공감의 범위는 친척과 친구까지가 한계였다. 모르는 사람은 누구나 잠재적 적이었다. 진화의 역사에서 결정적 도약의 계기가 된 것은 협력 집단에 상징적 표식을 붙일 줄 아는 능력을 개발한 것이었다. 그런 표식에는 언어와 방언 외에 복장의 스타일과 문신 같은 장식, 집단적 의례에 참여하는 것 같은 행동적 특성 등이 있다. 상징적 꼬리표가 붙은 협력 집단이나 부족이나 국가가 정해지면 개인적으로 아는 사람들의 범위 이상으로 협력의 규모를 키울 수 있었다. 물론 한 부족이나 국가 내의 협력이 강화되면 다른 부족이나 국가와 갈등의 강도가 높아진다는 문제는 있다.

다음으로 중요한 이정표는 차축종교의 발흥이었다. 차축종교는 하나의 세계 신앙을 공유하는 다민족 사회 내에서의 협력을 조장했다. 여기서도 부정적 측면은 '성전聖戰'의 강도가 커지는 점이었다. 십자군 전쟁과 지하드처럼 종교를 앞세운 다민족 다국적 집단 간의 갈등이 대표적인 사례다. 그러나 이것 역시 보이는 것보다 더 좋은 반대급부가 있다.

민족주의와 종교가 많은 비극을 초래하는 것은 사실이지만, 그렇다고 긍정적 측면까지 외면해서는 안 된다. 이런 이데올로기는 진화가 대규모 사회를 조성할 때 사용하는 재료를 일부 제공한다. 포스트차축 유형의 민족주의와 종교는 '상상의 공동체', 즉 서로 잘 몰랐지만 같은 신념을 가진 사람과 협력하게 되는 대규모 집단을 발전시켰다. 그리고 사회 규모가 커지면 전쟁이 치열해지지만, 폭력의 **상대적** 강도는 약해진다. 그렇게 민족주의와 종교는 집단 **간의** 갈등과 집단 **내부의** 협력을 동시에 증가시켰다. 중요한 것은 협력의 규모가 커지면 사상자의 상대적 비율이 줄어든다는 사실이다.

협력 집단에 상징적 수단을 덧붙이면 좋은 점이 또 있다. 그런 상징을 적절히 다룸으로써 모든 인류를 끌어안을 수 있을 만큼 협력의 범위를 넓힐 수 있기 때문이다. 적어도 지적인 관점에서 보자면 18세기 인도주의 혁명에서 그 마지막 단계가 이루어졌다. 그러나 그것은 무수한 단계 중 최근의 단계였을 뿐이다. 더욱이 이런 발전은 좀더 균형감을 가지고 바라볼 필요가 있다. '착한 사람들'이라면 모든 인간의 삶이 똑같이 소중하다는 데 동의할 것이라고 말하지만 그것은 어디까지나 이론일 뿐이다. 가장 진보적인 국가의 정부라 해도 실제로는 다른 나라의 병사나 시민보다 자국의 병사나 시민의 생명과 복지를 소중히 여긴다. 그들은 물론 자국 국민에 대해 특별한 책임이 있다고 주장하겠지만, 그럼에도 불구하고 프랑스와 스코틀랜드 계몽주의자들의 사상을 국제적 수준에 가까운 어떤 것으로 내면화하여 받아들이기까지는 갈 길이 멀다.

이성의 단계적 상승. 폭력이 줄어드는 다섯 번째이자 마지막 이유는 핑커의 주장 중에서도 근거가 가장 허약한 부분이다. 핑커는 "인신공양 … 등의 미신적 살해는 지적으로 세련된 대중의 철저한 감시 속에서 무너지고 말았다"고 주장한다.[195] 그러나 타임라인이 완전히 틀렸다. 미신적 살해는 지적으로 세련된 민중이 이것저것 따져보기 **오래전에** 이미 존재 근거를 잃었다. 인신공양은 초기 중앙집권적 사회의 공통적인 특징이었다. 그리고 그것은 사회가 더 크고 더 성숙한 국가로 성장하면서 사라졌다. 이런 변화를 추진한 것은 이성이 아니라 종교였다. 그 종교는 차축시대에 나타난 새로운 종교였다.

유럽에서 인신공양이 가장 오래 남아 있었던 곳은 스칸디나비아였다. 예를 들어 우리는 중세사가 브레멘의 아담Adam of Bremen 덕분에 바이킹 시기에 감라 (옛) 웁살라에서 치러졌던 인신공양을 알고 있다. 그런 이교도의 관습은 기독교가 전해지면서 마침내 자취를 감추었다. 이성의 시대가 도래하기 훨씬 전이었다. 그러나 이런 발전이 지적 교양의 독자적 상승과 동반해서 일어났다고 주장하는 것은 무리다. 스칸디나비아는 8세기부터 12세기 사이에 기독교가 전파되었지만, 그 시기는 이성이 후퇴한 '암흑기'로 알려져 있다.

물론 인신공양은 핑커가 '미신적 살해'라는 소제小題 아래 열거한 여러 종류의 폭력 중 하나일 뿐이다. 그러나 이런 특정 사례는 그의 주장 자체를 문제삼게 만든다. 이상하게 들리겠지만 핑커는『선한 천사』에 많은 도표와 과학적 연구의 참고문헌들을 인용하면서도, 이런 끔찍한 왕권에 대해서는 과학적 방법을 활용하지 않는다. 그의 방법론은 귀납적이다. 그는 그의 책 앞쪽 아홉 개의 장에서 엄청난 실증적 자료들을 통해 불필요한 것들을 걸러낸 다음 마지막 장에서 '공통의 실마리'를 찾는다. 새로운 학문 분야를 개척할 때는 이런 방법도 좋다. 그러나 과학은 이론을 개발하고 광범위한 자료로 그 이론을 검증하기 시작할 때 성숙한다. 문화진화론이라는 새로운 분야가 바로 그렇다. 문화진화론은 잘 개발된 이론을 확보했고 우리는 이미 역사적이고 고고학적인 자료로 이뤄진 엄청난 데이터베이스로 그것을 검증하기 시작했다(여기에 대해서는 이 장 끝 무렵에 자세히 설명하겠다).

인간 역사에 관한 한『선한 천사』는 내가 이 책에서 개진한 주장과 어느 정도 일치된 이야기를 전한다. 그러나 핑커의 주장은 이론적으로 탄탄하지도 않고 실증적 근거도 약하다. 물론『선한 천사』는 역사를 '과학스러운science' 방법으로 다루려는 시도의 흥미로운 사례이고 그래서 나는 그런 방식을 전적으로 지지한다. 그러나 우리는 한 걸음 더 나아가야 한다. 폭력이 줄어든다고 확신하고 싶다면, 그것이 **왜** 줄어드는지 알아내야 한다.

· ● ·

집단 간의 경쟁이 갖는 가변적 성격의 문제로 돌아가자. 과거에도 '파괴적 창조'는 전쟁이 아니어도 얼마든지 가능했다. 세계종교는 주로 승자가 패자를 강제로 개종시켜 전파시키는 경위를 밟았지만 늘 그런 것은 아니었다. 불교는 전쟁이나 정복 활동을 거치지 않고 동아시아 지역으로 전파되었다. 중세 초의 키예프대공국이 988년에 기독교를 받아들인 것은 키예프 제후들이 다스리는 거대한 영토 안의 다양한 민족을 결속하는 데 낡은 이교도들의 종교가 별반 도움이 되지 않았기 때문이었다.

요즘도 세계는 한시도 전쟁에서 자유롭지 않다. 그러나 비폭력적 형태의 '파괴적 창조'가 폭력적인 것보다 더 중요한 세상이 되었다. 앞서 우리는 부를 기반으로 한 경쟁이 더 중요해졌다는 사실을 확인했다. 지난 500년 동안은 특히 그랬다. 사회를 조직하는 방법을 두고 벌이는 아이디어들의 끊임없는 다툼도 또다른 형태의 문화진화다. 민주주의와 자유시장은 경제성장과 사회복지를 북돋우는 최선의 방법인가? 국가가 나서서 경제가 나아갈 방법을 억압하거나 지시하면 정치가 더욱 안정되는가? 다시 말해 워싱턴의 컨센서스가 베이징의 컨센서스보다 나은가? 대통령제와 내각제 중 어떤 체제가 더 효율적인가? 세율은 높아야 하는가, 낮아야 하는가? 국가가 출산장려정책을 실시하는 것이 좋은가 아니면 각 가정이 알아서 자녀의 수를 결정하는 것이 좋은가?

이런 '아이디어들'이 모두 문화 요소다. 이런 아이디어는 대통령제로 할 것인지 내각제로 할 것인지 다툴 때처럼 끊임없이 서로 경쟁하기 때문에 문화가 진화하는 데 꼭 필요한 소재다. 하나의 문화적 특성이 다른 특성을 희생시켜 빈도를 증가시키는 것, 그것이 문화진화다. 어떤 아이디어가 다른 것보다 경쟁력이 강한 데는 여러 가지 이유가 있다. 어떤 것은 다른 것보다 좀더 합리적으로 보여 공개토론을 거친 후에 실행된다. 또 어떤 경우에는 세평이나 유행이 한몫 하거나 그도 저도 아닌 우연한 계기로 경쟁력을 갖추게 되기도 한다. 그러나 그런 아이디어의 운명은 결국 그 아이디어가 그것을 채택한 사회에서 얼마나 효과를 발휘하느냐에 따라 결정된다.

남성에게는 한 명의 아내만 갖게 하고 여성에게는 한 명의 남편만 갖게 하는 일부일처제를 예로 들어보자. 농업이 시작된 뒤로 다중혼 혹은 일부다처제(5장에서 짧게 다루었다)는 아주 최근까지도 대부분의 인간사회가 당연하게 받아들였던 규범이었다. 다중혼은 일부다처제인 경우가 대부분이었는데 특히 한 명 이상의 아내를 부양할 능력이 있는 엘리트층에서 흔했다. 스탠퍼드 대학교의 역사학자 월터 샤이델Walter Scheidel에 따르면 일부다처제를 처음 금지시킨 사회는 고대 그리스와 로마였다. 이런 그리스-로마의 영향으로 일부일처제는 기독교의 일부가 되었다(유대교는 이보다 훨씬 뒤인 서기 1000년경에야 일부다처제를 금했다). 약 1900년까지 기독교는 일부일처제를 전 세계로 전파하는 데 일등공신이었다.

그러나 20세기에 이 관습은 빠른 속도로 역사상의 기독교 서구사회를 벗어나 1935년에 태국으로, 1953년에는 중국, 1955년에 인도, 1963년에 네팔 등지로 전해졌다. 쿠란은 아내를 네 명까지 허용하고 있지만, 터키(1926년)와 튀니지(1956년) 같은 이슬람 국가에서도 일부다처제는 공식적으로 불법화되었다.[196]

이를 비서구권 국가로 확산시킨 주요 메커니즘은 문화진화론 용어로 "세평을 기반으로 하는 문화 전달"이었다.[197] 다시 말해 유럽 사회와 그 분파인 신세계의 성과는 아주 성공적이어서 다른 나라들도 그들의 문화적 특성을 본격적으로 흉내내기 시작했다는 것이다. 예를 들어 1868년에 메이지유신明治維新을 경험한 일본은 서구식 방법에 따라 경제구조를 재편하고 교육제도를 서구식으로 바꾸고 복식도 서구식으로 바꿨다. 그들은 또한 결혼에서도 서구의 풍습을 받아들여 1880년에 일부다처제를 금지시켰다.

19세기에 양복을 입기 시작한 것이 일본을 강대국으로 올려놓은 요인은 아닐 것이다. 양모로 만든 스리피스 슈트는 사실 습하고 무더운 일본의 기후에는 맞지 않는다. 하지만 일부일처제는 아주 훌륭한 아이디어였음이 입증되었다. 조지프 헨리크Joseph Henrich와 로버트 보이드와 피터 리처슨이 조사한 최근의 자료에 따르면 일부일처제 사회는 일부다처제에 비해 확실히 경쟁력이 뛰어나다. 몇몇 남성이 많은 아내를 거느리면, 다른 남성은 결혼 상대를 찾지 못할 것이다. 일부일처제는 짝을 찾는 데 필요한 경쟁을 줄이고 남성들 사이의 평등

10장 인간 진화의 지그재그

권을 높인다. 일부일처제는 또한 성불평등을 줄인다. 일부일처제 사회에서는 성폭행, 살인, 상해, 강도, 사기 등 범죄율도 내려간다. 남성들은 또다른 아내를 찾기보다 자식들에게 더 많은 것을 투자한다. 일부일처제는 저축을 늘리고 생산성을 높인다.[198]

어떻게 보면 당연한 결과다. 4장에서 살펴본 팀 스포츠처럼, 집단 내의 경쟁과 불평등이 줄어들면 그 집단은 더욱 강력한 팀이 된다. 이런 일반원칙은 축구팀뿐 아니라 사회 전반에도 그대로 적용된다.

4장의 결론을 반복해야겠다. 집단 내의 경쟁이 치열해지면 그 집단의 실적은 대체로 나빠진다. 아인 랜드와 제프 스킬링처럼 개인주의를 예언했던 사람들의 논리에 따르면, 일부다처제는 한 명의 아내를 구하기 위해 부자가 되려고 열심히 노력한 다음, 다시 많은 아내를 얻기 위해 훨씬 더 부자가 되려고 애를 쓴다. 그렇게 되면 남성들이 열심히 일하는 일부다처제 나라들은 일부일처제 국가보다 경제가 훨씬 더 성장해야 한다.

그러나 실제로는 그 반대다. 열대지방의 개발도상국들을 비교한 자료에 따르면 일부일처제 국가의 1인당 GDP가 오히려 일부다처제 국가보다 세 배 더 높다.[199] 개별 국가들끼리 대조해보면 차이는 이보다 훨씬 더 클 수 있다. 일부다처제를 금하고 있는 보츠와나 공화국과 결혼한 여성의 절반이 일부다처제 가족에 속한 부르키나파소를 비교해보면, 보츠와나의 1인당 GDP가 부르키나파소의 10배다.

문화진화론은 역사가 짧다. 그리고 나도 우리의 사회를 개선시킬 수 있는 특별한 비법을 파헤칠 준비가 되어 있다고 주장할 생각은 없다. 오히려 우리는 일부일처제처럼 사회에 혜택을 주는 특정한 문화적 관습의 사례를 이미 많이 갖고 있다. 그리고 집단 내의 협력이든 집단끼리의 협력이든 이런저런 종류의 경쟁이 저마다 다른 결과를 낳는다는 사실에 관한 일반론들이 있다. 이론적이고 실증적인 이들 심도 있는 정보는 우리 사회가 올바른 방향으로 나아가도록 '자극한다.'

나는 앞서 집단 간 경쟁의 성격이 바뀌고 있다고 썼다. 경쟁의 성격은 갈수록 비군사적이 되어간다. 당초 군사작전에 편의를 제공하면서 진화했던 경제적 경쟁의 비폭력 수단은 자신만의 생명력을 획득했다. 사회는 아주 인상적이고 파괴적인 군사 기계를 만들어내느라 경쟁하지만 시민들에게 더 좋은 생활방식을 제공하려고 겨루기도 한다. 지역을 가리지 않고 사람들은 이제 정부가 삶의 질을 지속적으로 개선해주기를 요구하기 시작했다. 2011~12년의 '아랍의 봄'은 그런 요구가 갑자기 쏟아져나온 지역적 현상이었다(약속은 이루어지지 않고 오히려 '아랍의 겨울'이 되고 말았지만). 그것은 인간성에 대한 위대한 희망이다. 그 희망은 전쟁이 마침내 사라지고 그 자리에 건설적인 경쟁이 확실하게 들어서리라는 것이다.

•••

이 책이 던지는 질문의 요지는 왜 지난 1만 년 동안 규모가 크고 복잡한 사회가 규모가 작은 사회를 밀어냈는가 하는 것이다. 방금 살펴본 대로 규모가 큰 요즘 사회는 생명력이 강한 국가를 건설하여 생산성이 높은 경제를 꾸려가고 있지만 그런 사회의 능력도 자세히 들여다보면 나라마다 천차만별이다. 평범한 사람들이 얼마나 멋진 삶을 누리는지 나라별로 순위를 매긴다면, 생산성이 높고 불평등이 심하지 않고 정치가 안정적이고 범죄율이 낮은 덴마크와 프랑스 같은 나라들이 상위를 차지할 것이다. 그리고 아래쪽에는 아프가니스탄과 아이티 같은 실패한 나라들이 자리할 것이다.

왜 어떤 나라들은 사람들의 기본적인 욕구조차 충족시켜주지 못하는가? 왜 그들의 경제는 기울고 좀처럼 성장하지 못하는가? 사회학자들은 이 문제를 두고 끝없는 토론을 벌였지만, 지금까지 그들은 단 한 가지도 일치된 답을 내놓지 못했다. 이들 경제학자와 사회학자가 현재의 상황이나 가까운 과거에 초점을 맞춰 설명을 찾으려 했기 때문이다. 그러나 현대사회는 10년이나 30년 아니 100년 전쯤에 갑자기 나타난 것이 아니다. 현대사회는 초기 사회부터 수천 년에 거쳐 서서히 진화했다. 이 책에서 우리는 농업혁명부터 차축시대까지 인간사회의 궤적을 추적했다. 살펴본 대로 농업을 시작했다고 해서 즉시 복잡한 사회가 형성된 것은 아니었다. 문화진화가 복잡한 사회를 낳기까지는 보통 몇 천 년의 세월이 필요했다. 요즘은 문화진화의 속도가 빨라졌지만, 연구 결과에 따르면 현대국가의 경제발전과 정치 안정을 좌우하는 것은 수십, 아니 수백 년 전에 만들어진 문화적 혁신과 정치적 결정이다.[200]

그래서 사람들의 삶을 개선하려면 실패한 국가와 실패한 경제를 바로잡고 다시 시작할 방법을 알아내야 한다. 살펴본 대로 핵심은 협력이다. 수많은 사람들이 서로 협력하는 사회는 강한 국가를 만들고 번영하는 경제를 만든다. 협력하지 못하면 국가도 경제도 실패한다. 초협력사회의 수수께끼를 푸는 것, 즉 거대한 익명의 사회에서 협력할 줄 아는 인간의 능력이 진화하는 과정을 이해하는 것이 중요한 것도 그 때문이다.

그렇다고 마치 내가 모든 답을 알고 있는 것처럼 행세할 생각은 없다. 그러나 이 책에서 다루었던 큰 문제들, 즉 협력의 진화, 전쟁의 파괴적인 면과 창조적인 면, 인간 평등의 낯선 궤적 등을 풀어낸다면 어떤 효과적인 정책을 제시하는 데 중요한 걸음이 될 것이다. 지금 우리에게 필요한 것은 협력의 과학을 이용하여 사람들의 삶을 개선하는 수준까지 그것을 개발하는 것이다.

그래서 우리는 이 책의 마지막 주제에 이르게 된다. 어떻게 **하면** 협력의 과학을 개발할 수 있을 것인가? 지켜보았겠지만 이 책에서 다룬 중요한 모든 문제들은 사실상 전문가들의 견해와 일치하지 않는다. 내가 여기서 개발하고 설명한 이론도 수많은 이론 중 하나일 뿐이다. 그런데 왜 내 설명이 옳다고 믿어야 하는가?

사실 나도 여러분이 내 설명을 **믿어주기**를 바라는 것은 아니다. 무엇보다 나는 연구하는 학자이고 그래서 어떤 과학 이론도 궁극적인 '진리'가 될 수 없다는 사실을 누구보다 잘 안다. 나의 과학적 활동의 토대가 되는 자료들을 검토하면서 나는 패러다임의 급격한 변화를 여러 차례 목격했다. 문화진화론도 예외가 아니어서 빠른 속도로 발전을 거듭하고 있다. 하지만 중요한 것은 누구의 아이디어가 **옳은가**가 아니라 그것이 **생산적인가** 하는 점이다. 생산적 아이디어는 자료와 대조할 수 있는 새로운 이론과 가설을 만들어낸다. 자료는 일부 가설을 무너뜨리거나 수정하도록 요구한다. 그런 다음 우리는 그 과정을 반복한다. 독일의 사회학자 에두아르트 베른슈타인Eduard Bernstein

　　　　　　　　　　　10장 인간 진화의 지그재그

은 1898년에 이렇게 말했다. "최종 목표 따위는 중요하지 않다. 중요한 것은 목표를 향한 움직임이다." 최종 목표는 중요하지 않지만, 그 목표를 향해 내딛는 한 걸음은 조금 더 좋은 이론을 가지고 절대적 '진리Truth'에 다가설 수 있게 해준다. 이것이 인간사회가 어떻게 기능하고 변하는지에 관한 우리의 이해가 도달해 있는 현실이다. 우리는 마침내 과학을 이용하여 **이론들을 배제**하기 시작하는 위치에 와 있다.

• •

그런데 왜 과학적 방법은 지금까지 존재해온 모든 이론을 종횡무진하며 이를 제압하지 못하는가? 간단히 대답하자면 자료가 부족했기 때문이다. 사실 자료는 존재했다. 지식은 셀 수 없이 많은 발표되거나 발표되지 않은 논문 곳곳에 흩어져 담겨 있다. 특정 지역과 특정 시대를 전문으로 하는 역사가와 인류학자 들의 머릿속에도 대단한 분량의 지식이 들어 있다. 이 모든 자료를 체계적인 이론 검증에 이용할 수 있도록 만드는 유일한 방법은 인간의 두뇌나 지면에 담긴 내용을 전자매체나 컴퓨터가 인식할 수 있는 매체로 번역하여 옮기는 것뿐이다. 수많은 역사가와 인류학자 들은 과거에 관해 많은 사실을 알려줄 수 있다. 그들의 지식을 모두 모을 수 있다면, 그것은 놀라울 정도로 풍부한 역사의 태피스트리가 될 것이다. 무엇보다도 그렇게 되면 많은 이론을 폐기하고 새롭고 개선된 이론을 정립할 수 있을 것이다.

　미국의 저명한 고고학자이자 역사가이고 고대 이집트와 동양사의

일인자로 1928년에 미국역사협회American Historical Association의 의장이
된 제임스 헨리 브레스테드James Henry Breasted는 1919년에 이렇게 썼다.

그리고 광범위하고 포괄적인 과제가 있다. 역사적 기념물이나 문서 기록
이나 자연 거주지에서 수집한 체계적 사실과 이들 사실의 구성을 거대
한 역사적 문서보관서로 바꾸는 것이다. 지금까지는 그 어느 누구도 여
기저기 흩어져 있는 인간 이야기의 단편들을 한자리에 모은 적이 없었
다. 그러나 이제 그것들은 능률성을 갖춘 조직에 의해 수집되어 한 지붕
아래로 모여야 한다. 그런 다음 역사가들은 그것들을 꺼내어 인간 자신
이 걸어온 길에 관한 이야기를 현대인에게 드러내야 한다. 그 이야기에
서 빠진 것 중 가장 중요한 부분들, 즉 선사시대 수렵채집인의 야만적 생
활에서 벗어나 우리 인간의 문화적 조상들이 초기 문명화된 공동체를 사
회적·윤리적으로 발전시켰던 최초의 이행 과정을 드러내줄 그 부분들은
우리 인류가 걸어온 역정에서 사라진 부분으로, 근동지방에서 나온 일
단의 체계적인 자료들은 그런 역정을 다시 복구할 수 있도록 해줄 것이
다.[201]

브레스테드의 비전은 원대했지만 거의 한 세기 동안 그 비전은 여
전히 미완의 과제였다. 그러나 상황이 달라지고 있다. 재능 있는 과
학자, 역사가, 고고학자, 컴퓨터 과학자 들과 함께 나는 그의 비전을
실현시키기 위해 노력해왔다. 우리는 과거 사회에 대한 우리의 견해
를 바꿀 새로운 도구를 제작하고 있다. 우리는 그것을 **세샤트—지구
사 데이터뱅크**라고 부른다. 세샤트는 고대 이집트의 필사와 기록의

여신, 말 그대로 데이터베이스의 여신이다. 고대 이집트인들은 예를 들어 왕의 통치기간을 햇수로 나타낼 때 세샤트를 그려 표기했다.[202]

우리가 추진하고 있는 프로젝트는 수많은 역사가와 고고학자 들이 보유하고 있는 과거 인간사회에 관한 어마어마한 양의 지식을 체계적으로 정리하고 그것을 인터넷을 통해 모두가 이용할 수 있게 만드는 것이 목표다. 그 작업이 끝나면(이 책을 쓰고 있는 2015년 현재, 우리는 첫 번째 세샤트 데이터 1회분을 분석할 준비를 갖추고 있다), 우리는 인간의 사회적 진화에 관한 경쟁 이론들을 그 어느 때보다 엄밀하게 실증적으로 검토할 수 있게 될 것이다. 내 생각에 지금까지의 설명 중에 이런 새로운 파괴적 창조 과정에서 살아남을 수 있는 이론들은 많지 않을 것으로 보이지만, 아울러 '파괴적 창조' 이론 자체도 상처 없이 버티기는 아마 어려울 것이다.

지금까지 검토한 대로 많은 실증적 작업은 이미 '다수준 문화선택' 이론에 편입되었다. 하지만 세샤트 같은 방대한 역사적 데이터베이스와 대조하는 일은 훨씬 더 감당하기 힘든 작업일 것이다. 물론 과학 이론에 관한 한 언제든 거부당할 수 있다는 것은 하나의 미덕이다. 과학자들은 예언자가 아니고 또 궁극적 진리를 안다고 주장하지도 않는다. 그 반대로 과학은 진리를 향해 한 발짝씩 나아가는 과정이다. 비록 영원히 그곳에 도달하지 못한다 해도 말이다. 우리는 검증할 수 있는 설명을 제시한 다음 자료를 가지고 그 설명과 대조한다. 우리는 어떤 아이디어를 거부하거나 수정한 다음 다른 검증 사이클에 통과시킨다. 그렇게 얻어낸 것이라고 해서 궁극적 진리일 리는 없지만, 그 정도면 꽤 괜찮은 편이다. 과학 덕분에 우리는 갖가지 멋진 것들을 만들어내고 지구를 벗어난 공간까지 손을 뻗을 수 있으며 불치병을 치료 가능한 병으로 바꿀 수 있다. 마찬가지로 인간사회에 관한 연구를 진정한 과학으로 바꿈으로써, 우리는 수많은 사회적 병폐에 대한 치료법을 터득할 것이다.

　이런 방식과 통상적 역사학의 차이는 내가 찬성하는 이론이든 그 이론에 대한 과학적 경쟁 이론이든 모든 이론을 자료의 가혹한 시험대 위에 올리는 것이다. '파괴적 창조' 이론 정도면 썩 괜찮을 것 같다는 것이 내 생각이지만, 그것조차도 다음 몇 해 뒤에나 알게 될 일이다. 결국 우리가 현재 가지고 있는 특별히 과학적인 경쟁 형태의 성격상 우리가 전부 옳을 수는 없다. 모쪼록 가장 괜찮은 아이디어가 승리하기를!

감사의 말

이 책은 구상하는 데만 몇 해가 걸렸다. 그리고 집필하는 도중에도 나는 지적으로나 직업적으로나 개인적으로 많은 분들께 빚을 졌다. 우선 내게 영향을 준 사상가들에게 감사해야겠다. 다른 누구보다도 피트 리처슨과 롭 보이드는 현대 문화진화론의 비조들이었다. 데이비드 슬론 윌슨은 다수준 선택론의 초기 제안자였다. 나는 그를 1983년에 만났지만 그는 1980년대와 1990년대에도 이 주제를 놓지 않고 있었다. 그리고 그 20년은 이 주제에 대한 학계의 비판적 시각이 무척 따가웠던 시기였다. 데이비드는 또한 진화연구소Evolution Institute에서 동료로 함께 일하며 내게 큰 영향을 주었다. 이 연구소에 대해서는 조금 뒤에 설명하겠다. 『인간 진화의 종교』를 쓴 로버트 벨라는 인간 평등의 Z곡선의 비밀을 내게 일러주었다. 잡지 〈종교, 뇌, 행동Religion, Brains, and Behavior〉특별호에서 로버트와 함께했던 작업은 무척 즐거운 추억으로 남았다. 나는 그의 기념비적인 작품을 토론하는 데 흠뻑 빠졌고 그는 내 비평에 정중히 대응함으로써 나를 감동시켰다. 2013년 그가 세상을 떠나기 전에 그를 직접 만나보지 못했던 것은 지금 생각해도 무척 안타깝다. 여러 해 전에 산타페에서 만났던 크리스 보엠은 Z곡선의 지그재그 중 위계적인 대형 유인원부터 대단히 평등했던 수렵채집인에 이르는 첫 번째 '지그'를 이해하는 데 상당한 영향을 끼쳤다.

또한 동료들에게도 감사하다는 말을 하고 싶다. 이 책의 주요 주제를 놓고 그들과 토론을 벌이는 과정에서 나는 생각을 명확하게 정리할 수 있었다. 여기 그 분들의 이름을 소개하는 것으로 감사를 대신한다: 스콧 에이트런Scott Atran, 짐 베넷Jim Bennett, 스베틀라나 보린스카야Svetlana Borinskaya, 로버트 카네로, 크리스 체이스-던Chris Chase-Dunn, 로라 포르투나토Laura Fortunato, 허브 긴티스, 잭 골드스톤Jack Goldstone, 존 하이트Jon Haidt, 톰 홀Tom Hall, 조 헨리크, 마이크 호크버그Mike Hochberg, 돔 존슨Dom Johnson, 팀 콜러Tim Kohler, 안드레이 코로타예프Andrey Korotayev, 니콜라이 크라딘Nikolay Kradin, 리처드 맥컬리스Richard McElreath, 이언 모리스, 세르게이 네페도프, 피터 페레그린Peter Peregrine, 제리와 폴라 사블로프Jerry and Paula Sabloffs, 월터 셰이델, 폴 시브라이트Paul Seabright, 마이크 스미스Mike Smith, 산더르 판데르레이우, 팀 워링Tim Waring, 더그 화이트Doug White, 울리히 비트Ulrich Witt.

협력을 스포츠에 비유해준 케빈 니핀Kevin Kniffin과 괴베클리 테페 고고학에 대한 전문적 지식을 전수해준 옌스 노트로프, 개미의 사회생활을 알려준 데버라 고든Deborah Gordon과 마크 모페트Mark Moffett, 알듯 모를 듯한 『시경』('큰 쥐'에 관한 시, 7장 참조)을 매끄럽게 번역해준 테드 슬린저랜드Ted Slingerland도 정말 고맙다. 언제부터인지 모를 정도로 오랜 세월 내가 즐겨 읽은 SF소설을 쓴 그레고리 벤포드Gregory Benford는 우주정거장에 대해 자세히 설명해주었고 이 책을 지지해주었다.

여러 가지 모델링 프로젝트를 놓고 세르게이 가브릴레츠Sergey Gavrilet와 톰 커리Tom Currie와 함께 한 작업 덕분에 나는 이론에 대한 생각을 다시 한번 예리하게 다듬을 수 있었다.

식사를 같이하는 자리에서 많은 아이디어를 냈던 조 매닝Joe Manning은 고대 이집트에 대해 많은 것을 내게 가르쳐주었을 뿐 아니라 내가 인용한 제임스 헨리 브레스테드의 언급에 관심을 가지도록 조언해주었다. 브레스테드는 한 세기 전에 이미 역사적 데이터베이스 구축의 필요성을 지적한 바 있다(제10장).

이 책을 쓰면서 확실한 제도적 지원을 받을 수 있었던 것은 큰 행운이었다. 우선 내가 몸담고 있는 코네티컷 대학교에 감사하고 싶다. 종신교수가 된 직후 나는 전문 분야를 개체군역학population dynamics에서 역사동역학으로 바꿨지만, 학교 당국은 나를 해고하지 않았다. 덕분에 나는 그 후로 학교의 자비로운 무시를 은근히 즐겼다.

2010년에 데이비드 슬론 윌슨, 제리 리버만Jerry Lieberman과 내가 발족한 비영리 싱크탱크인 진화연구소도 나의 든든한 지지기반이었다. 나는 연구소의 제리 밀러Jerry Miller, 브리태니 시어스Brittany Sears, 질 레빈Jill Levine 등 연구진들로부터 많은 도움을 받았다. 진화연구소는 또한 '세샤트—지구사 데이터뱅크'(제10장 참조)의 터전이 되었다. 특히 이 프로젝트를 시작할 때부터 함께 작업한 하비 화이트하우스와 관리이사회의 피에테 프랑수아Pieter François, 톰 커리, 케빈 피니Kevin Feeney 등 이사 여러분들, 그리고 내 포스닥 조교 댄 호이어Dan Hoyer와 댄 멀린스Dan Mullins, 그리고 현재 내 연구 조교인 에드워드 터너Edward Turner와 애거서 듀페이런Agathe Dupeyron, 그리고 예전에 나의 조교였던 루디 세사레티Rudy Cesaretti에게도 감사의 말을 전하고 싶다.

  세샤트 데이터뱅크 작업은 여러 단체의 지원이 있었기에 가능했다. 우선 존 템플턴 재단John Templeton Foundation은 진화연구소의 "차축 시대 종교와 인간 평등의 Z곡선Axial-Age Religions and the Z-Curve of Human Egalitarianism"이라는 명칭의 프로젝트에 연구보조금을 지급했다. 아울러 트리코스탈 재단Tricoastal Foundation은 진화연구소의 "근대 세계의 깊은 뿌리, 경제성장과 정치적 안정의 문화진화The Deep Roots of the Modern World: The Cultural Evolution of Economic Growth and Political Stability"라는 프로젝트에, 경제사회연구협의회 광역보조기금ESRC Large Grant은 옥스퍼드 대학교의 "의식과 공동체와 갈등Ritual, Community, and Conflict"(REF RES-060-25-0085)에 그리고 유러피언유니언호라이즌 2020European Union Horizon 2020은 연구 및 혁신 프로그램(grant agreement No 644055)에 보조금을 지급했다. 팀을 대신하여 연구 조교와 포스닥 연구원과 컨설턴트와 여러 전문가 들의 헌신적인 공헌에 크게 감사드린다. 게다가 우리는 우리의 협력자들로부터 매우 값진 도움을 받았다. 개인 자격으로 기고해주신 분이나 파트너, 전문가, 컨설턴트와 그들의 전문 분야에 대한 목록은 세샤트 홈페이지(www.seshatdatabank.info)를 참조하기 바란다. 특히 고故 버나드 위너그라드Bernard Winograd를 언급

감사의 말

하지 않을 수 없다. 위너그라드는 나와 심도 있는 여러 차례의 대화를 통해 내 아이디어에 이의를 제기했으며 그의 트리코스탈 재단을 통해 "깊은 뿌리" 프로젝트에 기금을 제공했다. 그가 그립다.

나는 『초협력사회』를 직접 발간하기로 결정한 후, 이 분야의 전문성을 보장해줄 재능 있는 동료들을 모았다. 가장 간편하면서도 가장 좋은 방법은 잡지 〈이온Aeon〉의 편집부 차장인 에드 레이크Ed Lake에게 부탁하는 것이었다. 나는 그가 미국의 장기적인 불평등의 역학에 관해 〈이온〉에 글을 하나 써달라고 내게 부탁했을 때 그를 만난 적이 있었다. 다소 두서없었던 내 초고를 유려하고 논지가 확실한 글로 바꾸어놓는 그의 능력을 보고 나는 깊은 인상을 받았었다. 나는 책 한 권에 해당하는 원고에도 그 같은 도움을 줄 수 있는지 그에게 물었다. 그때만 해도 그의 제안으로 이 책의 구성을 완전히 뒤바꾸고 새로 두 장章을 추가하는 데 더해 별도로 많은 문단까지 추가하게 되리라고는 생각도 못했다. 분명 대단한 작업이었지만 결국 그럴 만한 가치가 있었다는 데 독자 여러분도 동의하기를 바랄 뿐이다. 제목과 부제를 생각해낸 것도 에드였다.

에드를 통해 나는 또다른 유능한 전문가, 말 그대로 언어의 장인을 발견했다. 사이먼 레이놀즈Simon Reynolds였다. 사이먼과 나는 문서 편집과 교열 작업을 두 차례씩 했다. 나 스스로 발행인이 됨으로써 예상했던 대로 일이 더 많아졌는데, 책을 만드는 과정에 직접 개입하는 일을 내가 즐겼다는 것은 예상치 못한 혜택이었다. 나는 이들 두 '날카로운 펜을 든 기사騎士'에게서 많은 것을 배웠고 그들 덕분에 더 좋은 저자가 되었다고 믿는다.

책을 만드는 일의 기술적인 면은 두 재능 있는 폴들Poles이 처리해주었다. 두 사람이 같은 나라 출신이라는 것은 순전히 우연이지만, 그것은 내가 그들을 찾는 데 사용했던 이랜스Elance의 선택 과정에서 벌어진 기이한 우연이었다. 마르타 덱Marta Dec은 표지를 디자인해주었고 끝도 없을 것 같았던 수정 작업을 인내심을 가지고 도와주었다. 이 일을 하면서 나는 급조된 운영위원회의 도움을 받았다. 에드 레이크와 조 브루어Joe Brewer, 댄 멀린스, 댄 호이어, 로버트 크로이츠바우어Robert Kreuzbauer 등이 운영위원으로 도움을 주었다. 그제고르스 라슈지크Grzegorz Laszczyk는 크리에이트스페이스CreateSpace에서 페이퍼백으로, 아마존과 스매시워즈Smashwords에서 전자책으로 출간하는 데 맞춰 세 가지 판형으로 원고를 식자했다.

피트 리처슨, 조 브루어, 댄 멀린스는 초고를 읽고 소중한 피드백을 제공해주었다. 독자들이 4장에 나오는 프라이스 방정식을 이해했다면, 그것은 순전히 댄 덕분이다(그러니 혹시 이해하지 못했더라도 나를 탓하지는 말기를).

좀더 실존적인 면에서 말하자면, 2011년 5월에 세인트루이스에서 있었던 잊지 못할 식사 자리에서 나에게 원시인 식단Paleo diet을 적극 권한 마이클 로즈Michael Rose에게 감사하고 싶다. 내 라이프스타일에서 그런 변환이 없었다면, 나는 이 책을 쓰고 출간하는 데 필요한 기력과 건강을 갖지 못했을 것이다.

물론 가장 가슴속 깊이 감사를 바쳐야 할 사람은 언제나 그렇듯 내아내 올가Olga다. 그녀의 현명한 비판과 헌신적인 격려가 없었다면 이 책은 물론이고 내 인생 자체가 무척이나 초라해졌을 것이다.

주

1 Nancy Atkinson, "It Turns Out Some Borders *Are* Visible from Space," *Universe Today*, September 8, 2011, http://www. universetoday.com/88740/it-turns-out-some-borders-are-visible-from-space/

2 Lydia Smith, "United Nations Day 2014: Five Greatest Achievements of the UN Since 1945," *International Business Times*, October 24, 2014.

3 Seabright, P. (2004). *The Company of Strangers*. Princeton, Princeton University Press.

4 Pieter François, Joseph Manning, Harvey Whitehouse, Robert Brennan, Thomas Currie, Kevin Feeney, and Peter Turchin, "A Macroscope for Global History. Seshat Global History Databank: A Methodological Overview," *Cliodynamics*, Vol. 6 (2015), pp. 77-107 (forthcoming).

5 Emile Male, *The Gothic Image: Religious Art in France of the Thirteenth Century*, New York: Harper and Row, 1972, pp. 322-24.

6 Oliver Dietrich, Manfred Heun, Jens Notroff, Klaus Schmidt, and Martin Zarnkow, "The Role of Cult and Feasting in the Emergence of

Neolithic Communities. New Evidence from Gobekli Tepe, South-Eastern Turkey," *Antiquity*, Vol. 86 (2012), pp. 674-95.

7 그의 웹사이트를 보라. http://megalithmovers.org/

8 Jens Notroff, Oliver Dietrich, and Klaus Schmidt, "Building Monuments, Creating Communities: Early Monumental Architecture and Pre-Pottery Neolithic Gobekli Tepe," in *Approaching Monumentality in Archaeology*, James F. Osborne (ed.), Stony Brook, NY: State University of New York Press, 2014, pp. 83-105.

9 다음에 인용됨. Jens Notroff, Oliver Dietrich, and Klaus Schmidt, "Building Monuments, Creating Communities: Early Monumental Architecture and Pre-Pottery Neolithic Gobekli Tepe," in *Approaching Monumentality in Archaeology*, James F. Osborne (ed.), Stony Brook, NY: State University of New York Press, 2014, pp. 83-105.

10 초사회성이란 용어가 처음 사용된 곳은 사회심리학자 도널드 T. 캠벨(Donald T. Campbell)이 쓴 다음 논문이었다. "The Two Distinct Routes Beyond Kin Selection to Ultrasociality: Implications for the Humanities and Social Science," in *The Nature of Prosocial Development: Theories and Strategies*, D. Bridgeman (ed.), New York: Academic Press, 1983, pp. 11-39. (E. O. Wilson은 곤충과 인간 모두에 진사회성이라는 용어를 사용하지만, 이 말은 표준용어가 아니다.)

11 Edward O. Wilson, *The Social Conquest of Earth*, New York: W. W. Norton, 2012, p. 112.

12 Nriagu, J. O. (1983). *Lead and Lead Poisoning in Antiquity*. New York, Wiley.

13 Alexander Demandt, *Der Fall Roms: Die Auflösung Des Römischen Reiches Im Urteil Der Nachwelt*, Munich: Beck, 1984.

14 다음을 참조. Turchin, P. (2003). *Historical Dynamics: Why States Rise and Fall*. Princeton, NJ, Princeton University Press; and Turchin, P.

(2008). "Arise 'cliodynamics'." *Nature* 454: 34-35.

15   Barr, Daniel P. *Unconquered: The Iroquois League at War in Colonial America*. New York: Praeger, 2006, pp. 29-34.

16   Thomas Wentworth Higginson, *A Book of American Explorers*, p. 307. *Annals of New Netherland* by A. J. F. van Laer: 다음도 보라. http://www.newnetherlandinstitute.org/files/1213/5067/2997/1999. pdf.

17   다시 말해 문화적으로 멸종되었다. 모히칸의 후손들은 위스콘신주 스톡브리지-먼시 커뮤니티에서 명맥을 유지하고 있다.

18   Ferguson, B. R. and N. L. Whitehead, Eds. (1992). *War in the tribal zone*. Santa Fe, New Mexico, School of American Research Press; 그리고 보다 최근에는 Ferguson, R. B. (2013). *Pinker's List: Exaggerating Prehistoric War Mortality. War, Peace, and Human Nature: The Convergence of Evolutionary and Cultural Views*. D. P. Fry. Oxford, Oxford University Press: 112-131.

19   Milner, G. R. (1999). "Warfare in Prehistoric and Early Historic Eastern North America." *Journal of Anthropological Research* 7: 105-151.

20   Milner, G. R. (1999). "Warfare in Prehistoric and Early Historic Eastern North America." *Journal of Anthropological Research* 7: 105-151. 규모가 작은 사회 간 전쟁에서의 일반적인 사망률에 대한 논의는 다음 자료 참조. Keely, L. H. (1997). *War Before Civilization: The Myth of the Peaceful Savage*. New York, Oxford University Press. Bowles, S. (2009). "Did Warfare Among Ancestral Hunter-Gatherers Affect the Evolution of Human Social Behaviors?" *Science* 324: 1293-1298. Fry, D. P., Ed. (2013). *War Peace, and Human Nature: The Convergence of Evolutionary and Cultural Views*. Oxford, Oxford University Press.

21   Maschner, Herbert, and Owen K. Mason. "The Bow and Arrow in Northern North America." *Evolutionary Anthropology* 22, no. 3 (2013): 133-38.

22   Chatters, James C. "Wild-Type Colonizers and High Levels of

Violence among Paleoamericans." In *Violence and Warfare among Hunter-Gatherers*, edited by Mark W. Allen and Terry L. Jones, 70-96. Walnut Creek: Left Coast Press, 2014.

23 David Keys. "Saharan remains may be evidence of first race war, 13,000 years ago." *The Independent* (July 14, 2014).

24 Kelly, Raymond C. "The Evolution of Lethal Intergroup Violence." *Proceedings of the National Academy of Sciences* 102, no. 43 (October 25, 2005): 15294-15298.

25 Walker, Phillip L. "A Bioarchaeological Perspective on the History of Violence." *Annual Review of Anthropology* 30 (2001): 573-96.

26 Gat, Azar. "Proving Communal Warfare among Hunter-Gatherers: The Quasi-Rousseauan Error." *Evolutionary Anthropology* 24 (2015): 111-26.

27 Thomas, E. *The Harmless People*. New York: Knopf, 1959; Briggs, J. *Never in Anger*. Cambridge, MA: Harvard University Press, 1970.

28 Gat, Azar. "Proving Communal Warfare among Hunter-Gatherers: The Quasi-Rousseauan Error." *Evolutionary Anthropology* 24 (2015): 111-26.

29 Childe, V. G. 1950. "The Urban Revolution." *Town Planning Review* 21:3-17.

30 White, L. 1959. *The Evolution of Culture*. McGraw-Hill, New York.

31 Service, E. R. 1962. *Primitive Social Organization: an Evolutionary Perspective*. Random House, New York. 사회 협력에 관한 로버트 라이트(Robert Wright)의 소위 '견인(농업을 비롯한 경제)'과 '압력(전쟁)' 이론에 대해서는 다음 자료 참조. Wright, R. 2001. *Nonzero: The Logic of Human Destiny*. Vintage, New York.

32 Wittfogel, Karl August. *Oriental Despotism: A Comparative Study of Total Power*. Oxford: Oxford University Press, 1957.

33 Oppenheimer, Franz. *The State: Its History and Development Viewed Sociologically*. New York: Free Life Editions, 1975.

34 Richerson, Peter J., and Robert Boyd. "The Darwinian Theory of Human Cultural Evolution and Gene-Culture Coevolution." In *Evolution since Darwin: The First 150 Years*, edited by M.A. Bell, D. J. Futuyma, W. F. Eanes and J. S. Levinton, 561-88: Sinauer, 2010.

35 Richerson and Boyd, "The Darwinian Theory of Human Cultural Evolution and Gene-Culture Coevolution."

36 Lumsden, Charles J., and Edward O. Wilson. *Genes, Mind, and Culture: The Coevolutionary Process*. Cambridge, MA: Harvard University Press, 1981. Cavalli-Sforza, Luigi L., and Marcus W. Feldman. *Cultural Transmission and Evolution: A Quantitative Approach*. Princeton: Princeton University Press, 1981. Boyd, R., and P. J. Richerson. *Culture and the Evolutionary Process*. Chicago, IL: University of Chicago Press, 1985.

37 Richerson, Peter J., and Robert Boyd. "A Dual Inheritance Model of the Human Evolutionary Process I: Basic Postulates and a Simple Model." *Journal of Social and Biological Structures* 1, no. 2 (1978): 127-54.

38 Richerson, Peter J., and Morten H. Christiansen, eds. *Cultural Evolution: Society, Technology, Language, and Religion* (Strüngmann Forum Reports): MIT Press, 2013.

39 Tocqueville, A. de (1984). *Democracy in America*. Garden City, NJ, Anchor Books, Chapter 5.

40 Barfield, Thomas. *Afghanistan: A Cultural and Political History*. Princeton, NJ: Princeton University Press, 2010, p. ix.

41 Barfield, T. (2010). *Afghanistan: A Cultural and Political History*. Princeton, NJ, Princeton University Press.

42 Turchin, P. (2006). *War and Peace and War: The Life Cycles of Imperial Nations*. NY, Pi Press, Part II.

43 다음에서 인용. Reinert H. and E. S. Reinert. "Creative Destruction in Economics: Nietzsche, Sombart, Schumpeter." In Friedrich

Nietzsche(1844-1900). *The European Heritage in Economics and the Social Sciences*. Volume 3., edited by Jurgen G. Backhaus and Wolfgang Drechsler, 55-85. New York: Springer, 2006.

44 다음에서 인용. Reinert and Reinert (2006).

45 Reinert, Hugo, and Erik S. Reinert. "Creative Destruction in Economics: Nietzsche, Sombart, Schumpeter." In Friedrich Nietzsche (1844-1900). *The European Heritage in Economics and the Social Sciences*. Volume 3., edited by Jurgen G. Backhaus and Wolfgang Drechsler, 55-85. New York: Springer, 2006.

46 Eichenwald, Kurt. *Conspiracy of Fools*. New York: Broadway Books, 2005, p. 28.

47 Bryce, Robert. *Pipe Dreams: Greed, Ego, and the Death of Enron*. New York: Public Affairs, 2002, p. 48.

48 Zellner, Wendy. "Jeff Skilling: Enron's Missing Man." *Businessweek* (February 10, 2002).

49 Bryce, Robert. *Pipe Dreams: Greed, Ego, and the Death of Enron*. New York: Public Affairs, 2002, pp. 128-29.

50 Johnson, Eric M. "Survival of the Kindest." *Seed Magazine* (September 24, 2009).

51 Zellner, Wendy. "The Fall of Enron." *Businessweek* (December 16, 2001).

52 Peter Cohan. "Why Stack Ranking Worked Better at GE Than Microsoft." *Forbes Magazine* (July 13, 2012).

53 Fraser, Douglas. "Resignation Letter from the Labor-Management Group. July 17, 1978."

54 McCarty, Nolan, Keith T. Poole, and Howard Rosenthal. *Polarized America: The Dance of Ideology and Unequal Riches*. Boston: MIT Press, 2006; Turchin, Peter. "Modeling Social Pressures toward Political Instability." *Cliodynamics* 4 (2013): 241-80.

55 Putnam, R. D. (2000). *Bowling Alone: The Collapse and Revival of*

American Community. New York, Simon and Schuster.

56   Bishop, B. (2008). *The Big Sort: Why the Clustering of Like-Minded America Is Tearing Us Apart*. Boston, Houghton Mifflin.

57   From *The Fountainhead*.

58   Source: http://www.americanrhetoric.com/MovieSpeeches/ moviespeechwallstreet.html

59   Phillips, Kevin. *Wealth and Democracy: A Political History of the American Rich*. New York: Broadway Books, 2002, 특히 Chapters 7 and 8.

60   "The Strange Disappearance of Cooperation in America," by Peter Turchin, *Social Evolution Forum* (June 21, 2013).

61   Richard Conniff. "Animal Instincts." *The Guardian* (May 27, 2006)

62   Dawkins, Richard. 1976. *The Selfish Gene*. New York: Oxford University Press (p. 3).

63   Williams, George C. (1988). "Reply to comments on 'Huxley's Evolution and Ethics in Sociobiological Perspective'." *Zygon* 23 (4): 437-438.

64   Dawkins, Richard. *The God Delusion*. Mariner Books: New York, 2008.

65   Dawkins, Richard. *The God Delusion*. Mariner Books: New York, 2008, pp. 219-20.

66   Dawkins, Richard. *The God Delusion*. Mariner Books: New York, 2008, p. 221.

67   Buchanan, J. M. (2000). "Group Selection and Team Sports." *Journal of Bioeconomics* 2: 1-7.

68   물론 대학 농구선수들은 보수를 받지 않는다. 따라서 이것은 하나의 사고실험일 뿐이다.

69   Wiseman, F. and S. Chatterjee (2003). "Team payroll and team performance in Major League Baseball: 1985-2002." *Economics Bulletin* 1(2): 1-10.

70 Bucciol, A. and M. Piovesan (2012). "Pay Dispersion and Work Performance." Harvard Business School Working Paper 12-075. Yamamura, E. (2012). "Wage Disparity and Team Performance in the Process of Industry Development: Evidence From Japan's Professional Football League." *Journal of Sports Economics* 1: 1-102.

71 Annala, C. N. and J. Winfree (2011). "Salary distribution and team performance in Major League Baseball." *Sport Management Review* 14: 167-175.

72 Wiseman, F. and S. Chatterjee (2003). "Team payroll and team performance in Major League Baseball: 1985-2002." *Economics Bulletin* 1(2): 1-10, Table 3.

73 Lazear, E. P. and K. L. Shaw (2007). "Personnel Economics: The Economist's View of Human Resources." *Journal of Economic Perspectives* 21(4): 91-114.

74 Boning, Brent, Casey Ichniowski, and Kathryn Shaw. "Opportunity Counts: Teams and the Effectiveness of Production Incentives. Nber Working Paper 8306." (2001).

75 Bucciol, A. and M. Piovesan (2012). "Pay Dispersion and Work Performance." Harvard Business School Working Paper 12-075.

76 https://en.wikipedia.org/wiki/Association_football_league_system_in_Italy, https://en.wikipedia.org/wiki/FIFA_Club_World_Cup_records_and_statistics, 두 사이트 모두 2015년 11월 7일에 조회.

77 Steward, J. H. (1955). *Theory of Culture Change: the Methodology of Multilinear Evolution*. Urbana, University of Illinois.

78 Dawkins, Richard. *The Selfish Gene*. New York: Oxford University Press, 1976.

79 Dawkins, Richard. *The Selfish Gene*. New York: Oxford University Press, 1976, pp. 206-07.

80 Henrich, J., et al. (2008). "Five Misundersandings about Cultural Evolution." *Human Nature* 19: 119-137. 아울러 다음 자료도 참조할

것. Henrich, J. (2016). *The Secret of Our Success: How Culture Is Driving Human Evolution, Domesticating Our Species, and Making Us Smarter*. Princeton University Press. 이 책은 문화진화에 관한 신간으로 내 책이 막 인쇄에 들어갔을 즈음 출간되었다.

81   이 주제에 대해서는 다음 자료 참조. Tomasello, M. (2008). *Origins of Human Communication*. Cambridge, MA, MIT Press; Carey, S. (2009). *The Origin of Concepts*. New York, Oxford University Press; and Laland, K. N. and G. Brown (2011). *Sense and Nonsense: Evolutionary Perspectives on Human Behaviour*. 2nd Edition. Oxford, Oxford University Press.

82   Fukuyama, F. (1995). *Trust: The Social Virtues and Creation of Prosperity*. New York, Free Press.

83   Gambetta, D. (1988). *Trust: Making and Breaking Cooperative Relations*. Oxford, Basil Blackwell; Putnam, R. D. (2000). *Bowling Alone: The Collapse and Revival of American Community*. New York, Simon and Schuster; and Uslaner, E. M. (2002). *The Moral Foundations of Trust*. Cambridge, Cambridge University Press.

84   Uslaner, E. M. (2002). *The Moral Foundations of Trust*. Cambridge, Cambridge University Press.

85   Fukuyama, F. (1995). *Trust: The Social Virtues and Creation of Prosperity*. New York, Free Press.

86   겁쟁이가 성관계를 거부당하는 벌을 받고, 살아남은 영웅이 성관계로 보상을 받는다면 이런 경향이 취소될 수 있다는 주장에는 동의할 수 없다. 나는 이런 경향이 협조자의 2차 딜레마라는 점을 강조하고 싶다. 겁쟁이를 벌하고 영웅에게 보상하는 것은 집단선택으로 진화하는 집단 차원의 문화 특성이다. 이 문제를 이런 식으로 생각해보라. 영웅과 결혼하는 여성이 아들을 낳으면 그 아들은 영웅의 유전자를 물려받기 때문에 전선의 맨 앞에 나가 전사한다.

87   프라이스 방정식에 대해서는 다음 자료를 참조하기 바란다. Gintis, H. (2000). *Game Theory Evolving: A Problem-Centered Introduction*

to Modeling Strategic Interaction. Princeton, Princeton University Press; Bowles, S. (2004). *Microeconomics: Behavior, Institutions, and Evolution*. Princeton, Princeton University Press; McElreath, R. and R. Boyd (2007). *Mathematical Models of Social Evolution*. Chicago, University of Chicago Press. 매컬리스와 보이드도 프라이스 방정식의 유도 과정을 설명한다. 다수준 선택에 관해 철학자가 내놓은 탁월한 논의는 다음 자료 참조. Okasha, S. (2007). *Evolution and the Levels of Selection*. New York, Oxford University Press.

88 언어로 된 이론을 수학적 모형으로 번역해놓으면 언어 논리가 얼마나 사람을 헷갈리게 만드는지 알 수 있다. 그런 사례로는 다음 자료 참조. Chapter 2 of Turchin, P. (2003). *Historical Dynamics: Why States Rise and Fall*. Princeton, NJ, Princeton University Press.

89 Richerson, P. J. and M. H. Christiansen, Eds. (2013). *Cultural Evolution: Society, Technology, Language, and Religion* (Strüngmann Forum Reports), MIT Press.

90 Richerson, P. J. and R. Boyd (2005). *Not by Genes Alone: How Culture Transformed Human Evolution*. Chicago, University of Chicago Press, Chapter 4; Richerson, P. J. and M. H. Christiansen, Eds. (2013). *Cultural Evolution: Society, Technology, Language, and Religion* (Strungmann Forum Reports), MIT Press.

91 막연한 말 같지만 협력이 진화하려면 협력자들부터 적극적으로 분류해야 한다. 다시 말해 협력자들은 다른 유형보다는 같은 협력자끼리 더 자주 영향을 주고받는다.

92 http://en.wikipedia.org/wiki/Aroldis_Chapman, 2014년 7월 16일에 조회.

93 Roach, N. T., et al. (2013). "Elastic energy storage in the shoulder and the evolution of high-speed throwing in Homo." *Nature* 498: 483-487.

94 다음의 『네이처』 비디오를 보라. "Why chimps don't play baseball" http://bcove.me/zp88wwj2.

95 Roach, N. T., et al. (2013). "Elastic energy storage in the shoulder and the evolution of high-speed throwing in Homo." *Nature* 498: 483-487.

96 Gintis, H. and C. van Schaik (2013). "Zoon Politicon: The Evolutionary Roots of Human Sociopolitical Systems." *Cultural Evolution: Society, Technology, Language, and Religion*. P. J. Richerson and M. H. Christiansen, Eds. Cambridge, MA, MIT Press: 25-44.

97 "When Did the Human Mind Evolve to What It is Today?" by Erin Wayman, *Smithsonian Magazine* (June 25, 2012).

98 Pobiner, B. (2013). "Evidence for Meat-Eating by Early Humans." *Nature Education Knowledge* 4(6): 1.

99 Brown, K. S., et al. (2012). "An early and enduring advanced technology originating 71,000 years ago in South Africa." *Nature* 491(7425): 590-593.

100 Gintis, H. and C. van Schaik (2013). "Zoon Politicon: The Evolutionary Roots of Human Sociopolitical Systems." *Cultural Evolution: Society, Technology, Language, and Religion*. P. J. Richerson and M. H. Christiansen, Eds. Cambridge, MA, MIT Press: 25-44.

101 그런 반란의 현장을 녹음테이프에 담은 적이 있다. 2011년에 아프리카 탕가니카 호수 근처에 서식하던 한 침팬지 무리의 우두머리 수컷인 피무(Pimu)는 힘을 합친 수컷 네 마리에 의해 맞아죽었다. 다음 자료 참조. "Gang of chimpanzees kills their alpha male," by Rowan Hooper (*The New Scientist*, March 7, 2013).

102 Walker, P. L. (2001). "A Bioarchaeological Perspective on the History of Violence." *Annual Review of Anthropology* 30: 573-596.

103 Boehm, C. (2001). *Hierarchy in the Forest: The Evolution of Egalitarian Behavior*. Harvard, Harvard University Press.

104 다음을 보라. "Gang of chimpanzees kills their alpha male," by Rowan

Hooper (*The New Scientist*, March 7, 2013).

105 다음에서 인용. Boehm, C. (2001). *Hierarchy in the Forest: The Evolution of Egalitarian Behavior*. Harvard, Harvard University Press, p. 179.

106 발렌시아 북쪽 싱글레 데 라 몰라 레미히아에 있는 동굴벽화 아브릭 V.

107 Waal, F. B. M. d. (2007). *Chimpanzee Politics: Power and Sex among Apes*. Baltimore, MD, Johns Hopkins University Press.

108 Byrne, R. W. and A. Whiten (1988). *Machiavellian Intelligence: Social Expertise and the Evolution of Intellect in Monkeys, Apes, and Humans*. Oxford, Clarendon. Alexander, R. D. (1990). *How Did Humans Evolve? Reflections on the Uniquely Unique Species*. Ann Arbor, Museum of Zoology, University of Michigan. Gavrilets, S. and A. Vose (2006). "The dynamics of Machiavellian intelligence." PNAS 103: 16823-16828. Dunbar, R. I. M. and S. Shultz (2007). "Evolution in the social brain." *Science* 317: 1344-1347.

109 언어와 협력의 연관성에 관해서는 다음 자료 참조. Tomasello, M. (2008). *Origins of Human Communication*. Cambridge, MA, MIT Press; and Richerson, P. J. and R. Boyd (2010). "Why Possibly Language Evolved. Submitted for Special Issue of Biolinguistics on Explaining the (in)variance of human language: Divergent views and converging evidence."

110 Boehm, C. (2001). *Hierarchy in the Forest: The Evolution of Egalitarian Behavior*. Harvard, Harvard University Press, p. 8.

111 Fehr, E. and S. Gachter (2000). "Cooperation and Punishment in Public Goods Experiments." *American Economic Review* 90: 980-994. Henrich, J. (2008). "Cooperation, Punishment, and the Evolution of Human Institutions." *Science* 312: 60-61.

112 개미의 전쟁에 대해서는 다음 논문에 아주 자세히 설명되어 있다. Mark Moffett: Moffett, M. W. (2011). "Ants and the Art of War."

Scientific American December: 84-89.

113 Meggit, M. (1977). *Blood is Their Argument: Warfare Among the Mae Enga Tribesmen of the New Guinea Highlands*. Palo Alto, CA, Mayfield Publishing Co. Wiessner, P. (2006). "The impact of egalitarian institutions on warfare among the Enga: An ethnohistorical perspective." *Warfare and Society: Archaeological and Social Anthropological Perspectives*. T. Otto, H. Thrane and H. Vandkilde, Eds. Aarhus, Aarhus University Press: 167-185.

114 Wiessner, P. (2006). "The impact of egalitarian institutions on warfare among the Enga: An ethnohistorical perspective," p. 172.

115 Meggit, M. (1977). *Blood is Their Argument: Warfare Among the Mae Enga Tribesmen of the New Guinea Highlands*, p. 36.

116 후자의 견해에 대해서는 다음 사이트 참조. antiwar.com.

117 Richardson, L. F. (1960). *Statistics of Deadly Quarrels*. Pacific Grove, CA, Boxwood Press.

118 Lieberman, V. (2010). *Strange Parallels: Southeast Asia in Global Context, c.800-1830*. Volume II: Mainland Mirrors, Europe, China, South Asia, and the Islands. Cambridge, Cambridge University Press., pp. 355-56.

119 Nettle, D. (1999). *Linguistic Diversity*. New York, Oxford University Press.

120 Nichols, J. (1992). *Linguistic Diversity in Space and Time*. Chicago, University of Chicago Press.

121 마에엥가의 전쟁을 연구한 머빈 메기트가 그런 학자다. 다음 자료 참조. Meggit, M. (1977). *Blood is Their Argument: Warfare Among the Mae Enga Tribesmen of the New Guinea Highlands*. Palo Alto, CA, Mayfield Publishing Co., p. vii.

122 Turney-High, H. H. (1971). *Primitive War: Its Practice and Concepts* (2nd edition). Columbia, SC, University of South Carolina Press, p. 255.

123 Keely, L. H. (1997). *War Before Civilization: The Myth of the Peaceful Savage*. New York, Oxford University Press.

124 Keely, L. H. (1997). War Before Civilization: The Myth of the Peaceful Savage. New York, Oxford University Press. p. 74.

125 Turney-High, H. H. (1971). *Primitive War: Its Practice and Concepts* (2nd edition). Columbia, SC, University of South Carolina Press, p. 7.

126 이것은 전염병처럼 전쟁 이외의 원인으로 죽은 경우와는 다르다. 20세기 전까지 가장 큰 사망 원인은 질병이었다. 예를 들어 미국 독립전쟁에서는 총탄이나 포탄에 죽은 병사보다 질병이나 굶주림으로 죽은 병사의 수가 더 많았다. 다음 자료 참조. Holmes, R., Ed. (2001). *The Oxford Companion to Military History*. Oxford, Oxford University Press.

127 Holmes, R., Ed. (2001). *The Oxford Companion to Military History*. Oxford, Oxford University Press.

128 O'Ryan, J. F. (1921). *The Story of the 27th Division*. New York, Wynkoop Hallenbeck Crawford Co.

129 Parker, G., Ed. (2005). *The Cambridge History of Warfare*. Cambridge, Cambridge University Press.

130 '서구의 승리'는 앞서 소개한 파커의 책의 부제다. 다음 자료 참조. Parker, *The Cambridge Illustrated History of Warfare: The Triumph of the West* (1995).

131 다음 자료의 책 설명에서 인용. Parker, G., Ed. (2005). *The Cambridge History of Warfare*. Cambridge, Cambridge University Press.

132 King, J. (1809). *The Voyages of Captain James Cook Round the World*. Volume 7, Book 5. Captain King's Journal of the Transactions on Returning to the Sandwich Islands. London, Richard Phillips, p. 3.

133 King, J. (1809). *The Voyages of Captain James Cook Round the World*. Volume 7, Book 5. Captain King's Journal of the Transactions on Returning to the Sandwich Islands. London, Richard Phillips, pp.

138-40.

134 King, J. (1809). *The Voyages of Captain James Cook Round the World*. Volume 7, Book 5. Captain King's Journal of the Transactions on Returning to the Sandwich Islands. London, Richard Phillips, p. 116.

135 이후의 진술은 다음 자료 제2장 바로 뒤에 나온다. Kirch, P. V. (2010). *How Chiefs Became Kings: Divine Kingship and the Rise of Archaic States in Ancient Hawai'i*. Berkeley, University of California Press.

136 Kirch, P. V. (2010). *How Chiefs Became Kings: Divine Kingship and the Rise of Archaic States in Ancient Hawai'i*. Berkeley, University of California Press, p. 38.

137 다음에서 인용. Kirch, P. V. (2010). *How Chiefs Became Kings: Divine Kingship and the Rise of Archaic States in Ancient Hawai'i*. Berkeley, University of California Press, p. 39.

138 Kirch, P. V. (2010). *How Chiefs Became Kings: Divine Kingship and the Rise of Archaic States in Ancient Hawai'i*. Berkeley, University of California Press, p. 41.

139 Trigger, B. G. (2003). *Understanding Early Civilizations*. Cambridge, Cambridge University Press, p. 484.

140 Kirch, P. V. (2010). *How Chiefs Became Kings: Divine Kingship and the Rise of Archaic States in Ancient Hawai'i*. Berkeley, University of California Press, p. 41.

141 Singh, U. (2008). *A History of Ancient and Early Medieval India: From the Stone Age to the 12th Century*. New Delhi, Pearson Eduction, p. 201.

142 Shijing (1998). *Shi Jing: The Book of Odes*. 300편 이상의 노래와 송가와 찬가 등을 모은 가장 오래된 시가집. 제임스 레그(James Legge)가 번역한 책 I. 9. (113). 나는 'large rats(큰 쥐들)'을 'large rat(큰 쥐)'로 바꿨다. 원래의 한자 '碩鼠'는 어느 쪽으로 옮겨도 상관없다.

143 나는 에드워드 슬린저랜드(Edward Slingerland) 덕분에 이 부분의 요

지를 분명히 파악할 수 있었다.

144 Kirch, P. V. (2010). *How Chiefs Became Kings: Divine Kingship and the Rise of Archaic States in Ancient Hawai'i*. Berkeley, University of California Press, p. 128.

145 Bellwood, P. (2005). *First Farmers: The Origins of Agricultural Societies*. Oxford, Blackwell, Figure 7.4.

146 예를 들어 다음 자료의 도표를 참조할 것. Table 2.1 of Morris, I. (2013). *War! What is it Good For?*

147 다음을 보라. Scott, J. C. (2009). *The Art of Not Being Governed: An Anarchist History of Upland Southeast Asia*. New Haven, CT, Yale University Press.

148 van der Leeuw, S. E. (1981). *Information Flows, Flow Structures, and the Explanation of Change in Human Institutions. Archaeological Approaches to the Study of Complexity*. S. E. van der Leeuw. Amsterdam, Cingula 6: 229-329. 국립수학및합성생물학연구소 (National Institute for Mathematical and Biological Synthesis)에서 2012년 2월에 열린 워크숍 "Investigative Workshop on Modeling Social Complexity"에서 발표한 글이다.

149 Flannery, K. and J. Marcus (2012). *The Creation of Inequality: How Our Prehistoric Ancestors Set the Stage for Monarchy, Slavery, and Empire*. Cambridge, MA, Harvard University Press, p. 191.

150 Haidt, J. (2006). *The Happiness Hypothesis: Finding Modern Truth in Ancient Wisdom*. New York, Basic Books.

151 Oppenheimer, F. (1975). *The State: Its History and Development Viewed Sociologically*. New York, Free Life Editions, p. 8.

152 Beliaev, D. D., et al. (2001). "Origins and Evolution of Chiefdoms." *Reviews in Anthropology* 30: 373-395, Table 1.

153 Carneiro, R. L. (2000). *The Muse of History and the Science of Culture*. New York, NY, Kluwer Academic, P. 184.

154 토이토부르크 숲의 대전투와 이 전투가 이후 게르만 왕국들의 발흥

에 기여한 역할에 관해서는 다음 자료 제4장 참조. Turchin, P. (2006). *War and Peace and War: The Life Cycles of Imperial Nations*. NY, Pi Press.

155 다음을 보라. Chapter 4 in Turchin, P. (2006). *War and Peace and War: The Life Cycles of Imperial Nations*. NY, Pi Press.

156 나와 나의 동료 안드레이 코로타예프(Andrey Korotayev)는 이 결과를 수학적으로 모형화했다. 다음 자료 참조. Turchin, P. and A. Korotayev (2006). "Population Dynamics and Internal Warfare: a Reconsideration." *Social Science and History* 5(2): 121-158.

157 Bowles, S. and J.-K. Choi (2013). "Coevolution of farming and private property during the early Holocene." *Proceedings of the National Academy of Sciences* 110(22): 8830-8835. 이 자료는 농사와 사유재산의 공진화가 일어날 수 있는 방식에 대한 수학적 모형을 개발했다.

158 마태의 원리에 대해서는 다음 자료의 제4장을 참조. Turchin, P. (2006). *War and Peace and War: The Life Cycles of Imperial Nations*. NY, Pi Press. 토마 피케티(Thomas Piketty)는 현대 자본주의 사회에서 빈익빈 부익부 현상이 심해지는 이유를 설명한다. 다음 자료 참조. Piketty, T. (2014). *Capital in the Twenty-First Century*. Cambridge, MA, Belknap Press.

159 업적 기반의 리더십에 따라 움직이는 빅맨 사회에 관해서는 다음을 보라. Part II of Flannery, K. and J. Marcus (2012). *The Creation of Inequality: How Our Prehistoric Ancestors Set the Stage for Monarchy, Slavery, and Empire*. Cambridge, MA, Harvard University Press.

160 Bellah, R. N. (2011). *Religion in Human Evolution: From the Paleolithic to the Axial Age*. Cambridge, MA, Harvard University Press, p. 261.

161 The Fourth Pillar Edict of Ashoka: Dhammika, S. (1994). *The Edicts of King Asoka. A Theravada Library*. 나는 'Rajjuka'를 'magistrate(판

관)'로 옮겼다.

162   Seniviratna, A., Ed. (1994). *King Aśoka and Buddhism: Historical and Literary Studies*. Kandy, Sri Lanka, Buddhist Publication Society. 아소카에 대한 이후의 설명은 주로 이 자료에 실린 곰브리치의 논문을 참고했다.

163   The Thirteenth Rock Edict of Ashoka: Dhammika, S. (1994). *The Edicts of King Asoka*. A Theravada Library.

164   Gombrich in Seniviratna, A., Ed. (1994). *King Aśoka and Buddhism: Historical and Literary Studies*. Kandy, Sri Lanka, Buddhist Publication Society.

165   Breasted, J. H. (1919). "The Oriental Institute of the University of Chicago." *American Journal of Semitic Languages and Literatures* 35(4), pp. 110-12.

166   Gombrich in Seniviratna, A., Ed. (1994). *King Aśoka and Buddhism: Historical and Literary Studies*. Kandy, Sri Lanka, Buddhist Publication Society.

167   8장을 보라.

168   Bellah, R. N. (2011). *Religion in Human Evolution: From the Paleolithic to the Axial Age*. Cambridge, MA, Harvard University Press, p. 261.

169   Plato's *Apology*.

170   이들 역사적 인물의 정확한 생몰연대를 밝히기는 매우 어렵기 때문에, 여기서는 역사가들이 대부분 동의하는 연대를 받아들였다(모두 기원전). 공자(551~479년), 노자(6세기), 고타마 싯다르타(563~483년, 아니면 480~400년), 바하비라(540~468년), 헤라클레이토스(575~435년), 파르메니데스(약 515/540~약 450년), 차라투스트라(6세기). 마지막 차라두스트라는 특히 연대가 매우 불확실하다.

171   Bellah, R. N. (2011). *Religion in Human Evolution: From the Paleolithic to the Axial Age*. Cambridge, MA, Harvard University Press, p. 573.

172 Bellah, R. N. (2011). *Religion in Human Evolution: From the Paleolithic to the Axial Age*. Cambridge, MA, Harvard University Press, pp. 262, 573-75.

173 Drews, R. (1993). *The End of the Bronze Age: Changes in Warfare and the Catastrophe ca. 1200 BC*. Princeton, Princeton University Press, pp. 38-41.

174 David Christian, *A History of Russia, Central Asia, and Mongolia*, Oxford: Blackwell, 1998, p. 125.

175 Drews, R. (2004). *Early Riders: The Beginnings of Mounted Warfare in Asia and Europe*. New York, Routledge: Chapter 5.

176 Christian, *A History of Russia*, p. 134. 포겔장(Vogelsang)은 스키타이인이 파르티아와 히르카니아 등 기존의 유목 루트를 통해 중동지방으로 들어왔다고 주장한다. 다음 자료 참조. Willem J. Vogelsang, *The Rise and Organisation of the Achaemenid Empire: The Eastern Iranian Evidence*, Leiden: Brill, 1992.

177 Herodotus 1.106.1. 다음에서 인용. Drews, R. (2004). *Early Riders: The Beginnings of Mounted Warfare in Asia and Europe*. New York, Routledge, p. 106.

178 기동력을 살린 전쟁에 능숙했던 몽골인에 대해서는 다음 자료 참조. McNeill, W. H. 1963. *The Rise of the West*. New American Library, New York, p. 492의 주석 16번.

179 차축시대라는 개념을 제시한 카를 야스퍼스는 또한 유럽의 유목민들이 그 개념을 실행하는 데 중요한 역할을 했다고 생각했다. 다음 자료 참조. Jaspers, K. (1953). *The Origin and Goal of History*. New York, Routledge & Kegan Paul.

180 다음 자료에서 대국의 확산을 보여주는 지도를 확인할 수 있다. Turchin, P., et al. (2013). "War, Space, and the Evolution of Old World Complex Societies. PNAS, published online Sept. 23, 2013. PDF." PNAS 110: 16384-16389.

181 Kamen, H. (1971). *The Iron Century: Social Change in Europe in*

1550-1660. London, Weidenfeld and Nicholson. 책날개에 있는 책 설명에서 인용.

182 Ishay, M. R. (2008). *The History of Human Rights: From Ancient Times to the Globalization Era*. Berkeley, CA, University of California Press.

183 Ara Norenzayan (2013). *Big Gods: How Religion Transformed Cooperation and Conflict*. Princeton University Press. 다음 자료도 참조. Johnson, D. (2016). *God Is Watching You: How the Fear of God Makes Us Human*, Oxford University Press. (이 책은 내 책이 인쇄에 들어갔을 때 출간되었다.)

184 보노보의 사회생활은 강력한 암컷을 중심으로 한 위계가 특징이고, 침팬지 집단은 강력한 수컷을 중심으로 하는 위계이며, 고릴라는 실버백(silverback)이라는 우두머리 수컷이 암컷과 어린 고릴라를 지배하는 구조다.

185 Knauft, B. M. (1991). "Violence and Sociality in Human Evolution." *Current Anthropology* 32(4): 391-409.

186 Turchin, P. (2011). "Warfare and the Evolution of Social Complexity: a Multilevel Selection Approach." *Structure and Dynamics* 4(3), Article 2, p. 29. Gat, A. (2008). *War in Human Civilization*. New York, Oxford University Press, p. 445.

187 다음을 보라. Boyd, R. (2012). "Culture: the Engine of Human Adaptation: Social Learning Leads to Our Greatest Achievements and Worst Errors." *Being Human* (12.09.2012).

188 Tallavaara, M., et al. (2015). "Human population dynamics in Europe over the Last Glacial Maximum." *Proceedings of the National Academy of Sciences*.

189 Pinker, S. (2011). *The Better Angels of Our Nature: Why Violence Declined*. New York, Penguin Books, Chapter 4.

190 Pinker, S. (2011). *The Better Angels of Our Nature: Why Violence Declined*. New York, Penguin Books, p. xxvi.

191 Pinker, S. (2011). *The Better Angels of Our Nature: Why Violence Declined.* New York, Penguin Books, p. 672.

192 학파라는 것을 나타내기 위해 대문자를 사용했다. 마찬가지로 문화 진화론도 인간사회의 문화적 진화를 연구하는 과학의 한 분파다. 진화심리학에 대해서는 다음 두 자료를 참조. Steven Pinker, *How the Mind Works.*, Jerome Barkow, Leda Cosmides, and John Tooby, *The Adapted Mind.*

193 다음을 보라. Pinker S. (2012) *The False Allure of Group Selection*, Edge 6.18.12. http://edge.org/conversation/steven_pinker-the-false-allure-of-group-selection.

194 Dupuy, T. N. (1987). *Understanding War: History and Theory of Combat.* Falls Church, VA, Nova; 다음도 보라. Turchin, P. (2006). *War and Peace and War: The Life Cycles of Imperial Nations.* NY, Pi Press, Chapter 12.

195 *The Better Angels*, p. 690.

196 Scheidel, W. (2009). "A peculiar institution? Greco-Roman monogamy in global context." *History of the Family* 14: 280-291.

197 Richerson, P. J. and R. Boyd (2005). *Not by Genes Alone: How Culture Transformed Human Evolution.* Chicago, University of Chicago Press.

198 Henrich, J., et al. (2012). "The puzzle of monogamous marriage." Phil. Trans. R. Soc. B 367: 657-669.

199 Henrich, J., et al. (2012). "The puzzle of monogamous marriage." Phil. Trans. R. Soc. B 367: 657-669, Table 1. Data from Tertilt, M. (2005). "Polygyny, Fertility, and Savings." *Journal of Political Economy* 113(6): 1341-1371.

200 Spolaore, E. and R. Wacziarg (2013). "How deep are the roots of economic development?" *Journal of Economic Literature.*

201 Breasted, J. H. (1919). "The Oriental Institute of the University of Chicago." *American Journal of Semitic Languages and Literatures*

35(4): 196-204. 내가 이 부분에 관심을 갖게 된 것은 순전히 조 매닝 (Joe Manning) 덕분이다.

202 다음 사이트에서 우리 프로젝트에 대한 내용을 자세히 알아볼 수 있다. http://seshatdatabank.info/

참고문헌

Alexander, R. D. 1990. *How Did Humans Evolve? Reflections on the Uniquely Unique Species*. Museum of Zoology, University of Michigan, Ann Arbor.

Annala, C. N., and J. Winfree. 2011. "Salary distribution and team performance in Major League Baseball." *Sport Management Review* 14:167–175.

Barfield, T. 2010. *Afghanistan: A Cultural and Political History*. Princeton University Press, Princeton, NJ.

Barr, D. P. 2006. *Unconquered: The Iroquois League at War in Colonial America*. Praeger, New York.

Beliaev, D. D., D. M. Bondarenko, and A. V. Korotayev. 2001. "Origins and Evolution of Chiefdoms." *Reviews in Anthropology* 30:373–395.

Bellah, R. N. 2011. *Religion in Human Evolution: From the Paleolithic to the Axial Age*. Harvard University Press, Cambridge, MA.

Bellwood, P. 2005. *First Farmers: The Origins of Agricultural Societies*. Blackwell, Oxford.

Bishop, B. 2008. *The Big Sort: Why the Clustering of Like-Minded America Is Tearing Us Apart*. Houghton Mifflin, Boston.

Boehm, C. 2001. *Hierarchy in the Forest: The Evolution of Egalitarian*

Behavior. Harvard University Press, Harvard. (국역: 『숲속의 평등―강자를 길들이는 거꾸로 된 위계』, 김성동 옮김, 토러스북, 2017)

Boning, B., C. Ichniowski, and K. Shaw. 2001. "Opportunity Counts: Teams and the Effectiveness of Production Incentives." NBER Working Paper 8306.

Bowles, S. 2004. *Microeconomics: Behavior, Institutions, and Evolution*. Princeton University Press, Princeton.

Bowles, S. 2009. "Did Warfare Among Ancestral Hunter-Gatherers Affect the Evolution of Human Social Behaviors?" *Science* 324:1293-1298.

Bowles, S., J.-K. Choi, and A. Hopfensitz. 2003. "The coevolution of individual behaviors and social institutions." *Journal of Theoretical Biology* 223:135-137.

Boyd, R. 2012. "Culture: the Engine of Human Adaptation: Social Learning Leads to Our Greatest Achievements and Worst Errors." *Being Human*.

Breasted, J. H. 1919. The Oriental Institute of the University of Chicago. *American Journal of Semitic Languages and Literatures* 35:196-204.

Breasted, J. H. 1962. *Ancient Records of Egypt. Historical documents from the earliest times to the Persian conquest*. Volume III. Russel & Russell, New York.

Brown, K. S., C. W. Marean, Z. Jacobs, B. J. Schoville, S. Oestmo, E. C. Fisher, J. Bernatchez, P. Karkanas, and T. Matthews. 2012. "An early and enduring advanced technology originating 71,000 years ago in South Africa." *Nature* 491:590-593.

Bryce, R. 2002. *Pipe Dreams: Greed, Ego, and the Death of Enron*. Public Affairs, New York.

Bucciol, A., and M. Piovesan. 2012. "Pay Dispersion and Work Performance." Harvard Business School Working Paper 12-075.

Buchanan, J. M. 2000. "Group Selection and Team Sports." *Journal of Bioeconomics* 2:1-7.

Byrne, R. W., and A. Whiten. 1988. *Machiavellian Intelligence: Social Expertise and the Evolution of Intellect in Monkeys, Apes, and Humans*. Clarendon, Oxford.

Campbell, D. T. 1983. "The two distinct routes beyond kin selection to ultrasociality: Implications for the humanities and social sciences." Pages 11-39 in D. Bridgeman, editor. *The Nature of Prosocial Development: Theories and Strategies*. Academic Press, New York.

Carey, S. 2009. *The Origin of Concepts*. Oxford University Press, New York.

Carneiro, R. L. 2000. *The Muse of History and the Science of Culture*. Kluwer Academic, New York, NY.

Chatters, J. C. 2014. "Wild-Type Colonizers and High Levels of Violence among Paleoamericans." Pages 70-96 in M. W. Allen and T. L. Jones, editors. *Violence and Warfare Among Hunter-Gatherers*. Left Coast Press, Walnut Creek.

Childe, V. G. 1950. "The Urban Revolution." *Town Planning Review* 21:3-17.

Christian, D. 1998. *A History of Russia, Central Asia, and Mongolia*. Blackwell, Oxford.

Dawkins, R. 1976. *The Selfish Gene*. Oxford University Press, New York. (국역: 『이기적 유전자』, 홍영남·이상임 옮김, 을유문화사, 2010)

Dawkins, R. 2008. *The God Delusion*. New York, Mariner Books. (국역: 『만들어진 신—신은 과연 인간을 창조했는가?』, 이한음 옮김, 김영사, 2007)

Demandt, A. 1984. *Der Fall Roms: die Auflösung des römischen Reiches im Urteil der Nachwelt*. Beck, Munich.

Dhammika, S. 1994. *The Edicts of King Asoka* A Theravada Library.

Dietrich, O., M. Heun, J. Notroff, K. Schmidt, and M. Zarnkow. 2012. "The role of cult and feasting in the emergence of Neolithic communities. New evidence from Gobekli Tepe, south-eastern Turkey." *Antiquity* 86:674-695.

Drews, R. 2004. *Early Riders: The Beginnings of Mounted Warfare in Asia and*

Europe. Routledge, New York.

Dunbar, R. I. M., and S. Shultz. 2007. "Evolution in the social brain." *Science* 317:1344-1347.

Dupuy, T. N. 1987. *Understanding War: History and Theory of Combat.* Nova, Falls Church, VA.

Eichenwald, K. 2005. *Conspiracy of Fools.* Broadway Books, New York.

Fehr, E., and S. Gachter. 2000. "Cooperation and Punishment in Public Goods Experiments." *American Economic Review* 90:980-994.

Ferguson, B. R., and N. L. Whitehead, editors. 1992. *War in the Tribal Zone.* School of American Research Press, Santa Fe, New Mexico.

Ferguson, R. B. 2013. "Pinker's List: Exaggerating Prehistoric War Mortality." Pages 112-131 in D. P. Fry, editor. *War, Peace, and Human Nature: The Convergence of Evolutionary and Cultural Views.* Oxford University Press, Oxford.

Flannery, K., and J. Marcus. 2012. *The Creation of Inequality: How Our Prehistoric Ancestors Set the Stage for Monarchy, Slavery, and Empire.* Harvard University Press, Cambridge, MA. (국역: 『불평등의 창조―인류는 왜 평등 사회에서 왕국, 노예제, 제국으로 나아갔는가』, 하윤숙 옮김, 미지북스, 2015)

François, P., J. Manning, H. Whitehouse, R. Brennan, T. Currie, K. Feeney, and P. Turchin. 2016. *A Macroscope for Global History.* Seshat Global History Databank: a methodological overview. (Forthcoming).

Fraser, D. 1978. Resignation letter from the Labor-Management Group. July 17, 1978.

Fry, D. P., editor. 2013. *War, Peace, and Human Nature: The Convergence of Evolutionary and Cultural Views.* Oxford University Press, Oxford.

Fukuyama, F. 1995. *Trust: The Social Virtures and Creation of Prosperity.* Free Press, New York.

Gambetta, D. 1988. *Trust: Making and Breaking Cooperative Relations.* Basil Blackwell, Oxford.

Gat, A. 2008. *War in Human Civilization*. Oxford University Press, New York. (국역: 『문명과 전쟁』, 오은숙·이재만 옮김, 교유서가, 2017)

Gat, A. 2015. "Proving Communal Warfare Among Hunter-Gatherers: The Quasi-Rousseauan Error." *Evolutionary Anthropology* 24:111-126.

Gavrilets, S., and A. Vose. 2006. "The Dynamics of Machiavellian Intelligence." PNAS 103:16823-16828.

Gintis, H. 2000. *Game Theory Evolving: A Problem-Centered Introduction to Modeling Strategic Interaction*. Princeton University Press, Princeton.

Gintis, H., and C. van Schaik. 2013. "Zoon Politicon: The Evolutionary Roots of Human Sociopolitical Systems." Pages 25-44 in P. J. Richerson and M. H. Christiansen, editors. *Cultural Evolution: Society, Technology, Language, and Religion*. MIT Press, Cambridge, MA.

Haidt, J. 2006. *The Happiness Hypothesis: Finding Modern Truth in Ancient Wisdom*. Basiuc Books, New York.

Henrich, J. 2008. "Cooperation, Punishment, and the Evolution of Human Institutions." *Science* 312:60-61.

Henrich, J., R. Boyd, and P. J. Richerson. 2008. "Five Misunderstandings about Cultural Evolution." *Human Nature* 19:119-137.

Henrich, J., R. Boyd, and P. J. Richerson. 2012. "The puzzle of monogamous marriage." Phil. Trans. R. Soc. B 367:657-669.

Higginson, T. W. 1877. *A Book of American Explorers*. Lee and Shepard, Boston.

Holmes, R., editor. 2001. *The Oxford Companion to Military History*. Oxford University Press, Oxford.

Ishay, M. R. 2008. *The History of Human Rights: from ancient times to the globalization era*. University of California Press, Berkeley, CA. (국역: 『세계인권사상사』, 조효제 옮김, 길, 2005)

Jaspers, K. 1953. *The Origin and Goal of History*. Routledge & Kegan Paul, New York.

Johnson, D. 2016. *God Is Watching You: How the Fear of God Makes Us*

Human. Oxford University Press.

Johnson, E. M. 2009. "Survival of the Kindest." *Seed Magazine* (September 24, 2009).

Kamen, H. 2003. *Empire: How Spain Became a World Power, 1492-1763*. Harper-Collins, New York.

Keely, L. H. 1997. *War Before Civilization: The Myth of the Peaceful Savage*. Oxford University Press, New York. (국역:『원시전쟁』, 김성남 옮김, 수막새, 2014)

Kelly, R. C. 2005. "The Evolution of Lethal Intergroup Violence." Proceedings of the National Academy of Sciences 102:15294-15298.

King, J. 1809. *The Voyages of Captain James Cook Round the World*. Volume 7, Book 5. Captain King's Journal of the Transactions on Returning to the Sandwich Islands. Richard Phillips, London.

Kirch, P. V. 2010. *How Chiefs Became Kings: Divine Kingship and the Rise of Archaic States in Ancient Hawai'i*. University of California Press, Berkeley.

Knauft, B. M. 1991. "Violence and Sociality in Human Evolution." *Current Anthropology* 32:391-409.

Laland, K. N., and G. Brown. 2011. *Sense and Nonsense: Evolutionary perspectives on human behaviour*. 2nd Edition. Oxford University Press, Oxford.

Lazear, E. P., and K. L. Shaw. 2007. "Personnel Economics: The Economist's View of Human Resources." *Journal of Economic Perspectives* 21:91-114.

Lieberman, V. 2010. "Strange Parallels: Southeast Asia in Global Context, c.800-1830." Volume II: *Mainland Mirrors, Europe, China, South Asia, and the Islands*. Cambridge University Press, Cambridge.

Lumsden, C. J., and E. O. Wilson. 1981. *Genes, Mind, and Culture: The coevolutionary process*. Harvard University Press, Cambridge, MA.

Male, E. 1972. *The Gothic Image: Religious Art in France of the Thirteenth*

Century. Harper and Row, New York.

Maschner, H., and O. K. Mason. 2013. "The Bow and Arrow in Northern North America." *Evolutionary Anthropology* 22:133-138.

McCarty, N., K. T. Poole, and H. Rosenthal. 2006. *Polarized America: The Dance of Ideology and Unequal Riches*. MIT Press, Boston.

McElreath, R., and R. Boyd. 2007. *Mathematical Models of Social Evolution*. University of Chicago Press, Chicago.

Meggit, M. 1977. *Blood is Their Argument: Warfare Among the Mae Enga Tribesmen of the New Guinea Highlands*. Mayfield Publishing Co, Palo Alto, CA.

Milner, G. R. 1999. "Warfare in Prehistoric and Early Historic Eastern North America." *Journal of Anthropological Research* 7:105-151.

Moffett, M. W. 2011. "Ants and the Art of War." *Scientific American* December: 84-89.

Moffett, M. W. 2013. "Human Identity and the Evolution of Societies." *Human Nature*.

Morris, I. 2014. *War! What is it Good For?* Profile Books, London. (국역: 『전쟁의 역설—폭력으로 평화를 일군 1만 년의 역사』, 김필규 옮김, 지식의날개, 2015)

Nettle, D. 1999. *Linguistic Diversity*. Oxford University Press, New York.

Nichols, J. 1992. *Linguistic Diversity in Space and Time*. University of Chicago Press, Chicago.

Norenzayan, A. 2013. *Big Gods: How Religion Transformed Cooperation and Conflict*. Princeton University Press. (국역: 『거대한 신, 우리는 무엇을 믿는가—신은 인간을 선하게 만드는가 악하는게 만드는가』, 홍지수 옮김, 김영사, 2016)

Notroff, J., O. Dietrich, and K. Schmidt. 2014. "Building Monuments, Creating Communities: Early monumental Architecture and Pre-Pottery Neolithic Gobekli Tepe." Pages 83-105 in J. F. Osborne, editor. *Approaching Monumentality in Archaeology*. State University of New

York Press, Stony Brook, NY.

Nriagu, J. O. 1983. *Lead and Lead Poisoning in Antiquity*. Wiley, New York.

O'Ryan, J. F. 1921. *The Story of the 27th Division*. Wynkoop Hallenbeck Crawford Co., New York.

Okasha, S. 2007. *Evolution and the Levels of Selection*. Oxford University Press, New York.

Oppenheimer, F. 1975. *The State: Its History and Development Viewed Sociologically*. Free Life Editions, New York.

Parker, G., editor. 2005. *The Cambridge History of Warfare*. Cambridge University Press, Cambridge.

Phillips, K. 2002. *Wealth and Democracy: A Political History of the American Rich*. Broadway Books, New York.

Piketty, T. 2014. *Capital in the Twenty-First Century*. Belknap Press, Cambridge, MA. (국역: 『21세기 자본』, 장경덕 옮김, 글항아리, 2014)

Pinker, S. 2011. *The Better Angels of Our Nature: Why Violence Declined*. Penguin Books, New York. (국역: 『우리 본성의 선한 천사─인간은 폭력성과 어떻게 싸워 왔는가』, 김명남 옮김, 사이언스북스, 2014)

Pinker, S. 2012. "The False Allure of Group Selection." *Edge*.

Pobiner, B. 2013. "Evidence for Meat-Eating by Early Humans." *Nature Education Knowledge* 4:1.

Putnam, R. D. 2000. *Bowling Alone: The Collapse and Revival of American Community*. Simon and Schuster, New York. (국역: 『나 홀로 볼링』, 정승현 옮김, 페이퍼로드, 2016)

Reinert, H., and E. S. Reinert. 2006. "Creative Destruction in Economics: Nietzsche, Sombart, Schumpeter." Pages 55-85 in J. G. Backhaus and W. Drechsler, editors. *Friedrich Nietzsche (1844-1900). The European Heritage in Economics and the Social Sciences*. Volume 3. Springer, New York.

Richardson, L. F. 1960. *Statistics of Deadly Quarrels*. Boxwood Press, Pacific Grove, CA.

Richerson, P. J., and R. Boyd. 1978. "A dual inheritance model of the human evolutionary process I: Basic postulates and a simple model." *Journal of Social and Biological Structures* 1:127-154.

Richerson, P. J., and R. Boyd. 2005. *Not by Genes Alone: How Culture Transformed Human Evolution*. University of Chicago Press, Chicago. (국역:『유전자만이 아니다─문화는 어떻게 인간 진화의 경로를 바꾸었는가』, 김준홍 옮김, 이음, 2009)

Richerson, P. J., and R. Boyd. 2010a. "The Darwinian theory of human cultural evolution and gene-culture coevolution." Pages 561-88 in M. A. Bell, D. J. Futuyma, W. F. Eanes, and J. S. Levinton, editors. *Evolution Since Darwin: The First 150 Years*. Sinauer.

Richerson, P. J., and R. Boyd. 2010b. "Why possibly language evolved." Submitted for Special Issue of *Biolinguistics* on "Explaining the (in)variance of human language: Divergent views and converging evidence."

Richerson, P. J., and R. Boyd. 2013. "Rethinking Paleoanthropology: A World Queerer Than We Supposed." Pages 263-302. in G. Hatfield and H. Pittman, editors. *Evolution of Mind*. Pennsylvania Museum Conference Series, Philadelphia.

Richerson, P. J., and M. H. Christiansen, editors. 2013. *Cultural Evolution: Society, Technology, Language, and Religion* (Strüngmann Forum Reports). MIT Press.

Roach, N. T., M. Venkadesan, M. J. Rainbow, and D. E. Lieberman. 2013. "Elastic energy storage in the shoulder and the evolution of high-speed throwing in Homo." *Nature* 498:483-487.

Scheidel, W. 2009. "A peculiar institution? Greco-Roman monogamy in global context." *History of the Family* 14:280-291.

Scott, J. C. 2009. *The Art of Not Being Governed: an anarchist history of upland Southeast Asia*. Yale University Press, New Haven, CT. (국역: 『조미아, 지배받지 않는 사람들─동남아시아 산악지대 아나키즘의

역사』, 이상국 옮김, 삼천리, 2015)

Seabright, P. 2004. *The Company of Strangers*. Princeton University Press, Princeton.

Seniviratna, A., editor. 1994. *King Aśoka and Buddhism: Historical and Literary Studies*. Buddhist Publication Society, Kandy, Sri Lanka.

Service, E. R. 1962. *Primitive Social Organization: an Evolutionary Perspective*. Random House, New York.

Shijing. 1998. *Shi Jing: The Book of Odes*. The oldest collection of Chinese poetry, more than 300 songs, odes and hymns. Translated by James Legge.

Singh, U. 2008. *A History of Ancient and Early Medieval India: From the Stone Age to the 12th Century*. Pearson Eduction, New Delhi.

Spolaore, E., and R. Wacziarg. 2013. "How deep are the roots of economic development?" *Journal of Economic Literature* 51: 1-45.

Steward, J. H. 1955. *Theory of Culture Change: the Methodology of Multilinear Evolution*. University of Illinois, Urbana. (국역:『줄리안 스튜어드의 문화변동론—문화생태학과 다선진화 방법론』, 조승연 옮김, 민속원, 2007)

Tallavaara, M., M. Luoto, N. Korhonen, H. Jarvinen, and H. Seppa. 2015. "Human population Dynamics in Europe over the Last Glacial Maximum." Proceedings of the National Academy of Sciences.

Tertilt, M. 2005. "Polygyny, Fertility, and Savings." *Journal of Political Economy* 113:1341-1371.

Thomas, E. 1959. *The Harmless People*. Knopf, New York.

Tocqueville, A. d. 1984. *Democracy in America*. Anchor Books, Garden City, NJ.

Tomasello, M. 2008. *Origins of Human Communication*. MIT Press, Cambridge, MA. (국역:『인간의 의사소통 기원』, 이현진 옮김, 영남대학교출판부, 2015)

Trigger, B. G. 2003. *Understanding Early Civilizations*. Cambridge University

Press, Cambridge.

Turchin, P. 2003. *Historical Dynamics: Why states rise and fall*. Princeton University Press, Princeton, NJ.

Turchin, P. 2006. *War and Peace and War: The Life Cycles of Imperial Nations*. Pi Press, NY. (국역: 『제국의 탄생―제국은 어떻게 태어나고 지배하며 몰락하는가』, 윤길순 옮김, 웅진지식하우스, 2011)

Turchin, P. 2008. "Arise 'cliodynamics'." *Nature* 454:34-35.

Turchin, P. 2011. "Warfare and the Evolution of Social Complexity: a Multilevel Selection Approach." *Structure and Dynamics* 4(3), Article 2:1-37.

Turchin, P. 2013. "Modeling Social Pressures Toward Political Instability." *Cliodynamics* 4:241-280.

Turchin, P., T. E. Currie, E. A. L. Turner, and S. Gavrilets. 2013. "War, Space, and the Evolution of Old World Complex Societies." PNAS, published online Sept. 23, 2013. PDF. PNAS 110:16384-16389.

Turchin, P., and A. Korotayev. 2006. "Population Dynamics and Internal Warfare: a Reconsideration." *Social Science and History* 5(2):121-158.

Turney-High, H. H. 1971. *Primitive War: Its Practice and Concepts* (2nd edition). University of South Carolina Press, Columbia, SC.

Uslaner, E. M. 2002. *The Moral Foundations of Trust*. Cambridge University Press, Cambridge.

van der Leeuw, S. E. 1981. "Information flows, flow structures, and the explanation of change in human institutions." Pages 229-329 in S. E. van der Leeuw, editor. *Archaeological Approaches to the Study of Complexity*. Cingula 6, Amsterdam.

Vogelsang, W. J. 1992. *The Rise and Organisation of the Achaemenid Empire: The Eastern Iranian Evidence*. Brill, Leiden.

Waal, F. B. M. d. 2007. *Chimpanzee Politics: Power and Sex among Apes*. Johns Hopkins University Press, Baltimore, MD. (국역: 『침팬지 폴리틱스』, 장대익·황상익 옮김, 바다출판사, 2018)

Walker, P. L. 2001. "A Bioarchaeological Perspective on the History of

Violence." *Annual Review of Anthropology* 30:573-596.

Walker, R. S., K. R. Hill, M. V. Flinn, and R. M. Ellsworth. 2011. *Evolutionary History of Hunter-Gatherer Marriage Practices.* PLOS ONE 6:e19066.

White, L. 1959. *The Evolution of Culture.* McGraw-Hill, New York.

Wiessner, P. 2006. From Spears to M-16s: "Testing the Imbalance of Power Hypothesis among the Enga." *Journal of Anthropological Research* 62:165-191.

Williams, G. C. 1966. *Adaptation and Natural Selection.* Princeton University Press, Princeton, N.J.

Williams, G. C. 1988. "Reply to comments on 'Huxley's Evolution and Ethics in Sociobiological Perspective'." *Zygon* 23:437-438.

Wilson, E. O. 2012. *The Social Conquest of Earth.* W. W. Norton, New York. (국역: 『지구의 정복자―우리는 어디서 왔는가, 우리는 무엇인가, 우리는 어디로 가는가』, 이한음 옮김, 사이언스북스, 2013)

Wiseman, F., and S. Chatterjee. 2003. "Team payroll and team performance in Major League Baseball: 1985-2002." *Economics Bulletin* 1:1-10.

Wittfogel, K. A. 1957. *Oriental Despotism: a Comparative Study of Total Power.* Oxford University Press, Oxford.

Wright, R. 2001. *Nonzero: The Logic of Human Destiny.* Vintage, New York. (국역: 『넌제로―하나된 세계를 향한 인간 운명의 논리』, 임지원 옮김, 말글빛냄, 2009)

Yamamura, E. 2012. "Wage Disparity and Team Performance in the Process of Industry Development: Evidence From Japan's Professional Football League." *Journal of Sports Economics* 1:1-102.

Zellner, W., S. A. Forest, E. Thornton, P. Coy, H. Timmons, L. Lavelle, and D. Henry. 2001. "The Fall of Enron." *Businessweek* (December 16, 2001).

Zellner, W., C. Palmeri, M. France, J. Weber, and D. Carney. 2002. "Jeff Skilling: Enron's Missing Man." *Businessweek* (February 10, 2002).

초협력사회
전쟁은 어떻게 협력과 평등을 가능하게 했는가

1판 1쇄 펴냄 | 2018년 10월 22일
1판 2쇄 펴냄 | 2019년 10월 10일

지은이 | 피터 터친
옮긴이 | 이경남
발행인 | 김병준
발행처 | 생각의힘

등록 | 2011. 10. 27. 제406-2011-000127호
주소 | 서울시 마포구 양화로7안길 10, 2층
전화 | 02-6925-4183(편집), 02-6925-4188(영업)
팩스 | 02-6925-4182
전자우편 | tpbook1@tpbook.co.kr
홈페이지 | www.tpbook.co.kr

ISBN 979-11-85585-59-8 03900

이 도서의 국립중앙도서관 출판예정도서목록(CIP)은
서지정보유통지원시스템 홈페이지(http://seoji.nl.go.kr)와
국가자료종합목록시스템(http://kolis-net.nl.go.kr)에서
이용하실 수 있습니다. (CIP제어번호: CIP2018032102)